明末清初「敬天愛人」思想研究

── 以天主教儒者為中心

蔡 淑 閔 著

文 史 哲 學 集 成
文史哲出版社印行

國家圖書館出版品預行編目資料

明末清初「敬天愛人」思想研究：以天主教
儒者為中心/蔡淑閔著--初版--臺北市：
文史哲, 民 105.02
　　頁；　公分（文史哲學集成；681）
ISBN 978-986-314-288-1（平裝）

1.明代哲學　2.清代哲學　3.天主教

126　　　　　　　　　　　105002753

文史哲學集成　681

明末清初「敬天愛人」思想研究
——以天主教儒者為中心

著　　　者：蔡　　　淑　　　閔
出　版　者：文　史　哲　出　版　社
　　　　　　http://www.lapen.com.tw
　　　　　　e-mail:lapen@ms74.hinet.net
登記證字號：行政院新聞局版臺業字五三三七號
發　行　人：彭　　　正　　　雄
發　行　所：文　史　哲　出　版　社
印　刷　者：文　史　哲　出　版　社
　　　　　　臺北市羅斯福路一段七十二巷四號
　　　　　　郵政劃撥帳號：一六一八○一七五
　　　　　　電話886-2-23511028・傳真886-2-23965656

定價新臺幣四二○元

二○一六年（民一○五）二月初版

明末清初「敬天愛人」思想研究
—— 以天主教儒者為中心

目　　次

第一章　序　論

　　明末清初，是個在政治上、社會文化上產生劇烈變動，時人稱之為「天崩地解」的時代。[1]在學術思想層面，因為陽明學重視個人主體性，在政治社會經濟等外在條件的推波助瀾下，使得後期的王學末流帶動了反傳統、反禮教、反權威的思潮。[2]另一方面，有一群學者有感於這樣的思潮對社會的負面影響，而強調儒學應落實於現實生活世界，形成經世致用的實學思潮，一直延續到清代。[3]另外，梁啟超曾在《中國近三百年學術史》中說：

　　　明末有一場大公案，為中國學術史上應該大筆特書者，曰：歐洲曆算學之輸入。……要而言之，中國智識線和外國智識線相接觸，晉、唐間的佛

---

1 黃宗羲〈留別海昌同學序〉曰：「天崩地解，落然無與吾事。」見氏著，沈善洪主編：《南雷詩文集》（杭州：浙江古籍出版社，1993年，《黃宗羲全集》）。
2 嵇文甫：《左派王學》（臺北：國文天地雜誌社，1990年）、《晚明思想史論》（北京：東方出版社，1996年）和龔鵬程：《晚明思潮》（臺北：里仁書局，1994年）。
3 關於明末清初的實學思潮，可參考葛榮晉：《中國實學思想史》（北京：首都師範大學出版社，1994年）。

學為第一次，明末的曆算學便為第二次。在這種
新環境之下，學界空氣，當然變換。後此清朝一
代學者，對於曆算學都有興味，而且最喜歡談經
世致用之學，大概受利、徐諸人影響不小。[4]

　　梁氏雖然只談到西方曆算學之輸入，但他明顯肯定
西方曆算學對經世致用實學之風的影響。更重要的是由
他這段話讓我們明白在王學、實學、佛教、道教與民間
宗教盛行的明末清初時期，還有西方傳教士帶來了大量
西方科技以及與中國傳統文化大相徑庭的天主教文化。
　　第一個來到中國的傳教士是耶穌會士沙勿略（San
Francisco Javier，1506-1552），他在嘉靖三十一年（1552）
進入離廣東海岸很近的上川島，但因病死在這裡，沒有
進入中國本土。其後耶穌會士羅明堅（Michele
Ruggieri，1543-1607）、利瑪竇（Matteo Ricci，1552-1610）
等前仆後繼的來到中國，[5]一直到清廷的禁教為止，開啟
了第三次天主教傳華的精采歷史。傳教士不只帶來了西
方的科技、哲學、宗教文明，也將中國的思想、文化傳
回西方，形成一個大規模的雙向交流。漢學家許理和

---

4 梁啟超：《中國近三百年學術史》（臺北：里仁書局，1995 年），
　頁 10-11。
5 比利時的漢學家鍾鳴旦（Nicolas Standaert）曾統計，1590-1724 年
　間，入華的傳教士有 1106 名。Standaert, Nicolas, ed., *Handbook of
　Christianity in China, vol.one:635-1800*. Leiden, Boston, Koln: Brill,
　2001, p307-308.

（Erik Zürcher，1928-2008）曾說：十七、十八世紀是「研究中西關係史上一段最令人陶醉的時期：這是中國和文藝復興之後的歐洲最高層知識界的第一次接觸和對話」。[6]這段西學東漸、東學西漸的跨文化交流本身就是一個跨學科的研究領域，它牽涉到中西交通史、中西外交史、中西文化交流史，還有比較文化學、比較宗教學、基督宗教在華傳教史以及基督宗教本色神學等學科領域，這也是這段歷史研究如梁啟超、許理和所說的值得「大筆特書」、「令人陶醉」的地方。

　　關於這段時期的研究，前輩學者已做了許多的整理，在此不再贅述。筆者思考的是從 20 世紀初到 21 世紀的今天，關於天主教傳華史的研究可謂汗牛充棟，研究課題所涉及的層面是多樣性、全面性的，而今後我們的研究方向重點何在的問題。黃一農分別從社會影響、研究視野、文獻史料和相關語文閱讀能力等四方面指出未來的研究發展途徑。[7]其中他談到西學東漸以及東學西

---

6 許理和：〈跨文化想像：耶穌會士與中國〉，李熾昌編：《文本實踐與身份辨識 —— 中國基督徒知識份子的中文著述（1583-1949）》（上海：上海古籍出版社，2005 年），頁 5。

7 黃一農指出：一是要從傳記式的史事鋪陳走出來，嘗試對西學東漸在社會所產生的反響，進行較全面且深入的探討。二是文獻方面，除掌握與天主教史直接相關的原典外，更可以爬梳浩瀚的中文史料和詩文別集，透過這類材料，或許能對中國士大夫接觸西學、西教的管道，有深入的體認，也能對奉教人士如何藉由師友、親戚或同年、同鄉、同志等關係，以拓展西學西教的影響面，有確切的理解。三是相關語文的閱讀能力需加強。四是打開研究視野，不局限在中

漸在中國及歐洲社會所產生的反響，應進行較全面且深入的探討。而近來的研究者也從文化傳播和文化溝通的角度研究天主教傳華的思想，[8]並指出應注意明清天主教傳華的雙向性特徵，詳細分析傳教士對西方思想的闡釋和對中國思想的適應，以及傳教士內部和中國本土對其所做的反應，透視本土化和本色化問題，進而認知異質文化傳播困境和可能策略。[9]這些提示都是我們今後可以研究的方向。

　　明末清初的天主教傳華史能取得豐碩的研究成果與史料的整理出版是分不開的。在過去，無論是傳教士或是中國奉教士大夫的中文著述都不易見，但近年這樣的現象已大幅改變，許多的中西文化交流史的史料被前輩學者整理並影印刊行出來，為我們提供了豐富的原始中文文獻。早期的《天主教東傳文獻》、《天主教東傳文獻續編》和《天主教東傳文獻三編》，後來的《徐家匯藏書樓明清天主教文獻》，而學者又將歐洲圖書館和檔案室的相關文獻整理刊行，例如：鄭安德編的《明末清初耶穌會思想文獻滙編》，鐘鳴旦、杜鼎克編的《耶穌

國或耶穌會，不僅去理解並探討當時世界的政經局勢和教會的內部生態，對天主教傳華所產生的影響，還有對朱謙之在《中國哲學對於歐洲的影響》所開創的研究方向也應努力承續，能更進一步對當時中、歐文明所出現的雙向交流有一較全面的掌握。見氏著：〈明末清初天主教傳華史研究的回顧與展望〉，頁 168。

8　例如田海華的〈明末天主教對中國傳統道德觀念的文化滲入：以反對納妾為例〉，《宗教學研究》，2007 年第 4 期，頁 172-178。

9　孫彩霞：〈明末清初天主教傳華史研究的回顧與反思〉，頁 94。

會羅馬檔案館明清天主教文獻》，鐘鳴旦、杜鼎克、黄一農和祝平一等人編的《法國國家圖書館明清天主教文獻》，還有張西平等人編的《梵蒂岡圖書館藏明清中西文化交流史文獻叢刊》等等。另外，許多的外文文獻[10]以及現代漢學家關於這方面的研究論著[11]也陸續被翻譯出來，不僅為中文研究者提供第一手的外文文獻，也為我們提出更多元的觀察視角。

　　筆者在閱讀原典及相關研究成果的過程中，發現到無論是傳教士還是中國奉教士大夫在傳播天主教思想時，多將其思想要點概括為「敬天愛人」，除了說明敬天愛人是天主教思想的綱領外，更試圖證明中國傳統思想中早有敬天愛人之說了。從天主教的面向來看，「敬天愛人」即是「聖愛」，「愛」在基督宗教的倫理學中佔有重要的地位，亦是基督宗教的核心概念。[12]所謂的「聖愛」是指天主通過其創造與救贖計劃向人顯明的愛和人對這種愛的回應，其中包括天主對人的愛，人對天主的愛以及人對鄰人的愛，後兩者並包含在基督宗教的誡命之中。在《聖經》的〈瑪竇福音〉曾記載這樣一段

---

10 張西平：〈明末清初中國天主教史研究的新進展——兼評余三樂《中西文化交流的歷史見證》〉，頁 52。

11 例如耿昇翻譯了漢學家謝和耐（Jacques Gernet）的《中國與基督教——中西文化的首次撞擊》（北京：商務印書館，2013 年）。

12 關於基督宗教對「聖愛」的闡釋，可參考白舍客著，靜也、常宏等譯，雷立柏校：《基督宗教倫理學》（上海：華東師範大學出版社，2010 年），第二卷，第三章和第六章，頁 89-110、205-253。

故事，有一個律法師問耶穌：「師傅，法律中那條誡命是最大的？」耶穌對他說：「你應全心，全靈，全意，愛上主你的天主。這是最大也是第一條誡命。第二條與此相似：你應當愛近人如你自己。」（22：36-40）和合本翻譯為：「你要盡心、盡性、盡意愛主 —— 你的上帝。這是誡命中的第一，且是最大的。其次也相倣，就是要愛人如己。」「愛天主」與「愛人如己」這兩條誡命被耶穌基督稱為律法和先知一切道理的總綱，這也成為基督宗教最核心的思想。因此傳教士和奉教士大夫如何解釋敬天愛人，並將愛天主與愛人如己的天主教誡命總綱結合在一起，是筆者思考的焦點。

正是在這樣的思考、豐碩的研究成果，以及在重歷史而輕文本的研究傾向中，[13]筆者將研究的對象鎖定在中國的奉教士大夫，我們稱之為天主教儒者，[14]這樣的

---

13 李凌翰：《韓霖《鐸書》與中西證道：明末天主教徒參與的地方教化活動》，香港中文大學宗教及神學學部哲學博士論文，2005 年，頁 10。

14 關於中國的奉教士大夫，學者給予不同的稱呼，黃一農大部分直接稱之為「天主教徒」，有時稱之為「儒家化的天主教徒」。見氏著：《兩頭蛇 —— 明末清初的第一代天主教徒》（新竹：國立清華大學出版社，2014 年，修訂三版）、〈儒家化的天主教徒：以王徵為例〉，《兩頭蛇 —— 明末清初第一代天主教徒》，頁131-174。林樂昌稱之為「儒家基督徒」，見氏著：〈明末儒家基督徒的天觀重構及其意義〉，《人文雜志》2010 年第 2 期，頁 32-40。田海華稱之為「儒生天主教徒」，見氏著：〈身份的重構：儒生天主教徒對「十誡」的詮釋〉，《宗教學研究》2006 年第 2 期，頁90-95。基本上這些稱呼都在突顯明末清初的奉教士大夫的雙重身

稱呼代表著他們的雙重身分。在明末清初中西文化交流
史上，他們站在中西文化交流的最前線，承受著中西文
化交流所帶來的直接衝突。這些人一方面作為西方天主
教文化的傳遞者，協助傳教士傳播西方文明。另一方面，
他們所受傳統中國文化的涵養，又使他們作為中國文化
的使者，與西方文化相互切磋溝通。雙重的文化制約，
使得他們的身分尤為特殊，對於中國文化而言，這些天
主教儒者是否能正確地理解西方文化尤其是天主教教
義，是筆者關注的重點。漢學家孟德衛（David E.
Mungello）在其著作《被遺忘的杭州基督徒》中，將明
末清初皈依天主教的中國士人依直接間接受利瑪竇影響
而分為三代，第一代即三柱石徐光啟（1562-1633）、李
之藻（1571-1630）、楊廷筠（1562-1627）等；第二代
是韓霖（1596-1649）、朱宗元（1616-1660）等；第三

分，不過林樂昌所稱的「儒家基督徒」易與新教的基督徒相混。
參考以上學者的看法，筆者在本文中沿襲鍾鳴旦的說法，統稱為
「天主教儒者」，見氏著：《楊廷筠 —— 明末天主教儒者》（香
港：聖神研究中心，1987 年）。附帶一提的是有些學者，在天主
教與基督教的名稱使用上常常相混，未嚴格的界定，或者是他
們常用「基督教」指涉廣義的以耶穌基督信仰為核心的天主教
與基督教。例如孫尚揚早期的著作《基督教與明末儒學》（北京：
東方出版社，1994 年），是以「基督教」為名，但近年的修訂版
則是改為「天主教」，見氏者：《明末天主教與儒學的互動 —— 一
種思想史的視角》（北京：宗教文化出版社，2013 年）。而筆者
在本文中使用天主教一詞指稱明末清初傳教士所傳的基督信仰，另
以「基督宗教」來合稱天主教和基督教。

代則有張星曜（1633-1715?）等。[15]筆者在考察相關的原
典時發現，最早提出「聖愛」二字的是朱宗元，而王徵
（1571-1644）和韓霖對其思想要旨的概括是「畏天愛人」
和「敬天愛人」，另外楊廷筠則有很特殊的關於「愛」
的專文論述。[16]因此筆者選擇第一代的楊廷筠、和第二
代的王徵、韓霖、朱宗元等天主教儒者為研究主體，研
究敬天愛人思想及與天主教倫理思想聖愛觀的融合。

　　明末清初天主教儒者的護教論著，多採用問答體，
而且藉著主、客的問答來彰顯天主教思想，這個客是否
真實存在或者實際指誰並不重要，重要的是他所代表的
是反對、或是質疑天主教思想的中土人士，直接說是儒
者或是佛教學者也無不可。他們提出許多對天主教思想
的質疑，再由作者回答，這樣的書寫形式讓我們想起中
國思想傳統的「語錄」。有學者認為語錄是「非常個人
化的文類，其內容與作者的品貌風格緊緊連結在一起」，
他認為這樣的體裁才能表達思想家對道德的縝密思索。

---

15 孟德衛認為第一代信徒是直接受利瑪竇影響的皈依者。第二代以後
　的中國基督徒，雖然其思想也可追根溯源至利瑪竇，但畢竟有了一
　些間隔，他們主要是其他來華耶穌會士的學生和皈信者，與利瑪竇
　及其著作《天主實義》中的思想聯繫只能說是間接的。David E.
　Mungello, *the Forgotten Christians of Hangzhou*, University of Hawii
　Press, Honolulu, 1994. pp70-71.

16 孫尚揚認為明末清初時，最早使用「聖愛」概念的是朱宗元，而討
　論最深刻與系統的是王徵與韓霖，他卻未提及楊廷筠。見氏著：〈略
　論明末士大夫天主教徒對其信仰的本土化詮釋〉，《北京行政學院
　學報》2006 年第 4 期，頁 77-81。

[17]語錄是記錄學者之間的對話，最早的源頭可以追溯到記載孔子言行的《論語》，不過研究書院的學者提到這種記錄老師言論的現象，到唐朝時在一般的儒學教育中已經找不到了。到了宋代，書院講學勃興，理學家使用語錄來記錄講學的實況，則是受到了禪宗的提示。[18]

除此之外，更重要的來源應該是耶穌會士傳教作品的文風形式，柯毅霖（Gianni Criveller）指出從《天主實義》以來的耶穌會士，乃至中國的奉教者所運用的撰著方式均是以對話形式的天主要理問答（Catechism）。[19]鍾鳴旦則溯源至歐洲當時所發生事件的影響，他認為在耶穌會士的傳教方針之中，他們首先專心於撰寫教義

---

17 祝平次，〈自我、文本與傳統：陸九淵與南宋道學的發展〉，《成大中文學報》8 期（2000 年 6 月），頁 139-160。

18 李弘祺認為：「佛教禪宗對宋朝私人教育的第二個影響是利用對話和討論的形式。《論語》就是孔子及其門徒間講學的紀錄，但這種記錄老師言論的現象到唐朝時在一般儒學教育已經找不到了。到了八世紀，它才又成為一種傳播教誨的寫作形式。當時，禪宗弟子開始記錄其長老所講的話，著名的《壇經》不只代表了禪宗在論辯方法上一具深刻意義的新開始，它也發揚了佛教所開創的記錄長老言論和談話當時情景的傳統。用這種形式來記錄以講學為形式的教學活動是最恰當的，因而宋明理學思想家們充分利用了這種寫作風格。禪宗方法，在理學家恢復早已被遺忘的『講學』方法的過程中，至少起了一種提示的作用：親近對話和討論以及詳盡而系統地記錄談話的內容。」〈朱熹、書院與私人講學的傳統〉，《國立編譯館館刊》19 卷 2 期（1990 年 12 月），頁 1-13。又見楊玉華，〈語錄體與中國古代白話學術〉，《四川大學學報（哲學社會科學版）》1999 年第 3 期，頁 108-112。

19 柯毅霖著，王志成等譯，《晚明基督論》，（成都：四川人民出版社，1999 年），頁 15。

問答手冊之類的書籍，以多瑪斯・阿奎那（St. Thomas Aquinas，1225-1274）的推理為基礎的基督信仰概論，諸如《天主實義》之類的著作，繼則撰寫解釋教義和基督信仰的價值觀等作品。直至較晚的時候，他們才撰寫一些作品，介紹耶穌生平的記述。這種以教育為目的的介紹，完全反映了當時歐洲類似的著作。[20]

　　因此，本書在前人的研究基礎上，以「敬天愛人」思想為主題，以明末清初天主教儒者為中心，選取楊廷筠、王徵、韓霖和朱宗元等四人，從他們現存的護教論著爬梳他們的敬天愛人思想，觀察他們如何以「儒者」的身分、儒家思想的涵養理解天主教教義，又如何試圖以「天主教徒」的新身分融合天主教與儒學的異質文化，以期看出他們在儒耶互動中所形成的具有本土特色的天主教思想。本書的架構除前後兩章為「序論」、「結論」外，其他章節概述如下：

　　第二章「楊廷筠的愛人如己說」。楊廷筠認為愛人如己，首先要愛己，愛己不是愛形軀，乃在於愛靈性，一切有益靈性的事物，即使是患難、逆境都是在磨鍊心性，不可逃避，這即是修身養性，才是愛己的真意。而愛人要如己，是一種擴充的工夫，必「如己」才完整。

---

20 鍾鳴旦著，尚揚譯：〈聖經在十七世紀的中國〉，《神學論集》126 期（2000 年冬），頁 537-565。關於晚明《聖經》譯介的狀況，可參考馬衡：〈晚明福音書漢語譯介的若干特點〉，見梁工主編：《聖經文學研究》第 4 輯（北京：人民文學出版社，2010 年），頁 287-304。

愛人的實功在天主教十誡的後七誡、行哀矜之十四端上，甚至要愛仇敵，而更重要的是愛人必建立在「愛天主」之上，如此才能「無兩視」。他認為天主不只是創造天地萬物人類的造物主，更是人間社會貧賤禍福的主宰者，是人類之「大父母」，而這樣的天主又為贖人類的罪惡而降生受難，這就是人為何要愛天主的原因。所以愛天主必欽崇天主於萬物之上，也要落實在愛人如己的實功中。他亦用儒家的「仁」、「生生」來解釋這樣的愛，這是天主在創造時就賦與人的，而這樣的愛，他稱之為「神愛」，與儒家泛泛之愛、次第等差之愛是不同的。

　　第三章「王徵的畏天愛人說」。王徵生命思考的開始在於何謂「天之所以命我者」，為解決這個問題他出入佛、老多年，最後因閱讀《七克》及會晤龐迪我討論天主教教義，而在天主教信仰中找到答案。他的天主教思想要旨為「畏天愛人」，畏天愛人是人人皆具的良心，是仁，可分兩部分來看，一是欽崇一天主萬物之上，一是愛人如己。他認為畏天要由知天開始，就是知天主是創造天地萬物人類的「陡斯」，是「一尊而無兩大」，因此他批判佛道二教，尤其是佛教以及佞佛的士大夫。另外，天主又是行賞善罰惡的審判者，有死後之賞罰，即是天堂與地獄。畏天首在知天，知天更要信天，才能真正的「畏天」，就能為善去惡，成為「仁義之君子」。為善去惡又與王徵的天主教信仰結合在一起，為善是只

求真福：天堂之福、來世之福，而不求世福，而去惡在於「深悔」，日日省察，甚至是就所思所言所行逐條省察，以期能「習見天主於心目」，而能時時「對越上帝」。至於愛人，具體的作法在十誡的後七誡，還有形、神哀矜之行，具體落實在「仁會」。王徵在家鄉組織了仁會，並寫了《仁會約》，詳述工作重點、會費、會員、組織，要靠團體的力量來救濟窮乏，是天主教的慈善組織。王徵的「畏天愛人」思想有一明顯特色，就是極論天堂之樂與地獄之苦，他要用這樣的思想來對治晚明頹廢的士風與道德的淪喪。

第四章「從《鐸書》論韓霖的敬天愛人之學」。山西的絳州在崇禎末年，每月朔望之次日舉行鄉約，韓霖的《鐸書》即是宣講聖諭六言：「孝順父母、尊敬長上、和睦鄉里、教訓子孫、各安生理、毋作非為」的鄉約書。《鐸書》的宗旨是「敬天愛人」，雖是儒家傳統思想，但韓霖卻不著痕跡的嵌入天主教「天主」的概念與思想。首先在敬天方面，他說「天是大父母」，是生天地人物的主宰，是至尊無二，全知全能，人間的禍福皆由天安排，此天即是天主教的「天主」。人要敬天，也是一切做善事、道德修養的重要基礎。敬天要由「信」開始，除了虔誠相信「天為大父母」的意義外，更要思想我們從何而來、從何而去，思想如何昭事上帝，並落實在各樣的善行之中。他又將「敬」分成「畏」與「愛」，「畏」是一種宗教的畏懼感，但不能只停留在「畏」，而必須

躍升到「愛」。落實敬天最好的方式就是愛人和自我身心的修養。自我身心的修養，就是「各安生理」、「毋作非為」，分別是「為善循理」和「不為惡」的意思。人有自由意志，要使向理之心指導向欲之心，能為善而不作惡。他引用龐迪我《七克》的「七罪宗」來論述人的罪，而克罪之方「改過」則照單全收袁了凡的改過之說，並抄錄高一志的《修身西學》談論西方的德行理論。至於愛人，雖然韓霖並沒有直接將愛人與天主教的誡命連結在一起，但六諭的前四諭都是講愛人。「孝順父母」即是儒家的孝道，但他舉了楊廷筠的「超世大孝」：使父母歸入天主教。「尊敬長上」即尊敬「君、親、師」及由此引申的長上，也要愛與我們毫無關係的人。愛人的具體方法是「分人以財」和「教人以善」，他又提倡「寬恕」的美德，更要愛仇敵。韓霖的目的在於人人為善不作惡，以互敬互愛來維持鄉里的秩序，這樣就能達到一團和氣的人間天堂之境。

　　第五章「朱宗元的聖愛觀」。聖愛觀是天主教教義很重要的部分，最早提出「聖愛」二字的是朱宗元。聖愛觀的第一面向是「天主愛人」，天主對人的愛展現在天主創造萬物及人類上，他用「大父母」的概念來指稱天主。天主有生殺賞罰之大權，是至公至當的，人間的吉凶禍福、富貴貧賤都是天主所定，更有死後之賞罰，而這些皆是天主聖愛的展現。第二面向是「耶穌救贖」，耶穌的降生是為人類「贖罪」，贖「原罪」與「本罪」。

人類始祖犯罪，罪性延及子孫，再加上後來人類「自作之罪」愈多愈深，因此天主以身自代，來救贖人類。對於耶穌：「基督論」，他談到耶穌是天主兼具人性與神性，是三位一體中的第二位，談到了耶穌的出生，受難以及復活、升天，他的認識是完整的。第三個面向是「欽崇天主」，因為天主對人的愛：創造和救贖，所以人應當欽崇天主，另外也因「生死事大」，人更應欽崇天主。具體的工夫在於「以行事仰合天主」和「以心神默與天主暗契」。行事仰合天主，即是「存心養性」、「為善去惡」，人有自由意志，氣質有所差異，但為善為惡還是由人自己決定。關於為善，他強調人的一念一言一行皆要從愛天主而發，以期符合上帝的旨意，如此才是上善。至於去惡改過，他不談儒家的改過工夫，而談論天主教的「悔改」思想及宗教儀式的「告解」與「洗禮」。另外事天之功：心神與天主暗契，不只是與上帝「對越」而已，要寄心於道德本源的天主，就能「日入於善之機」。朱宗元的聖愛觀不只談到天主論也談到基督論，其理論之完整與深入在明末清初的天主教儒者中是非常特出的。

第二章 楊廷筠的「愛人如己」說

一、前 言

楊廷筠（1562-1627，明嘉靖四十年至天啟七年），字仲堅，號淇園，浙江仁和（今杭州市）人。萬曆二十年（1592）進士，歷任江西吉安府安福縣知縣、湖廣道御史、蘇松巡按、南畿督學等職，萬曆三十七年（1609）上疏稱病引退。萬曆三十九年（1611）皈依天主教，洗名彌格爾（Michael），並以彌格子為其筆名。其著作有《聖水紀言》、《天釋明辨》、《代疑篇》、《鴞鸞不並鳴說》及《代疑續篇》等。[1]

根據明人丁志麟《楊淇園先生超性事蹟》記載，楊廷筠在 53 歲歸鄉後「倡道學，結真實社，討論勤脩」，[2]並曾供養佛教寺廟和僧人，研習佛教義理。他是進士，

---

1 《天釋明辨》是辨明天主教和佛教真偽之書。《聖水紀言》和《鴞鸞不並鳴說》是明萬曆年間沈潅引起南京教難時，楊廷筠為天主教辯護的文獻。《代疑篇》和《代疑續篇》主要在闡明天主教信仰。關於楊廷筠的生平，可參考趙暉：《耶儒柱石 —— 李之藻楊廷筠傳》（杭州：浙江人民出版社，2007 年）。

2 明‧丁志麟：《楊淇園先生超性事蹟》，見鐘鳴旦、杜鼎克、黃一農、祝平一等編著：《徐家匯藏書樓明清天主教文獻》（臺北：輔大神學院，1996 年），第一冊。

歷任許多官職，所以基本上是一位儒家士大夫，篤信儒家思想。儒家士大夫同時也是佛教居士，在中國思想史上並不特出，然而他卻在歸鄉兩年後受洗成為天主教徒。其實早在南京、北京，他就認識了許多耶穌會士，如利瑪竇、金尼閣（Nicolas Trigault，1577-1629）、郭居靜（Lazzaro Cattaneo，1560-1640）等。而受洗的最直接原因則是在萬曆三十九年（1611）同鄉李之藻的父親過世他去弔唁，「懇覿主像，竦息瞻拜，恍若大主臨而命之也」，[3]所謂「大主」就是天主教的「天主」、「上帝」，而這次充滿神秘色彩的經歷，使他後來受洗成為天主教徒，甚至成為明末清初維護天主教教義最有力的一員，上述的著作皆是他護教的代表作。

作為一個天主教徒，楊廷筠對於護教和宣傳教義是不遺餘力的，他的著作充滿著濃濃的耶儒融合的色彩。鍾鳴旦將他的思想歸類為「新儒家基督道統」，[4]其特點是「對神的信仰，以及用明顯的『外來』學說，重新闡釋儒家思想」，[5]也就是「以耶補儒」、「耶儒融合」。關於楊廷筠思想的研究，鍾鳴旦的著作已闢專章論述其宇宙觀和人性論，而筆者所感興趣的乃在於楊廷筠曾

---

3 同上。

4 關於鍾鳴旦將楊廷筠定位為「新儒家基督道統」之主張，張曉林抱持反對意見，而另採用許里和的觀點，將楊廷筠思想定位為「儒家一神論」。見張曉林：〈楊廷筠與儒家道統〉，《華東師範大學學報（哲學社會科學版）》2003年第2期，頁9-16、118。

5 鍾鳴旦：《楊廷筠 —— 明末天主教儒者》，頁256。

說：「以『愛人如己』為事，即『成己成物』之功也。」[6]在基督宗教中，「愛人如己」是很重要的誡命，儒家亦有「仁者愛人」[7]之說。楊廷筠如何理解「愛人如己」，他如何評斷兩者，以及他如何將兩者綰合在一起，甚至「以耶補儒」重新詮釋儒家的「仁者愛人」，都是本文討論的重點。因此以下分三個層面：愛己、愛人、愛天主來論述，全面理解楊廷筠對「愛人如己」的詮釋，並從中揭示他的詮釋路徑。

二、愛 己

楊廷筠在其護教論著《代疑續篇》中，特別寫了一篇〈區愛〉，專門討論基督宗教的「愛」，他開宗明義說：「天主耶穌之教，愛人如己，故『愛德』要矣。但既曰：『如己』，則當愛己為先。」[8]愛人如己，就要以愛己為先，這是非常特別的觀點。而他所說的愛己，是指什麼？他則從反面來論述：

吾觀世人，豈有不愛己者哉？細觀世人，又誰能

---

6 楊廷筠：《代疑續篇·蹠實》，收於鄭安德編：《明末清初耶穌會思想文獻滙編》（北京：北京大學宗教研究所，2000 年），第三卷，頁 238。

7 「仁者愛人」的命題是孔子提出來的，在《論語》中記載樊遲向孔子問「仁」，孔子回答：「愛人」。〈顏淵〉，《論語注疏》（臺北：藝文印書館，1997 年，《十三經注疏》），頁 110。

8 楊廷筠：《代疑續篇·區愛》，頁 245-246。

> 真愛己者哉？大都愛己者，愛己之形軀而已。如
> 目欲極色，耳欲極聲，口欲極味，鼻欲極臭，四
> 肢欲極安。不惟福力有限，即諸欲咸備，往往反
> 為諸體之賊也。而世人率認賊為子，求之惟恐不
> 得，得之惟恐不繼，盡是害己，何曾愛己？故曰
> 愛己者誰也。[9]

　　世人皆愛己，這是人的通性。但楊廷筠認為世人所
愛的只是形軀，所求的只是眼耳口鼻四肢之欲的滿足，
即使能完全滿足形軀之欲，反而會對己身造成反效果，
這並不是愛己的真義，反而是害己。他稱這樣的愛己只
是「養形」，雖然養形也是必需的，但這不過是「借資」；
養形的基本要求只要「體之不憊，疾之不侵」就好，不
能反客為主，「役吾神以從之也」。[10]所以愛己的重點，
不在於愛形軀、養形軀，而在於愛「靈性」、養「靈性」。
靈性即是「靈魂」，即是西書所言的「亞尼瑪」（拉丁
文 arnima 的音譯），是人與物的最大差別。草木是「依
類而生」、「依期而長」，只有「生魂」，雖知「趨避」，
而無「覺魂」。禽獸不僅有草木之生長，而且「能趨能
避」，是有「覺魂」，然而禽獸「不論義理」，是無「靈
魂」。只有人魂兼有「三能」，能辯別「理之是非」、

9　同上。
10　同上。

「人之可否」。[11]而且靈性由天主賦與，是必無「散滅」的，[12]即是靈魂不滅。另外，他也曾用比喻來說明形與靈的關係。天主生人，賦與人二分，一分為肉身，一分為靈性，兩者是「可合可分，合則生，分則死」。他用舟、屋來比喻「肉身」，以長年、主人比喻「靈性」，形與靈的關係就像「長年去而舟亦隨敝」、「主人亡而屋就頹」，舟與屋的保養雖重要，但更重要的是駕馭者、管理者的長年和主人。因此，楊廷筠從對世間的觀察中，體會到世人將形、靈「認做一物」，一生忙忙碌碌，只

---

11 楊廷筠：《代疑篇・天主與人與物之別》，鄭安德編：《明末清初耶穌會思想文獻滙編》（北京：北京大學宗教研究所，2000 年），第三卷，頁 173-175。另外，他也說：「人與物迥然不同。蓋覺魂從耳目口鼻四肢而生，血肉之精華不但人有之，禽獸皆有之。既從血肉而生，凡具有生魂，即能嗣繼不絕，不必再領主命。惟亞尼瑪，譯言靈魂，人之所以異於禽獸者，全在於此。不關血肉，不涉耳目口鼻四肢，從新天主付畀。其付之之由，不從內發，不從外入，實天主造以予之，若誥敕文質然。」《代疑篇・靈魂與賞罰》，頁 180。靈魂觀是基督宗教很重要的核心思想，楊廷筠承襲了這樣的靈魂觀，他不僅認為修身養性的重點在養靈魂，並以此來反對宋明理學家的「萬物一體說」，以及佛教的「輪迴觀」。他認為：「草木不同於禽獸，……禽獸不同於人性，……則輪回之說，溺其見而又一體之論成其訛也。」（《代疑篇・天主與人與物之別》，頁 174）。對於輪迴，他的批判是猛烈的，在《天釋明辨》中，他更闢專章討論佛教的輪迴說，從輪迴說的來源、人性與物性的差別以及人的形靈之別等方面來論證輪迴的謬誤，見《天釋明辨・輪回》，頁 98-102。關於楊廷筠這方面的看法，可以參考許蘇民：〈論晚明基督教哲學家楊廷筠〉，《中國文化》2012 年第 2 期，頁 186-195。另外，關於基督宗教的靈魂觀，可參考赫德著，劉陽、陳呂百佳譯：《人的三分本質 — 靈、魂、體》（香港：真理書房，2008 年）。

12 楊廷筠：《代疑篇・靈魂與賞罰》，頁 179-181。

照顧肉身，反而把「至尊至貴之靈性」，「撇卻一邊」，這是令人感到悲哀與疑惑的。[13]

　　由於楊廷筠主張養靈性，所以形軀所好之事，反而不是人們追求的目標，因此他有所謂的「窘難益德」之說，甚至寫了一篇〈窘難益德〉，專門論述這個道理。他引用了孟子的話：「天將降大任於是人也，必先苦其心志，勞其筋骨，餓其體膚，空乏其身，行拂亂其所為，所以動心忍性，曾益其所不能。」[14]改換為：「天主於豪傑，將降大任，必先勞筋骨，餓體膚，行弗亂其為，以堅其德性，而增其不能」，兩者幾乎相同，所不同的是，他將《孟子》原文中的「天」直接置換為「天主」，這當然與他的信仰有關，他認為天地萬物的創造皆源自天主，即使是人的順逆禍福也由天主安排。在這篇文章中，楊廷筠首先定義何謂「窘難」，即是逆境，順境、逆境的差別在於：耳目口鼻四肢之欲得之就是順境，不得就是逆境。而他再次強調「口欲味，目欲色，耳欲聲，鼻欲臭，四肢欲安逸」都是「形軀分事，靈神不與焉」，而且形軀與靈神所好的常是相反的，靈神所好的是「仁義禮智天道」，而形軀之所便的必是「義理所不安者」；同樣的，義理之所宜的必是「形軀所不樂者」。因此聖人的功夫在：「外形骸，俾不得自專；制血氣，俾不得

---

13 楊廷筠：《代疑篇・臨終告解》，頁 207。

14 《孟子・告子下》，《孟子注疏》（臺北：藝文印書館，1997 年，《十三經注疏》）。頁 223。

過逞」。他總結說:「窘難之中,有大利益,在天與聖賢之所共珍者也」。[15]所以在患難來時,聖賢不視之為窘迫,不逃避貧賤,並且在造次顛沛中不違終食,他舉孔子和顏淵的「蔬水」、[16]「簞瓢」,[17]來說明逆境才是實境,處逆之功才是實功。[18]在此,我們看到楊廷筠以儒家的理論、例證,甚至大段的引用孟子的話,來說明天主教的「窘難益德」之說,這也算是「耶儒融合」的又一例證。

處逆就是靈性的鍛鍊,在〈窘難益德〉這篇文章中,他一連用四個具體事物及四種人來說明這個道理:

> 寧思金非錘煆不精,玉非鑪湯不粹,鏡非磨擦不明,藥非暝眩不已疾,農非晨耕暑耨不收穫,商非宿水餐風不捆載,士非屈首寒窗不成名,將非棄身疆場不封拜。……夫不核躬行,止騰口說,何人不聲律乎?不涉世緣,止躭空寂,何人不靜定乎?一生履順,不藉營求,何人不止足乎?一遇事變而猝不及圖,本色悉露,有明知不可,而

---

15 楊廷筠:《代疑篇·窘難益德》,頁191。
16 鄭安德的編本原文作「蔬」,應為「疏」。《論語·述而》:「子曰:『飯疏食飲水,曲肱而枕之,樂亦在其中矣。』」《論語注疏》,頁62。
17 《論語·雍也》:「子曰:『賢哉回也!一簞食,一瓢飲,在陋巷,人不堪其憂,回也不改其樂。賢哉回也!』」《論語注疏》,頁53。
18 楊廷筠:《代疑篇·窘難益德》,頁191。

物重我輕，不能堅持，於是盡失。[19]

他的意思就是「人不由事煉，事不由窘難煉，皆屬偽德」，即使「議論高青天，事功揭白日」，不過是「人世間作一名流，青史中標一顯跡」而已，更不要說於「天德有成，天國有分」了。所以他認為患難是「試金之烈火、砥玉之良工」，要追求「超性之榮樂」，一定要有「勵超性之工夫」，而「窘難」是天國所無，其價甚貴，所以才說「窘難益德」。另外，他認為人處順境而肯為善，不肯為惡，這是環境使然，而非本性如此。他舉出像：「醉飽之人，不思飲食，非為淡薄，無可加也。疾病之際，不思淫欲，非為貞潔，力不能也。富足之家，不務攘奪，非為廉介，無藉取盈也。」只有「枵腹不羨饕餮，壯強不邇聲色，窘乏不取貲財」，才是「真實德行」。而這樣的德行，是要經過磨煉的，所以「處順之人，其心放，其缺浮，偽德容易夾雜，溢情每難把持」，只有「遭遇逆境，不知經多少拆挫，幾許動忍，於是乎，思返本初，又復增益」，[20]因此他總結：「耶穌教人茹苦，正愛人之極思，成德之妙術，直捷簡徑，包貫無限道理。」[21]

如此看來，楊廷筠認為愛人當先愛己，而愛己則在

---

19 同上。
20 楊廷筠：《代疑續篇‧茹苦》，頁 235-237。
21 同上。

修養靈性，患難逆境乃是磨鍊靈性的最佳時刻。這樣的
觀點與儒家修身養性、存心動忍似乎沒有什麼不同，但
楊廷筠畢竟是天主教徒，他的愛己說、修養靈性說，充
滿著天主教的色彩，而有所謂的「真善至德」說。所謂
的「真善」是指：

> 凡利益涉自己形骸，未必為善；利益自己心性，
> 乃為真善。辨而至是，善斯真矣。則又審其誰因
> 焉？……別無他念，止為怵惕惻隱，本心自發，
> 不容已乎？本心自發不容已，即因也，此良心也。
> 因此為善，可稱真善。雖然猶有進也，未識大主，
> 所因及是，已足為善。既識有大主，則賦吾明悟，
> 而知善之當為；賦我愛欲，而遂善之能為。誰則
> 賜之？自非冥冥之中，真主默佑。蓋有躓焉，而
> 不能赴；赴焉，而不能至；至焉，而或奪之，或
> 敗之。不能接續有成，則善之終為我有者，皆帝
> 力之左右乎我也。因一自心，雖無為而為，又而
> 實因乎大主，尤有為而為，得所為之精者備
> 者。……人之自心，力量有限，因之亦如其量而
> 止。天主者，全能至仁萬善之泉府也。……因乎
> 天主為大善，品始最上也。[22]

---

22 楊廷筠：《代疑續篇·善因》，頁 243-244。

　　利益自己形軀的，不一定是善，他也引用了孟子「怵
惕惻隱」[23]的說法，認為從本心自發而不容已的，就是
真善，乃是利益自己的心性。這樣因本心而發的善雖是
真善，但並不是他所說的上品之善。何謂「上品之善」？
就是「因乎天主」所為的「大善」。他的理由何在？他
認為我們認識天主，就知道天主給予我們明悟與愛欲，[24]
使我們明白善當為，而且能為。但實際的狀況常是：「知
善而不能行，知惡而不能去，知悔而不能改，知改而不
能不再犯」，[25]也就是他在上文所說的「躓焉不能赴」、

23　《孟子・公孫丑下》：「孟子曰：『所以謂人皆有不忍人之心者，
　　今人乍見孺子將入於井，皆有怵惕惻隱之心，非所以內交於孺子之
　　父母也；非所以要譽於鄉黨朋友也；非惡其聲而然也。由是觀之，
　　無惻隱之心，非人也；無羞惡之心，非人也；無辭讓之心，非人也；
　　無是非之心，非人也。』」《孟子注疏》，頁 65。

24　天主教認為人的靈魂有三司：記含、明悟、愛欲。利瑪竇《天主實
　　義》曰：「有形之身得耳、口、目、鼻、四肢、五司，以交覺於物。
　　無形之神有三司以接通之，曰：司記含、司明悟、司愛欲焉。凡吾
　　視聞啖覺，即其像由身之五門竅，以進達於神。而神以司記者受之，
　　如藏之倉庫，不令忘矣。後吾欲明通一物，即以司明者取其物之在
　　司記者像，而委屈折衷其體，協其性情之真於理當否。其善也，吾
　　以司愛者愛之、欲之；其惡也，吾以司愛者惡之、恨之。蓋司明者，
　　達是又達非；司愛者，司善善，又司惡惡者也。」梅謙立在注中說：
　　奧古斯丁認為智性靈魂有三個「能力」，即「司愛欲」或「司愛」
　　（意志）、「司明悟」或「司明」（智能或理智）、「司記含」（記
　　憶力），在《神操》中，聖依納爵跟隨奧古斯丁，利瑪竇也沿用這
　　個說法。〔意〕利瑪竇著，〔法〕梅謙立注，譚傑校勘：《天主實
　　義今注》（北京：商務印書館，2014 年），頁 188-189。

25　楊廷筠：《天釋明辨・大事因緣》，頁 121。《聖經》也說到：「我
　　也知道，善不在我內，即不在我的肉性內，因為我有心行善，但實
　　際上卻不能行善。因此，我所願意的善，我不去行；而我所不願意

「赴焉不能至」、「至焉或奪之敗之」，能行善是天主默佑，也就是善雖然是賦性本有的，[26]但能不能接續有成，則在「帝力之左右乎我」，如果說「己力足恃」，都是「誤卻一生」的，[27]也就是人無法靠著自己的力量來把持自己、來行善，而是要倚靠天主之全能，因為天主是無所不在。如此就能「時時處處，與吾陟降，無可縱恣之地，則吾心自能常斂，不復外馳」。[28]他又非常強調「額辣濟亞」，也就是拉丁文 Gratia 的譯音，今譯聖寵，他認為「人力何能，必上主加之寵佑」，才能「得一分光明，即進一分明悟」，也才能「因寵而增信」，所以人的信心、愛心之全與不全、有與沒有，都由「上主畀之」，不是「吾人之微力所能致」的。[29]也就是人

的惡，我卻去作。」前句和合本翻為：「我也知道，在我裏頭，就是我肉體之中，沒有良善。因為，立志為善由得我，只是行出來由不得我。」（〈羅馬書〉7：18-19）。

26 楊廷筠曰：「天主以靈性付人，原是極光明之物。光明中萬理皆有，故云仁義禮智性也。天主所與我者，我固有之也。聖經謂之明德，儒者謂之良知。何嘗有一不善，賦在人身？後來之不善，皆人所自作。重形骸，不重真性；重世間習尚，不重至尊賦予。」《天釋明辨·度世誓願》，頁 123-126。

27 楊廷筠：《天釋明辨·大事因緣》，頁 121。

28 楊廷筠：《代疑續篇·淡原》，頁 226-227。

29 楊廷筠：《代疑續篇·定基》，頁 229-231。另外在《代疑續篇·識祈》，他說：「惟祈賜我『額辣濟亞』，加我力量，思或啟之，行或翼之是也。凡人有善不能遷，有過不能改，即遷且改，亦多不能勇往直前，以收全益，此曷故焉？其力量不足也。此力量父師不能益，經史不能增，神明不能擅與，惟造物主有其權常默鑒佑之。」頁 237-238。

雖然賦性良善，有行善的可能，但要在實際生活中踐履，人的力量是不足的，必須倚靠天主的幫助，即聖寵，才能完成行善的可能。

　　關於人能不能行善的問題，楊廷筠又吸收了由耶穌會士所引進的「自由意志」之說，[30]他稱之為「自專」。這是天主生人獨異於萬物的地方，人能自專，所作的「善惡繇己」，天主能「以功罪課之」；而不能自專的其他萬物，所作的「善惡不繇己」，就不得以功罪加之了。再加上人有「靈性」可以「推論」、可以「主張」：「惡本易為，而不肯為；善本難行，而不可不行」，這就稱之為「德」、稱之為「至善」。[31]另外，他又從創造的角度認為天主化成天地，分為「三等」：「至清至善者，在天之上；至濁至惡者，在地之下；清濁分、善惡半者，在天地之中」。而人的靈性，是「向於天」的，肉身則是「向於地」。而人又得「自專」，所以無論是「為聖為賢」或是「為禽為獸」，皆由人之「自專」。天主特別設計「天地中」之境，是要等待人之「自修」。人可選擇要終歸「天堂本所」，天主不加勉強。如果天主勉強人，使人不得自專，強迫人為善，則是「天主之功」，「非人之功」，就如同「蜂蟻之忠、蛛蟲之巧、水火之

---

30 關於明清之際耶穌會傳教士和天主教儒者對自由意志的看法，可以參考許蘇民：〈明清之際哲人與基督教的人性論對話 —— 兼論對話對中國哲學發展的影響〉，《學術研究》8 期（2010 年），頁 1-11。
31 楊廷筠：《天釋明辨・度世誓願》，頁 123-126。

冷熱」一樣，是「不得不然」的，即使善仍無功。[32]總
結來說即是「物之無異，由不自專。雖有善，非物之善，
主之為也。人之萬變，由得自專，則有善，非主獨為，
亦人之功也。」[33]自專是人與物最大的不同，因此人就
要對自己的行為負責。而他也試圖將西方哲學的自由意
志、《大學》《中庸》所說的「自成自道」「自欺自慊」
和他的「貴自」之說相會通，他指出：「《中庸》自成
自道，《大學》自欺自慊，所為醒人貴自，不一而足。
豈獨西學為然？惟實自為者，然後理之是非，說之真偽，
可得而析焉。」[34]無論是《中庸》的「自成自道」，[35]還
是《大學》的「自欺自謙」[36]都在談「誠」的道德修養
工夫，不過楊廷筠在此主要是取其「自為」的意義，強
調自我選擇、判斷的重要性。[37]總之，楊廷筠強調的是

---

32 楊廷筠：《代疑篇·天堂地獄》，頁 172-173。

33 楊廷筠：《代疑篇·天主與人與物之別》，頁 175。

34 楊廷筠：《代疑續篇·貴自》，頁 221-223。

35 《禮記·中庸》曰：「誠者，自成也；而道，自道也。誠者，物之
終始，不誠無物。是故君子誠之為貴。誠者，非自成己而已也，所
以成物也，成己仁也；成物知也，性之德也，合外內之道也。」《禮
記注疏》（臺北：藝文印書館，1997 年，《十三經注疏》），頁 896。

36 《禮記·大學》曰：「所謂誠其意者，毋自欺也，如惡惡臭，如好
好色，此之謂自謙，故君子必慎其獨也。小人閒居為不善，無所不
至，見君子而後厭然，揜其不善而著其善。人之視己如見其肺肝，
然則何益矣！此謂誠於中形於外，故君子必慎其獨也。」《禮記注
疏》，頁 983。

37 楊廷筠《代疑續篇·貴自》開宗明義即說：「凡人處心，皆欲專其
好於自。」貴自即是「貴己身」，貴己身不在追求口目耳鼻四肢之
欲，而在於照管自己的靈性，因為年壽有限，靈性則是無窮的。之

為善的動機，出於良知良能的為善固然是好，但仍不是他所說的「大善」，大善是從天主而出，是依乎天主的，更進一步說，即是為天主而行善。而他又強調人有自由意志，可以選擇行善與否，因此功罪由人自領，雖然人有自由意志，但行善常常是由不得我，因此更需要天主的寵佑才能完成善德。反觀儒家或是佛、道二教，他們皆強調人能以自身的努力修為、做善事行功德，達到至善聖人的境界，或是成仙成佛進入極樂世界，雖然儒家也有所謂的天命的限制，但與楊廷筠奠基於天主信仰的修養論是大相逕庭的。

另外，關於「至德」，楊廷筠則將「德」分為「小德」、「大德」，還有「暗然不露之至德」，而真要修德，「必以至德為極詣」。所謂「暗然不露」，是指「不欲人知，不望世福」的德，知之者只有天主。他認為今人所謂的德，無論是「謙恭慈愛」、「輕財喜施」、「借交急困」、「忍辱含詬」、「清廉寡欲」或是「多聞善辨，識古通今，擇言而發，中倫中序」，從動機看來都

後他談到「教術紛紛」的生死之道，而曰：「惟當誠心反求，只問自己」、「須識生死至重，自心難欺，當身理會」。在「教有真偽」的情況下，應「當擇真而無偽者從之；真有是非，當擇是而無非者從之；是有偏全，當擇全而無偏者從之；全有泛切，當擇切而無泛者從之；切有迂徑，當擇徑而無迂者從之。總之，從自己起念自有家珍，他人寶可勿取也。任自己擇術，自求精一，百出紛途，可勿投也。」之後就談到上述《中庸》《大學》的那段話，而結論是他深信西學的生死之道「果與仲尼知生、知死、畏天之旨，不惟符合，而且詳盡也」。頁 221-223。

是要「博長者之名」、「收好義之譽」、「成任俠之品」、「擴容人之度」、「振絕俗之標」與「自擬聖賢之倫」，這些所謂的「德」，察其隱衷（動機），都是為了「立名媒利」的，而這樣的人他稱之為「人之君子，天之小人」。他認為人成就德性的主要目的在「了生死、升天堂、免地獄」，而是否能達此目的，則在於天主，而天主又是「靈明神聖，至大至公」，是不可掩，不可偽售的。[38]那這樣說來，天主要人做很多好事、善事來進天堂嗎？楊廷筠則回答：

> 夫德事無窮，人力有限，或無財，願不能酬；或無位，力不能任；或無年，日不暇給，[39]此安能過分強為？惟是上主佑人，只取此心，此心堅定，便是德種。故貧賤終身，不能施濟者，其心如火斯熱，造物主且鑒其誠懇，與施濟同功也。蓋貧人之一縷一粟，比富人廣布金錢，其施正等。況不生怨尤泯絕，是即其為善之本等也。心若不安本分，妄取務施，則已取不義，先犯貪戒。人受不義，又傷廉德，反不若不行之為愈矣。惟力量可為，則須隨事隨人，竭盡心力乃休。且真善財不必自己分，即出言開導亦善也。真功不必自己

---

38 楊廷筠：《代疑續篇・知德》，頁244-245。
39 鄭安德的編本原文作「或無年日不暇給」，應作「或無年，日不暇給」。

出，即與人贊成亦功也。蓋德之真，德之大，在
人為之而已。[40]

總之，重要的是「此心」，也就是動機，即使是貧
人的「一縷一粟」，也與富人的「廣布金錢」一樣，[41]如
果只是要博取名聲利益，即使做了再多的善事，也是無
益的，行善要隨事隨人，竭盡心力。所以無論是「大善」
還是「至德」，楊廷筠所強調的是為善的動機要出於摯
誠，要出於天主，而不在於施與之多與寡，亦不是只有
金錢的布施而已，出言開導使人行善，亦是善功，而更
重要的是道德的完成，乃在於人的自為。

前面我們說過楊廷筠認為人的禍福順逆都由天主安
排，也要人在禍患中磨鍊靈性，那世上常有惡人得福，
善人得禍，這不是很不公平嗎？他認為：

又世間賞罰多不合情，必天主予奪，方無滲漏。
除上善、極惡無一假借外，其餘中等之人，或善
中有惡，則先降困苦以削其見在之惡，死時只留

40 楊廷筠：《代疑續篇・知德》，頁 244-245。
41 在《聖經・馬爾谷福音》（12：41-44）中有一個有名的故事，記
載耶穌面對銀庫坐著，看眾人怎樣向銀庫裏投錢，有許多富人投了
很多。那時，來了一個窮寡婦，投了兩個小錢，即一文銅錢的四分
之一。耶穌說：「我實在告訴你們：這個窮寡婦比所有向銀庫裏投
錢的人，投得更多，因為眾人都拿他們所餘的來投；但這寡婦卻由
自己的不足中，把所有的一切，全部的生活費，都投上了。」這個
故事正是這樣觀點的最好例證。

全善，徑得善報，而享極樂。是善人得禍，非不
幸也。或惡中有善，則先與榮寵，以酬見在之善。
死時只留全惡，徑得惡報而遭極殃。是惡人得福，
大不幸也。[42]

楊廷筠觀察到這個世上所有的宗教都要人做善事得
好報，但真實的情況常常是：善人不僅沒有善報，反而
還禍患連連；相反的，惡人不僅沒有惡報，反而榮寵加
身，我們會認為這是不合情理的，但他認為賞罰由天主
予奪，方無滲漏，而且一般世人皆中等之人，有的人是
善中有惡，就以禍患困苦磨鍊他的心志，除惡務盡，而
留全善，死後就能享極樂。有的人則是惡中有善，先就
他的善來加以榮寵，最後留全惡，死後就遭極殃。從另
一角度看，人之善惡，又有「隱微」。就像「有為為善」
和「文飾詐偽」，都是「善中之隱惡」；又如「無知陷
溺」或是「真心不掩」，都是「惡中之隱善」。這是人
不及知，只有天主知道而可加以賞罰的。因為，「世法」
的「勸懲」是有「僭差」的，只有「天主」的「彰癉」，
必無「謬誤」。[43]這樣的觀點就為「善人沒有善報，惡
人沒有惡報」的現象一個在宗教上極其合理的解釋。因
此人所追求的「不在世福，而在真福；亦不在今生，而

---

42 楊廷筠：《代疑篇·天主掌管禍福》，頁 170-172。
43 同上。

在死後，其取賞甚大，其眼界甚寬」，[44]真福也就是死後天主的獎賞，[45]這與世福「惟求日用糧而已，不求其餘」，[46]是非常不同的。世福也就是前面所說的「形軀之養」，也就是以「富貴福澤為幸，貧賤憂戚為不幸」，而西學是「君子處逆，反為福兆；小人處順，實為禍徵。」[47]與世法是極不相同的。所以楊廷筠非常推崇西方傳教士，他們對於「拂逆之來」，不但不逃避，反而「迎之」，不是「不得已而受」，而是「甘之如飴」，這是因為他們「原務修身，冀升天堂，享無窮福」。所以在人間，不僅「不望世福」，還認為處在順境中，會折損天上之真福，而不願意有。「不辭世禍」，是因為在逆境中，有益天上之真德，所以不會逃避。[48]這樣的觀點與孟子的「生於憂患，死於安樂」[49]的憂患意識相似，不僅打

---

44 楊廷筠：《代疑續篇·淡原》，頁 226-227。

45 楊廷筠在《天釋明辨·祈禱》中說：「真福八端，皆出聖人神之學，求之不厭其瀆，得之不厭其多，此之為求，果非世俗之求也。」頁 137-139。所謂「真福八端」即是《聖經·瑪竇福音》說的：「神貧的人是有福的，因為天國是他們的。哀慟的人是有福的，因為他們要受安慰。溫良的人是有福的，因為他們要承受土地。飢渴慕義的人是有福的，因為他們要得飽飫。憐憫人的人是有福的，因為他們要受憐憫。心裏潔淨的人是有福的，因為他們要看見天主。締造和平的人是有福的，因為他們要稱為天主的子女。為義而受迫害的人是有福的，因為天國是他們的。」（5：3-10）。

46 楊廷筠：《天釋明辨·祈禱》，頁 121。

47 楊廷筠：《代疑續篇·原同》，頁 218-219。

48 楊廷筠：《天釋明辨·苦空》，頁 128。

49 在《孟子·告子下》「曾益其所不能」之後，孟子接著說：「人恒過，然後能改。困於心，衡於慮，而後作；徵於色，發於聲，而後

破了「善有善報，惡有惡報」的迷思，也與傳統的善惡果報觀有所不同。

　　另外，楊廷筠非常強調生死問題，也因為人的生死問題，使他的「愛己」、「愛天主」思想聯結在一起。首先，他認為人生是「寄寓」、「須臾」的，不足以當大事。人死是「還其本所」、「數甚久長」。但在「人不聞道」的情況下，人往往「以寄寓而迷本所」、「以須臾而誤久長」，生死「關係甚大」，所以謂之「大事」。[50]因為自己「只有一身，更無二身」，而且「此身只一生死，無二生死」，如果「一朝失錯」，將「萬悔難追」。[51]再加上前面所述的「外身之年壽有限、靈性之年壽無窮」，而死是「必至之期」，[52]如果說人生而「得免於死」，死而「與草木鳥獸同朽」，有「不滅之靈性」就算了，但人生「既不免死」，死了又「靈性獨存必不能滅」，則此靈性「作何安頓」，[53]是人當思考的問題。

喻。入則無法家拂士，出則無敵國外患者，國恒亡。然後知生於憂患，而死於安樂也。」《孟子注疏》，頁 223－224。關於先秦儒家的憂患意識可參考傅永聚、孔德立：〈先秦儒家憂患意識探源── 兼論憂患意識與民族精神之關係〉，《孔子研究》2007 年第 5 期，頁 52-58。程繼紅：〈「生於憂患而死于安樂」── 論孟子的憂患意識〉，《江蘇工業學院學報（社會科學版）》7 卷 3 期（2006 年 9 月），頁 4-8。

50　楊廷筠：《天釋明辨・大事因緣》，頁 120-122。
51　楊廷筠：《代疑續篇・貴自》，頁 221-223。
52　楊廷筠：《代疑續篇・貴自》，頁 221-223。
53　楊廷筠：《代疑續篇・味罕》，頁 249。

因此他說「夫人之為道，孰有大於生死者哉」![54]不過，關於生死思想，他認為傳統儒學「言心性」、「言生前之事」是「鉛槧不勝采」、「充棟不勝讀」的，獨獨「死後之說」，「二氏言而未真」，「先儒引而未發」。只有「西學獨能言之」，而且是「詳確而盡」的。[55]西學認為人的靈魂是無散滅的，必有「報應」。報應之事，則有天堂，有地獄。[56]人死後「不帶肉身」，只是「一靈」。一靈的境界絕與「人世」不同，受享也絕與「肉身」各別。升天堂的：「入至善之鄉，止增其善，無福盡之期」；入地獄的：「處全惡之地，止增其惡，無業盡之理」。[57]報應的根據何在？由誰主之？即是「生前既有善惡，死候必加審判」，而「審判大權」則在「天主」。[58]因此，西學教人要「念死候」，「必修德行」，而且必先「祈天主」。不得主佑，則「思不啟，行不翌」。而且又要「念此靈性從何來」，是從「天主命之」。既然是「天主命之」，天主必能「主張」、必能「審判」，必能「禍福」，人必要一心「敬奉之」，惟有「一心敬奉」，天主會加其力量，就是前面所說的「額辣濟亞」。

54 楊廷筠：《代疑續篇·定基》，頁 229-231。
55 楊廷筠：《代疑續篇·味罕》，頁 249。
56 楊廷筠：《代疑篇·靈魂與賞罰》，頁 179-181。
57 楊廷筠：《代疑篇·天堂地獄》，頁 172-173。另外楊廷筠在《天釋明辨·天堂地獄》一篇文章中則詳論佛教與天主教天堂地獄之別，頁 83-86。
58 楊廷筠：《天釋明辨·閻羅斷獄》，頁 122-123。

生時「益增德行」，死候則會「多方接引」。[59]因此，
真愛己者必愛天主，真愛天主者也必要愛己了。

如此一來，我們看到楊廷筠認為「愛人如己」當以
「愛己」為先，而愛己之工夫，則是修養靈性，不避禍患，
以求死後能進入天堂。在〈區愛〉一文中，他總結說：

> 人所重者，當在大體，如何持十誡？如何守靈性
> 之三司？如何完向主之三德？舊愆未除，如瘡瘍
> 在身，必欲盡去而後快也。新善未積，如饔飧難
> 缺，必欲飽而後足也。不求世福，而務得真福；
> 不避世禍，而惟避真禍；不思為世間之人，只思
> 為天國之人，如是乃可言愛己矣。[60]

愛己在於修己之大體，也就是修養靈性，具體功夫
在於持守十誡及靈性之三司（記含、明悟、愛欲），完
成向天主的信、望、愛三德，這些都是天主教的修養論，
其最終的目的在於了生死、升天堂、免地獄，所以楊廷
筠才會說：「不求世福，而務得真福；不避世禍，而惟
避真禍；不思為世間之人，只思為天國之人」，這才是
愛己的真義。

---

59 楊廷筠：《天釋明辨・大事因緣》，頁 120-122。
60 楊廷筠：《代疑續篇・區愛》，頁 245-247。

三、愛 人

楊廷筠認為「愛人如己」，要先愛己，「不愛己又焉能愛人」，[61]而所謂的「如己」即是「擴充」。愛人要先愛己，是因為愛自己，人皆知自己的喜好，愛自己必能「十分周匝」，如此推擴出去，「愛人之心，亦必如是周匝」，這樣的愛人才能整全，所以如果愛人的「設施稍懈」，或「分量未滿」，就不能說是愛人如己了。[62]因此愛人必「如己」才始全；反過來說，愛己必兼愛人才完整，他說：

> 世人只為人己太分，畛畦太別。所以一膜既隔，痛癢不關。不知愛人如己者，其利益固在於人，其功德實在於我。如樹松柏者，得其材；植桃李者，噉其實。西方君子，拯人之急，如救自己頭目；發人之覆，如開自己聾聵。非其性情獨殊也。蓋愛己之功必兼愛人，而後其愛始全。愛人之事，雖似損己，而己之受益則更大耳。[63]

楊廷筠在此說明愛人的利益雖在於人，而功德則在於我，愛人看來是自己受損，但其實是受益的。在此他

---

61 楊廷筠：《天釋明辨·輪回》，頁 98。
62 楊廷筠：《代疑續篇·區愛》，頁 245-246。
63 同上。

舉了種松柏得木材、種桃李得果實來說明愛人之功德在
我，而這功德從上節的論述來看，不是富貴福澤等利益，
而是指靈魂得救，死後能進入天國的「真福」。

　　如何愛人？楊廷筠說愛人「自有正道」，成就人自
有「實心實事」，[64]此實心實事在於有力者庇人以「形
用之物需」及有德者淑人以「神用之物需」，[65]即是天
主教所謂的形哀矜之七端和神哀矜之七端。[66]形哀矜之
七端是對於「孤寡煢獨，生而廢疾者」的救濟，人要「推
厥贏餘，多立賢院」，即有無相資，人民和洽，才是愛
人如己，還能使「盜賊衰息」，他說這是「絕盜之原」。
[67]形哀矜即是儒家所說的「矜寡孤獨廢疾者，皆有所
養」。[68]至於具體的作法他認為是：

　　　　西國之教，人人知奉天主。其教各有會，會各有
　　　　意，大都為形神哀矜之事。人有外身，則有形哀

64　楊廷筠：《天釋明辨‧輪回》，頁98。
65　楊廷筠：《代疑續篇‧區愛》，頁245-246。
66　耶穌會士羅雅谷（Jacques Rho, 1593-1638）曾撰寫《哀矜行詮》，
　　專門論述天主教的十四哀矜思想，這在當時的天主教儒者的著作
　　中，不只本書所討論的楊廷筠《代疑續篇》、《天釋明辨》、王徵
　　的《畏天愛人極論》、《仁會約》（本書甚至大段抄錄羅雅谷的著
　　作）、韓霖的《鐸書》都有引述，另外像陳薰的《開天寶鑰》及張
　　星曜的《天儒同異考》亦有引述。羅雅谷的《哀矜行詮》見張西平
　　等主編：《梵蒂岡圖書館藏明清中西文化交流史文獻叢刊》（鄭州：
　　大象出版社，2014年）。
67　楊廷筠：《天釋明辨‧盜戒》，頁93。
68　《禮記‧禮運》，《禮記注疏》，頁413。

矜之會，如食飢者，飲渴者，衣裸者，舍旅者，
顧病及囹圄者，贖虜者，葬死者。此七端，會中
或各司其事，或滙總其事，以求利益人之肉身焉。
人有內神，則為神哀矜之會，如以善導人，啟誨
愚蒙，責人之有過失，慰憂者，赦悔者，恕人之
弱行，為生死者祈天主。此七端，會中交相警勉，
互相覺察，以求利益人之靈性焉。此皆在家居士，
人人可行，不必出家也。[69]

「形哀矜」即是利益人之肉身：看顧飢者、渴者、
裸者、旅者、病者、囹圄者、虜者及死者的需要。[70]「神
哀矜」則是利益人之靈性：導人以善、啟人愚蒙、責人
過失、安慰憂傷、赦免悔者、恕人弱行以及為生死之事

---

69 楊廷筠：《天釋明辨・出家》，頁 130。

70 楊廷筠入教後，便發起組織仁會，以實現他所說的愛人之事，據《楊
淇園先生超性事蹟》的記載：「武林先有放生之會。歲每縻錢數千，
悉市鱗介羽毛而放之。公既從教，知愛物不如仁民，乃鳩薦紳善士
同志者共興仁會。規簡而當，義博而精。每月就主堂中，隨所願舍
笥貯焉，令忠謹之士司其出入。飢者食之，寒者衣之，渴者飲之，
痛者藥之，旅者資之，虜者贖之，死者葬之。蓋四方無告之民利賴
無算。」以上所描述的就是形哀矜之事。明・丁志麟：《楊淇園先
生超性事蹟》。根據湯開建和張中鵬的研究，楊廷筠不僅創設了武
林仁會，在其影響下，也直接導致了與之毗鄰的常熟及千里之遙的
福州相繼仿效並建立仁會組織，即瞿式耜（1590-1651）的常熟仁
會和葉益蕃（1595-？）的福建三山仁會。見氏著：〈晚明仁會考〉，
《世界宗教研究》2010 年第 6 期，頁 106-118。關於「仁會」的屬
性，我們將於下章仔細討論。

祈天主，而這些都在教會中各司或匯總其事，或是交相警勉覺察，人人皆可行，不必要像佛家遠離人群，出家修煉，在此他也批判了佛家的出家之說。

愛人的實功，除了形神哀矜之七端外，還有基督宗教的十誡：「一、欽崇一天主在萬有之上。二、不可妄用天主的聖名以發虛誓。三、當守主日和瞻禮日。四、孝敬父母。五、毋殺人。六、毋行邪淫。七、毋偷盜。八、毋妄證。九、毋願他人妻。十、毋貪他人財物。」[71]楊廷筠認為前三誡是「愛天主事」，而「欽崇條」為「三誡之首」，後七誡是「愛人事」，而「孝敬條」則為「七誡之首」。[72]後六誡是消極的不侵犯他人的權益，這也是愛人的實事。[73]而對於孝敬父母，他認為不只要孝敬

---

71 此是天主教的十誡，它與基督教的十誡只是在翻譯上略有不同。

72 楊廷筠：《天釋明辨・四恩》，頁133-135。

73 楊廷筠分別在《天釋明辨》的〈殺戒〉、〈盜戒〉、〈淫戒〉及〈巧言綺語戒〉等篇中談到天主教十誡中的第五誡、第七誡和第十誡、第六誡和第九誡、第五誡和第八誡，並且與佛教的戒律互相比較，頁89-97。其中關於第六誡「毋行邪淫」和第九誡「毋願他人妻」，是與中國傳統士大夫階層普遍的「娶妾」之風完全背離的，對於此問題，楊廷筠完全接受了天主教的觀念：「但天主初辟天地，止生一男一女，俾成夫婦。今亦不容偏多偏寡，以亂人倫正道耳。夫何柔順女人，守正猶知從一而終。剛強堂堂男子，反不若彼。一娶不已，有妾有媵。甚者宿妓狎童，公然無愧。淫亂極矣！夫淫於女，同於禽獸；淫於男，劣於禽獸。天教禁之，其理甚正。」（《天釋明辨・淫戒》，頁94）、「況以倫言，妻不容有二夫，夫豈容有二妻？如轉一名謂之妾，遂云無妨，豈婦私一男，亦可轉一名，謂之無妨乎？」（《代疑篇・孝親與娶妾辨》，頁187-188）。在現實生活中，楊廷筠在奉教的過程中也曾在「天主」與「妾」之間有

父母，因為孝敬父母是良知良能，不必多說，而是要「始於事父母，終於事君上」，並且要「事官長如事父母」，不能違反，違反的仍屬犯戒。[74]他的理由是：「君王是統我之父母」，「官長是臨我之父母」，而「管顧者」是我的「衣食父母」、「授業者」是我的「教訓父母」，所以無論是父母，還是「父母之所生」、「父母之所友」、「父母之所愛」，都要「盡分量」，要「依分盡職」，才是他所說的孝敬的道理。[75]由此看來，楊廷筠所說的孝敬的對象，是遍及一切在輩分及位分上高於我們的尊長。

在愛人如己的實功中，楊廷筠又強調要「愛仇敵」，這本是基督宗教的教義之一，他對此非常重視，還在《代

一艱難的抉擇。根據《楊淇園先生超性事蹟》的記載：「曩公因乏嗣，故置側室，公子二由庶出，比公固請聖洗，而先生未許。公躊躇且艾，私謂我存公曰：『泰西先生乃奇甚，僕以御史而先生，夫豈不可。而獨不能容吾一妾耶？若僧家者流，必不如是。』我存公喟然嘆曰：『于此知泰西先生正非僧徒比也。泰西戒規天主頒之，古聖奉之，奉之德也，悖之刑也，德刑昭矣，阿其所好若規戒何？先生思救人而不欲奉己思，挽流俗而不敢辱教規，先生之不苟也，其所全多矣。君知過而不改，從之何益乎！』公忽猛醒，痛改前非，屏妾異處，躬行教戒。於是，先生鑒其至誠，俾領洗焉。」根據黃一農的研究，自瞿汝夔（1548-1610）開始，明末的徐光啟、李之藻、楊廷筠、王徵、韓霖，以迄清初的魏裔介（1616-1686）、佟國器、許纘曾（1649 進士，徐光啟的曾外孫）等士大夫，其奉教的過程中都同樣得在「天主」與「妾」之間做一艱難的抉擇。《兩頭蛇 —— 明末清初第一代天主教徒》（新竹：國立清華大學出版社，2014 年修訂三版）第二章至第四章，頁 32-174。

74 楊廷筠：《鴞鸞不並鳴說・正教與邪教之別》，頁 151。
75 楊廷筠：《天釋明辨・四恩》，頁 133-135。

疑續篇》中闢專章〈德仇〉來論述為什麼要「愛仇敵」。
有人問他:「西學德仇,有之乎?」他回答「有」,其
原因在於「聖教主於愛人,仇亦人也。本乎敬天主,仇
亦天主之所生。遇仇可愛,或當救濟,必順主命,以愛
而救濟之。不因其虐我,而獨遺於所愛之外也。」[76]雖
然仇敵負我,但在「愛人」的大誡命下,仇敵亦是天主
所生,仍要以愛濟之。如此的愛才無缺漏,才是「以此
存養其心,愛根深,愛德廣,愛之用始大矣」。[77]接著
楊廷筠就談到愛仇敵除了使愛無缺漏外,重要的還能「成
吾盛德」:

> 仇亦何害?彼能犯我肉身,不能侵我靈性,設彼
> 加阨,而我不怨嗔,是我之容德因彼而有也。再
> 進之而動其心,忍其性,增益其能,是我之成就
> 因彼而大也。[78]金無愛於火,而鎔之鍛之,鉗之
> 錘之,卒成精金,則鎔、鍛、鉗、錘之功也。玉
> 無愛於礪,而磨之礱之,鑢之蕩之,卒成美玉,
> 則磨、礱、鑢、蕩之功也。為金玉者,當感其成
> 我之恩,不計其傷我之怨矣。君子不喜仇,亦不
> 疾仇,吾無德於仇,適得吾常,惟更有恩以加之,

---

76 楊廷筠:《代疑續篇·德仇》,頁246-248。
77 同上。
78 鄭安德編本原文「是我之容德,因彼而有也」,應為「是我之容德
因彼而有也」,其下編本原文「是我之成就,因彼而大也」,應作
「是我之成就因彼而大也」。

轉成吾盛德也。[79]

仇敵犯我，我能不怨嗔，就是「容德」，也就是具有寬容的美德，再加上動心忍性的磨鍊，那就如上節所論的，在禍患中修養靈性，成就亦大也。就如同磨鍊金玉一樣，要有火與礪才能成為精金美玉，所以對於仇敵的態度，不僅要「感其成我之恩，不計其傷我之怨」，而且要以恩加之，就能「轉成吾盛德」。又有人問他如果愛仇敵，「惡人不太得志乎？」他回答：「有何便宜？此人為我所容，不能容我，我大彼小，安見得志！」[80]也就是說愛仇敵不僅能使人具有寬容饒恕的美德，還可以促進自我德業的完善。上文我們說過楊廷筠認為人生的順逆禍福，是由天主所安排的，仇敵亦是：

> 況人生順逆得喪，緜造物主。彼仇之得以加我，必從上主命之，上主容之，其為罰我宿愆耶，勵我苦行耶，試我容德耶，警我懈怠耶。所不可知，諸恂利益於我，安見其仇？諸皆上主所賜，安得認以為仇？[81]

天主讓人遇到仇敵是有目的的，或要懲罰過犯、勉

---

79 楊廷筠：《代疑續篇‧德仇》，頁 246-248。
80 同上。
81 同上。

勵苦行、增益容德、警戒懈怠等等，這些對於人的德行都有所助益。一般來說「君子處世」，遇事必「思患而預防」，取友必「論定而結交」，行事為人本無「致仇之因」，所以有人「終其身，不曾遇一仇者」。他勉勵人如果遇到「小有非意之干」或「大遭梗逆之至」，反而要思考：「此造物主所賜，試我之忍德乎，切須處之盡道矣。」[82]更何況愛仇敵，不僅使我受益，也使仇敵受益，當他看我以恩以愛對待，「彼有人心，亦必自愧，愧生悔，悔生改，我與此人兩受其益。」即或不然，「彼笑我懦，目我嗤。我甘受之，乃為含忍之，果懦乎？果嗤乎？」更何況「旁觀者不平，是明有人非也」，又「默默嘉與」我，更不要說「死去更當審判，是幽又有主譴也」。[83]總而言之，遇到仇敵，是天主要磨鍊人的心志，在患難中不僅不生怨懟，反而能以德愛待之，或能感化仇敵，兩相受益，或者能得旁人之嘉許幫助，但更重要的是天主必當報答譴責，獲得真福。

　　楊廷筠要人愛仇敵，最好的典範就是耶穌。在《聖經》中記載耶穌被釘十字架時，還懇求天主赦免殺他之人的罪，[84]所以楊廷筠要人仿效耶穌的愛仇敵。另外他也舉了西方一寡婦，兒子被殺，還給殺兒子的人馬匹，

82　同上。

83　同上。

84　在《聖經‧路加福音》（23：34）記載當耶穌被釘在十字架上時，他說：「父啊，寬赦他們吧！因為他們不知道他們做的是什麼。」

讓他逃走,而「天主嘉此婦至德,母子俱賜昇天」。他
還舉出在萬曆戊午年(萬曆 46 年,1618 年)南京教難
時,[85]許多耶穌會士遭到南少宗伯沈漼(與楊廷筠同為萬
曆二十年進士)的迫害,但有傳教士「聞其無子,私為
祈嗣」,這些都是愛仇敵的真實例子,所以楊廷筠才說:
「君子不幸遇仇,無可自脫,惟此一轉,可以感動帝心。
眼前茹苦為甘,久且移禍為福矣。」[86]愛仇敵之說,即
是孔子所說的「以德報怨」,只是孔子認為面對仇敵應
該「以直報怨」,[87]這也是儒家與基督宗教很大的不同。

　　這樣看來,楊廷筠所說的基督宗教的愛人與儒家的
愛人,除了愛仇敵外,似乎沒有什麼分別,但他在〈區
愛〉一文中,還是做出了分別,做出了高下之分:

> 愛人又自不同,有倫常之愛,有交情之愛,有泛
> 泛胞與之愛。其中次第差等,儒者之論極詳。然
> 在西學,則又謂私情之愛,不若德義之愛,為真

---

85 關於「南京教案」的始末,可以參考王治心:《中國基督教史綱》
　　(上海:上海古籍出版社,2007 年)第九章〈南京教難的始末〉,
　　以及周志斌:〈晚明「南京教案」探因〉,《學海》2004 年第 2
　　期,頁 102-106。

86 楊廷筠:《代疑續篇・德仇》,頁 246-248。

87 《論語・憲問》:「或曰:『以德報怨何如?』子曰:『何以報德,
　　以直報怨,以德報德。』」《論語注疏》,頁 129。關於孔子的「以
　　直報怨」與耶穌的「以德報怨」,可參考黃勇:〈Why You Ought
　　Not to Turn the Other Cheek: Confucius on How to Deal with
　　Wrongdoers(為什麼不該轉過你的左臉:孔子論如何對待作惡
　　者)〉,《中央大學人文學報》55(2013 年 7 月),頁 1-40。

肉軀之愛，不如靈性之愛為大也。[88]

　　他認為儒家對愛的「次第差等」，討論極其詳細，有「倫常之愛」、「交情之愛」，還有「泛泛胞與之愛」，而基督宗教的愛有「私情之愛」和「德義之愛」、「肉軀之愛」和「靈性之愛」，其中私情之愛與肉軀之愛不如德義之愛與靈性之愛。在此，楊廷筠認識到儒家的倫常、交情之愛與基督宗教的德義之愛、靈性之愛相比是有局限的，即是儒家的愛講次第等差，即使是張載（1020-1077）所說的「泛泛胞與之愛」，[89]也是由倫常之愛推擴出去，依然是在「次第差等」之中，而這就不如基督宗教的德義之愛和靈性之愛的大而全。而何謂德義之愛、靈性之愛？在上述引文後，他又談到形神哀矜之七端，而形哀矜七端，不若神哀矜七端，因為「救人靈性，其為德尤大，功尤全也。」[90]所以「德義之愛」、「靈性之愛」就是愛人之靈性，並救人之靈性，而這樣的愛人是「無人不有用愛之能，無日不有可愛之事，無地不有當愛之人」。[91]這樣的愛，不僅要泯除次第等差，也要愛那不可愛的人（仇敵），所以就要無所不愛了。

---

88 楊廷筠：《代疑續篇‧區愛》，頁 245-246。
89 張載〈西銘〉曰：「乾稱父，坤稱母；予茲藐焉，乃混然中處。故天地之塞，吾其體；天地之帥，吾其性。民，吾同胞；物，吾與也。」《正蒙》，收於《張載集》（北京：中華書局，1985 年），頁 62-66。
90 楊廷筠：《代疑續篇‧區愛》，頁 245-246。
91 同上。

然而當他批評佛家的持齋之說時，他仍借用儒家的「次第等差」的愛來說明：

> 吾獨謂慈者仁之發，仁者人也，當以愛人為先。論愛人，泛而同，近而親友至切而家庭，皆是當愛用慈，莫切於此。今一體人類，漠不相關，獨區區惜此物命，不親親仁民，而切先及物，吾未許其真慈也。[92]

　　楊廷筠認為佛教的持齋初看好像泛愛萬物，好像是真慈真愛，但就他的角度來看，人與物有次第等差，應當先愛人而後再及於物，持齋只是愛惜物命，卻不關心一體之人類，反而不是真慈真愛。在此他用的是儒家「仁者愛人」之說來批判佛教。由此即說明了楊廷筠的愛人觀試圖綰合耶儒兩者的差異，並以天學來補充儒學的不足，但他又在策略上使用儒家的觀點來攻擊佛教，或許不能說是他理論的不足或理解不夠，而應視為是批判策略運用的手段吧。

　　楊廷筠不僅認為愛己是人天生之本然，愛人亦是，是「初賦已然」的，他說：「夫天主造成世界，常欲彼此交愛，以暢滿其生生之仁。故畀人五常，而『仁』為

---

92 楊廷筠：《天釋明辨・奉齋》，頁 103。同樣的說法亦見《代疑篇・持齋正旨》，頁 176。

之首。仁者愛人，自其初賦則已然也。」[93]在此我們可以看到楊廷筠將愛的源頭歸之天主，亦用儒家的「仁」來解釋。[94]天主造人造世界，要我們彼此相愛，是為了要暢滿其「生生之仁」，所以仁者愛人，是天生本然的。楊廷筠借用中國傳統的天道觀《易經》中的「生生之德」[95]來解釋基督宗教的「愛」，他認為生生之德也是天主的一種仁德，一種好生之德，不欲其所創造的人彼此相害，而欲其彼此相愛，不過楊廷筠把中國傳統天道觀中歸於天道的生生之德，歸之於人格神的天主。這是楊廷筠用儒家思想來解釋基督宗教的又一明證，但儒家的「仁」是來自於天道性命，而基督宗教的愛則是來源於天主，這是他們在本質上的最大差異。

四、愛天主

　　楊廷筠闡述基督宗教的愛人如己，已如前所述，愛人要如己，先要愛己才能愛人；愛人要如己，才是真愛

93　楊廷筠：《代疑續篇・區愛》，頁 245-246。

94　這是來華傳教的耶穌會士和中國的天主教儒者的共同點，他們皆以仁來解釋天主教的愛。例如利瑪竇《天主實義》曰：「余曰仁也者，乃愛天主與夫愛人者，崇其宗原而不遺其枝派，何以謂外乎？」又曰：「夫仁之說，可約而以二言窮之，曰：『愛天主，為天主無以尚；而為天主者，愛人如己也。』行斯二者，百行全備矣。」〔意〕利瑪竇著，〔法〕梅謙立注，譚傑校勘：《天主實義今注》，頁 190、193。

95　《周易・繫辭上》曰：「日新之謂盛德，生生之謂易。」（臺北：藝文印書館，1997 年，《十三經注疏》），頁 149。

人。然而人與我畢竟是不同的個體，在愛己與愛人的分量上也會有所不同，但是他認為兩者的差異可消彌、也要消彌在「愛天主」這一天主教的最大誡命之中。在〈區愛〉中，他說：「雖然，猶二愛也，惟愛敬一天主萬物之上，更無二矣」。[96]在這篇文章中，他除了談到「愛己」、「愛人」，還談到「愛天主」。他從反面來說，如果自己的「養生送死，無不如意」，自己的「自性自命，知用功夫」皆具足，卻在遇到形、神之可哀矜者，「曾不動情」、「略不介意」，怎能說是「愛人身如己身」呢？怎能說是「愛人心如己心」嗎？還能說是「愛天主」嗎？[97]他的理由是：

> 真心愛天主者，於此必無兩視，以此愛己，即以此愛人，以此愛人，即以此愛天主。既能區分愛情，不至淆用；又令此愛展轉流通，人與人互相親，愛與愛交相浹，人心安有不和厚？世界安有不義皇？即大學之明德、新民、止至善，孝弟慈以教家國，親親長長以平天下，實不出此。[98]

愛人如己，人與己畢竟是不同的，唯有「愛天主」，才能使愛人與愛己無差別。所以愛人如己必須建立在「愛

---

96 楊廷筠：《代疑續篇·區愛》，頁 245-247。
97 同上。
98 同上。

天主」上，而愛天主也必在「愛人如己」上顯明。愛天
主，就能消除人我的差別，以此愛己，就能以此愛人；
以此愛人，就能以此愛天主，這樣的愛展轉流通，人與
人相親相愛，人心、世界就能安定。他還將這種愛的擴
充發展與《大學》的明德、新民、止至善，以及齊家、
治國、平天下等同在一起。在「愛天主」的基本原則下，
人不僅能「愛己」，也能「愛人」如己，這樣一來，就
「無人不有用愛之能，無日不有可愛之事，無地不有當
愛之人」[99]了。

　　為什麼要愛天主，他認為：

　　　西書萬卷，悉本於天主，以天主萬善之原，萬愛
　　之生根也。吾最愛者此身，天主實付我官骸具善，
　　又生萬物，惟吾所用，又保任世界，使我身身相
　　繼。其當愛宜何如乎？吾甚愛者此心，天主實付
　　我靈性，備有記含、明悟、愛欲之三能。又令神
　　守護持，不令魔仇誘奪，其當愛宜何如乎？人生
　　作不善者，死必入地獄，此苦誰能超之？天主降
　　生，救贖人罪，開悔過之門，啟天堂之路，其當
　　愛又宜何如乎？世間美好，無一不分自天主，則
　　人情用愛，無一可與並天主，故必愛出萬物之上，
　　方為愛天主者。試作是觀，則所云愛人以愛天主，

_____

99 同上。

亦可了然矣。[100]

　　天主是「萬善之原」、「萬愛之生根」，愛天主的原因在於：一是天主創造人之身，創造萬物，為我們所用，使我們可以延續生命。又將靈性賦與我們，使我們有靈性之三能，又護持我們，不被魔鬼所奪。二是天主降生，救贖人罪，開悔過之門，使人死不必入地獄，而能進入天堂。世間的美好，沒有一項不是分自天主；世間的人情用愛，無一可與天主比擬，所以必要愛天主，而這樣的愛，又要超越在愛萬物之上。此兩項理由即是基督宗教最核心的兩大思想：創造論（天主論）與救贖論（基督論）。另外，楊廷筠還認為愛天主是「不教而能」，因為天主不僅賦與我們形軀，也創造萬物，使我們養形軀，又賦與我們靈性，成為「形軀主」。又賦與義理，使我們的靈性美好，所以「有生之倫，皆知為天主恩」，要「感之而不忍貳、敬之而不敢褻」，這是「若出彝性，自不可解，不教而能，此謂大公」，也就是愛天主是出自本性。而後來為什麼我們不知愛天主，乃因「異端起，而其教始分，異教尊，而其念始奪」。但我們仍有「一念顧畏上帝之憂，隱隱在中，終不可泯，晦中有明，判中常復。益知公德在人，其尊惟主。」[101]

　　關於第一點愛天主的原因，基督宗教認為天地的一

---

100 同上。
101 楊廷筠：《代疑篇・聖公教會》，頁203。

切，乃至萬物，皆是天主所創造的，楊廷筠承襲這樣的
說法。首先他從自然的現象，來論證天主的存在。天動
地靜，日月星辰的運行，風雨雲雷的變化，山峙川流，
四行的生克，[102]飛潛動植的生長、收藏，物蠢人靈，這
些自然的現象，之所以能「各循其軌、各安其類」，也
能「無相假借，無相凌奪」，必定有「大主」化成其間。
他也用「海中一舟」和「空中一矢」來比喻，雖然不見
其人，但知有「操舟者在」、知有「運矢者在」。[103]而
這一大主，也是唯一的，他說：

> 天地實有主也，天地主實唯一也。……萬物之生，
> 本乎天地，天地有一大主，今先言主之實有，而
> 惟一之義，可得而言焉。地職持載，非有主，必
> 不能懸至重於虛空，不墮不傾。天職覆幬，非有
> 主，必不能運大圓於終古，無息無忒。人物繫天

---

102 四行是指「水、火、土、氣」，這是耶穌會傳教士為了傳教的需
　　要，將西方哲學元素論置於基督教神學框架內，向中國文人作了
　　介紹，並由之出發批判中國傳統哲學元素論。關於這方面的研究
　　可參考徐光台：〈明末西方四元素說的傳入〉，《清華學報》27
　　卷 3 期（1997 年 9 月），頁 347-380、〈明末清初中國士人對四
　　行說的反應 —— 以熊明遇「格致草」為例〉，《漢學研究》17 卷
　　2 期（1999 年 12 月），頁 1-30。關於楊廷筠對四行的看法，可參
　　考張曉林：〈四大耶？五行耶？四行耶？ —— 楊廷筠辨儒釋耶元
　　素論〉，《蘭州大學學報（社會科學版）》37 卷 6 期（2009 年
　　11 月），頁 26-31。
103 楊廷筠：《代疑篇・天主創造萬有》，頁 169-170。

> 地而生長收藏,非有主,必不能自傳其類,各正
> 保合。……天地化工,如此顯見,而曾不見安排
> 之跡,故謂之自然。自然云者,泯安排於不事,
> 此正可測大主之妙,不可疑大主之有無也。……
> 況吾所謂主,乃至尊無對之稱,無容有二。縱有
> 千萬世界,皆為此主所造、所宰治也。[104]

這一大主即是天主教的天主、上帝,是唯一的,是
至尊無對的,他不僅創造天地萬物,也是宰治天地萬物
的主。而且天主是「超然獨存」的,他「化成天地」,
是「天地之主」;「長養人物」,是「人物之主」;「役
使神鬼」,是「神鬼之主」。而且在天地、人物、神鬼
未有之時,天主已「先有」,推之而不見「其始」;天
地、人物、神鬼皆有可滅之時,天主則是「不可滅」的,
推之而不見「其終」,是「無始無終」的。[105]天主又以
七日完成創造之功,使萬物「各受之質,各賦之生理,
予之生機,各畀天神,以保守之,引治之」,而能「依
其本模,轉相嗣續,完其生理,暢其生機」。而天主的
創造與人的造作不同,人的造作是用五官百體,縱極神
巧,皆可得而測量,天主則不然:「非有思,非無思,
竭千聖智巧,不能窮其思,特不見其思之倪;非有為,
非無為,合千聖之力量不盡其為,特不得其為之岁。」

---

104 楊廷筠:《代疑續篇‧崇一》,頁219-221。
105 楊廷筠:《天釋明辨‧無量壽》,頁106-107。

而此種義理，他認為只可神會，不可言傳，昭昭在人心目，不須詮解，皆是天主的全能所為。這樣的全能、化工，使他稱天主為「吾人大父母」。[106]另外，在《代疑篇》中，他說：

> 今人止視天主至尊至高，與己邈不相親。不知在人世，則論名分，天主視人，無非其子，無貴賤，無愚賢，皆一大父所出，故謂之大父母，尊而且親，無人可得遠之。[107]

因為人皆為天主所生，是天主之子，所以無分貴賤賢愚，天主是我們的大父母，是至高至尊而且至親的。他也以這樣的創造觀點、大父母之說來反駁中國傳統的宇宙論。首先他批駁「大生廣生，自然而然，不有由主宰」的自然論，他認為這是「見其末不見其本」。而對於天地化生論，他則認為「天地無功，天主命之」、「天地定位，誰非天主造成」。[108]他的理由是天地只是「一形器之物」，「無靈無覺」，所以就不能「自主以顯化育之工」，而我們所看到的天地「變化施生」、「並育

106 楊廷筠：《代疑篇·天主創造萬有》，頁169-170。關於天主是「大父母」之說，這是天主教傳入中國，從利瑪竇等耶穌會士乃至明末清初天主教儒者所持的一貫主張，除楊廷筠外，本書所討論的王徵、韓霖和朱宗元，亦有此等說法。
107 楊廷筠：《代疑篇·彌撒禮》，頁189。
108 楊廷筠：《代疑篇·天主創造萬有》，頁169-170。

並行」，以至於「萬古不息」、「一刻莫爽者」，都是「有主是形器者在焉」，所以天地的造成，「惟主之能」；萬物的化生，「惟主之力」。因此天主的厚恩，是遠出天地之上的，人竟「不知感報」！[109]所以他認為中國傳統所說的「欽天」、「奉天」、「知天」以及「達天」，不但沒有明言何者為天，而且是不知天的：

> 古來經典，只教人欽天、奉天、知天、達天，未嘗明言何者為天。天果蒼蒼形質已乎？若以在天成象為天，則知之其易，一星官司曆司能之，何必聖人之於天道乎？性與天道，子貢以下，不可得聞。則今人所云天載，其為知，為未知，吾不得而識矣。西學言造物主有全能，全能者，造天地，成萬物，皆能以無物為有物，又能安立保存之。……理氣之說既非，自然之論無屬，安得不歸天主之全能？[110]

他認為中國從古到今的經典，都未明言何者為天，如果天是形質的天，只要一星官曆司就能明白，就不會說不可得聞了。他在此引用了《論語》子貢說的：「夫子之文章，可得而聞也；夫子之言性與天道，不可得而

---

109 楊廷筠：《代疑續篇·分等》，頁 227-228。
110 楊廷筠：《代疑續篇·明超》，頁 223-224。

聞也。」[111]既然子貢以下不可得而聞，則天為何物，是
未知的，因此他認為西學所說的造物主即是天，即是全
能的天主，天主造天地成萬物。所以欽天之天，不是指
有形質的天地之天，而是指天主。欽天就是愛天主，就
是欽崇一天主於萬物之上。

　　另外，基督宗教最核心的思想就是基督論，天主降
生為人受死，其愛至大。而楊廷筠如何理解這個核心思
想，並與愛人、愛天主之說綰合在一起？首先，他認為
降生受死是天主愛人之極則，而為什麼愛人非得以此方
式？他認為上古之時，「性教在人心」，人有良知、良
能可不為惡，又有聖賢名教啟迪，「人人自畏主命」，
所以不須降生。但三代以後，「聖賢既遠，奸偽愈滋」，
人心之性教[112]日漓，詩書之戒者日玩，所以天主「大發

111　《論語・公冶長》，《論語注疏》，頁43。

112　明末清初的耶穌會士認為天主教的歷史有三階段：「性教」、「書
　　　教」、「身教」或稱「恩教」、「寵教」，楊廷筠承襲這樣的看
　　　法：「即知上古時醇，宜性教；中古漸開，宜書教；後代人性大
　　　壞，雖聖賢書教亦難轉移，非以身為教，不易行其救拔矣。」《代
　　　疑篇・三位一體》，頁197-199。又在《天釋明辨・佛化身》曰：
　　　「在上古以依從性教，人皆向善，自順主命不必有書契也。其在
　　　中古以書教，文字始興，聖人出焉。其在末世立寵教，降生為人，
　　　代人贖罪，立救世法。」頁116-118。其後的朱宗元亦有這樣的說
　　　法：「天教有三：有性教、有書教、有身教。性教者，予於賦畀
　　　之時，不學而知，不慮而能，所謂良知良能也。人多不能盡性，
　　　故于商祖乙時，遣天神付一大聖曰梅瑟者。以十誡，令普世遵守，
　　　若者上陟，違者下墮，此書教也。書教復不能率，故降生為人，
　　　躬為表指，萬方丕變，此身教也。」《答客問》，鄭安德編：《明
　　　末清初耶穌會思想文獻滙編》（北京：北京大學宗教研究所，2000
　　　年），第三卷，頁330-331。

仁愛，以無限慈悲，為絕世稀有，自天而降」，具有人身，其名為耶穌。而其降生，有實地、有其母，也有其時。楊廷筠說天主降生一事是「仁愛之極思，人道所未有」，但在西國卻有源有委，有前知後證，而萬種西書，皆記載發明此事。而另一方面，天主降生後的三十三年的暫現，亦是有「實跡可仰」、「有途可入」的。[113]而耶穌降生，所為何事？則在救贖人罪。他認為天主的降生有「大因緣」，是要為萬民「贖除原罪」，沒有「自身受難」，則「原罪不除」。不取人身，「全是主性」，則「不能受難」，就無法贖罪。所以「擇聖德室女，投入胎中，出世為人，受盡世間苦難，以償千萬世未償罪債」。[114]耶穌的「代贖」，除了是要「贖其首祖以來所遺之原罪」，這原罪是「壞性之根」、「造罪之種」，依賴「十字聖架之恩」，即「免此罪」。另外，耶穌的「代贖」，還有人後天所犯的罪，楊廷筠稱為「自罪」。[115]如果人「既免之後」，無法確保「人性之不復犯」，如果再犯而「無以拯之」，那麼就「已醒復迷」、「已超復墮」，耶穌的「救世前功」則「幾於盡棄」。因此耶穌在世時，又「親定教規」，有「撒格辣孟多（即拉丁文 Sacrament 的音譯，意為「聖事之跡」：天主教聖禮）之七端」。其中有「拔弟斯摩」（即拉丁文 baptisma

---

113 楊廷筠：《代疑篇・天主降生》，頁195。
114 楊廷筠：《代疑篇・童女孕育》，頁196。
115 楊廷筠：《天釋明辨・度世誓願》，頁123-126。

的音譯，意為洗禮），是「初入聖教」者，付以「聖水」
來洗其「從前之罪」。又有「白泥登濟亞」（即拉丁文
paenitentia 的音譯，意為痛悔告解），是「既入教」者，
再有「犯戒」，則行告解之禮：「容人痛悔，誓不重犯，
審其意念果真，則為之誦經，及致罰以解之」。[116]在此
我們看到楊廷筠談到耶穌降生受死是為人贖罪，而「罪」
在基督宗教中是很重要的核心概念，分為「原罪」及「本
罪」（自罪），原罪是從人類的始祖亞當而來的「罪性」，
而本罪即是人後天所犯的種種罪行，包括意念思想。楊
廷筠對於兩種罪都有討論，不過在對原罪的論述中，比
較多談到如何贖罪，也就是耶穌的救贖，比較少談到原罪
的起源、為何會沿襲於後人、及與本罪的關係等問題。[117]

　　對於耶穌的「受刑受難」，楊廷筠認為是耶穌的「自
擇」，非迫於不得已，其目的是要將「萬方萬世之罪」，
歸併一身，並以一身之「受苦受難」，消盡「萬方萬世
之罪愆」。而人之罪惡「無所不有」，刑罰「無所不犯」，
而耶穌之代受，亦宜使「世間無所不有之罪苦」，總萃
於其身。[118]但有人問他這不是違反了天主至仁至慈的原

---

116 楊廷筠：《代疑篇・罪得赦免》，頁 205-206。關於告解之法，楊
　　廷筠在本篇中有詳細的說明，又見《天釋明辨・懺悔》，頁 139-140、
　　《代疑續篇・別似》，頁 239-241。另外又有「臨終告解」，即天
　　主教的「終傅禮」，可見《代疑篇・臨終告解》，頁 207-208。
117 這些關於原罪的相關問題，我們都可以在朱宗元的著作中看到，
　　詳見本書第五章。
118 楊廷筠：《代疑篇・十字架》，頁 199-201。

則，天主「何不竟赦人罪，以身代之何為」？他回答：

> 有罪不赦，是謂不仁，不仁非主心也；有罪徑赦，
> 又為不義，不義非主法也。寧過於仁，無過於義，
> 世法有此姑容，天網決非偏漏。欲求至當，無如
> 身代。使人知有罪，天主不輕赦之，直自代受之，
> 如何敢犯？仁之至義之盡也。……凡人重罪，莫
> 過違主命。將此罪秤量，無可比度，必有與主命
> 相當者，方足銷除，則無如耶穌自身也。必有大
> 善大福與世罪相當者，方可准抵，無如釘十字架
> 功勞也。……以死為人，為至善。耶穌之死，通
> 是為人，毫不為己，愛人誰如天主者？能贖人罪，
> 為至善。耶穌一死，萬民宿罪全除，救世誰如天
> 主者？在世立表，為至善；耶穌三十三年，示脫
> 罪之路，開上天之梯，立功誰如天主者？[119]

　　有罪當受死，是天主的義；而有罪卻赦之，則是天

---

[119] 同上。另外，在《天釋明辨・度世誓願》中，楊廷筠說得更清楚：
「天主生人之初，即預知千萬世之後，人類大惡，應入地獄。若
一概赦之，是主命可輕違也，不得言義；一概不赦，是人人悔改
無門也，不得言仁。吾主欲施方便，何繇計？惟有降生為人，代
世受難，方可贖盡人之罪。雖無誓願，而意之所至，更勝誓願。
蓋天主一身，可當千萬世之人身；天主一身受難，可當千萬世人
身之受難。雖主性全能，無可加害。而身備血肉，全與人同。五
毒備加，被釘而死，其苦難實願慘受。故千萬世人，前後修者，
從此盡得脫免原罪、自罪，徑升天堂，耶穌受難之功也。所稱度
盡世人，惟耶穌乃可當之。」頁123-126。

主的仁，然而此二者是對反的，如何消除其兩難，成全天主的仁與義？因人「違主命」的重罪，若沒有與主命相當的大善無罪之人來相抵，是不可能銷除的。因此無如天主降世以身代之，耶穌以一無罪之身代世人之罪，乃至被釘死在十字架上，才可抵過。而這些都是為人，毫不為己，所以他才說無論是愛人、救世和立功都無人能超越天主。

　　對於耶穌的降生與救贖，楊廷筠認為其功勞是超過創造化成之功的。因為天主化成天地是「用意」，也就是說有就有，命立就立，天地萬物因此被創造出來，「化成萬物」是為「養人肉身」，而救贖，則是「親身降臨」，是「救人靈魂」、「脫人心罪」，不僅「更難」也「更精」。也就是化成容易，救贖較難，為什麼？他從人與物之差別的「自由意志」來說明這個理由，因為「萬物不自守而順主命」，所以「化成無難」，但只有「人自專能逆主命」，自專即是自由意志，人有自由意志所以要「轉移」是「極苦」、「更難」的事，但如果「耶穌不降生」，「人類生者必死」，但耶穌既已降生，則使「人性死者復活」。因此才會說：「被釘之功過於化成天地」。[120]另外，他以救世的觀點來比較基督宗教的救贖論和佛教佛佗的度世誓願，他認為救世事有大小，「救人之小者」是「人力可能」的，如「寒而衣之，飢而食

---

120 楊廷筠：《代疑篇·十字架》，頁199-201。

之,渴而飲之,勞而逸之,病而醫療之」等哀矜之事;
救人之大者,不僅在於「生萬物以養人之肉身,付萬理
以養人之靈性」,還在「又於靈性離肉身之後,令其能
免地獄、能超天堂」,而這「決非人之力量可與」,只
有天主方可做到,所以不僅「耶穌降生贖罪之功,大於
化成天地生育萬物之功」,而且佛教的世尊只是「救人
肉身」,而天主教的基督是「救人之靈性」,[121]其高下
分判立即顯現。基督宗教的救贖論,除了天主降生成人
(道成肉身)受難之外,還有關於耶穌具人性與天主性、
[122]三位一體[123]以及復活與升天等神學思想,[124]這些在楊

---

121 楊廷筠:《天釋明辨·度世誓願》,頁 123-126。

122 耶穌具備人性與天主性,楊廷筠曰:「吾主耶穌,以為非人,則
   生於瑪利亞,明有軀體,載有血肉,謂非人不可。以為全是人,
   則性位是天主費略之性、之位,其降孕也,不繇人道;其出胎也,
   不折聖母;才覺欲產,便已在前;既生之後,聖母仍是童身;謂
   之非天主不可。以天主本性接人之性,故論其五官百體,無以異
   于人群。而全能至善之本性,與天主罷德肋一體而分。」《天釋
   明辨·度世誓願》,頁 123-126。

123 關於楊廷筠對「三位一體」的理解,《代疑續篇·明超》曰:「西
   儒言天主三位一體,此超性之理也,言亦不能盡解,喻亦不能盡
   似,第就其原譯者嘗試言之。一曰罷德肋,一曰費略,一曰斯彼
   利多三多。以義論之,罷德肋為全能,費略為全智,斯彼利多三
   多為全善,實則三位一主,本是一體,共一全能全智全善者也。
   而罷德肋之位,不同於費略,費略之位,不同於斯彼利多三多。
   不得不分而為三,分位而合體,本有三位,本是一主。蓋罷德肋
   自照本性無窮之妙,體內自生一無窮妙之像,即所謂費略。故罷
   德肋,即生費略之父也;費略,即受生於罷德肋之子也。斯彼利
   多三多,即父子互相交慕之體也。三一妙體,誠為如是。識得此
   義,天主實實有體,實有靈,非鬼鬼在上、無作無為者比。」頁

廷筠的著作中都有談到，是一個相當整全的基督論。

　　楊廷筠認為創造與救贖是天主愛人的表現，而人也因此要愛天主，如何愛？就是前面所說的「十誡」的前三誡：一、欽崇一天主在萬有之上。二、不可妄用天主的聖名以發虛誓。三、當守主日和瞻禮日。他說這三誡是「愛天主事，而欽崇條，則為三誡之首」。[125]而第二誡是「敬天事，要人以實心事天主，不敢一言欺上帝也」。[126]而他對「欽崇一天主在萬物之上」如何理解，他說：

　　　凡人有所欣羨、有所嗜好，而繫戀難捨，刑法不能制，義理不能喻，求之必欲得，得之不欲失。[127]此一念，誠切視之在萬物之上也。吾今當猛思曰：「吾重視此一物，甘違主命。」是愛此一物之心，加於吾主之上矣。平日欽崇一天主萬物之上，其心如何？而頓背之，忍將全功盡棄之乎？即斷然

223-224。另外可參考《代疑篇‧三位一體》，頁 197-199 及《天釋明辨‧三世佛》，頁 110-112。

124　關於耶穌的復活與升天，楊廷筠曰：「死後三日，自墳墓中復出往世四十日，與人傳道、說教。傳畢白日上升，有目可見，有耳可聞。」《代疑篇‧耶穌是天主》，頁 201-203。又可見《天釋明辨‧佛化身》，頁 116-118。

125　楊廷筠：《天釋明辨‧四恩》，頁 133-135。

126　楊廷筠：《天釋明辨‧巧言綺語戒》，頁 96。

127　鄭安德編本原文：「凡人有所欣羨、有所嗜好，而繫戀難捨。刑法不能制，義理不能喻；求之必欲得，得之不欲失」，應作「凡人有所欣羨、有所嗜好，而繫戀難捨，刑法不能制，義理不能喻，求之必欲得，得之不欲失」。

> 力止，不得以彼奪此，不得以彼等此。推而至於
> 喜怒哀樂，皆用此法以平其情，而無一物得加掩
> 蓋主命之上，方為欽崇一天主，方為欽崇一天主
> 萬物之上。孔子言：「好仁者，無以尚之。」斯
> 言可繹矣。[128]

　　欽崇一天主在萬物之上，除了說明天主是獨一的之
外，在萬物之上的「萬物」，不只是指外在的人事物，
更包括自我內在的喜怒哀樂，所以沒有一物能淩駕在天
主之上，也要用欽崇天主之法來對付人對萬物的繫戀，
這才是尊崇天主的真意。在此，他也引用了孔子的「好
仁者，無以尚之」[129]來比擬這基督宗教的最高誡命，也
就是說好仁者，無以尚之，只崇尚仁德，就如同愛天主
之人，只有崇尚一天主於萬物之上，才是真正的愛天主。
另外，他將愛分為二端：「有形愛，有神愛」，如前所
述「依彼哀矜之功而行」，就是「形愛」，此愛「有疏
有密」，要「戒疏以歸於密」，而「神愛」則是「有信
望愛以定其歸，有明悟愛欲以滿其分」，而這「有淺有
深」，應當「去淺以求其深」。[130]信望愛是基督宗教的

---

128 楊廷筠：《天釋明辨・四恩》，頁 133-135。
129 《論語・里仁》：「子曰：『我未見好仁者惡不仁者，好仁者，
　　無以尚之。』《論語注疏》，頁 36。
130 楊廷筠：《代疑續篇・區愛》，頁 245-246。

「向主之三德」，[131]而明悟愛欲即是人之自由意志，明悟是「知善之當為」、愛欲是「遂善之能為」。[132]也就是說無論是形哀矜還是神哀矜之七端，都要以對天主的信望愛之三德為旨歸，並以天主所賜與人的明悟愛欲（自由意志），使其愛人之分量充足，並要戒疏以歸於密，去淺以求其深。所以他才會多次重申只有「愛敬一天主萬物之上」才能使「猶二愛」的愛人、愛己成為「無兩視」。

討論到這裡，我們可以發現楊廷筠對於「愛人如己」的解讀，是採取「耶儒融合」的策略，正如他所說的：

> 憂時君子挽回學術，不得不亟以踵實救之。夫儒者立誠慎獨，何非踵實顯行？但久為影射者所竊據。曷若取西來天學與吾儒相輔而行乎？西賢之行皆實行，其學皆實學也。以敬天地之主為宗，即「小心昭事」之旨也。以愛人如己為事，即「成己成物」之功也。以十誡為約束，即「敬天愛人」之條件也。以省怨悔罪為善生善死，即「改過遷善」、「降祥降殃」之明訓也。近之愚不肖可以與能，極之賢智聖人有所不能盡。時有課，日有稽，月有省，歲有簡察，循序漸積，皆有實功，一步蹉跌，即為玷缺，如是乃為實學耳。[133]

---

131 楊廷筠：《代疑續篇·知德》，頁 244-245。
132 楊廷筠：《代疑續篇·善因》，頁 243-244。
133 楊廷筠：《代疑續篇·踵實》，頁 238。

　　他為了要挽救晚明學術的弊病，取西學與儒學相輔，而所謂的「取西來天學與吾儒相輔而行」，即西學有敬天地之主為宗、愛人如己、十誡約束、省愆悔罪、善生善死，與儒學的「小心昭事」、「成己成物」、「敬天愛人」、「改過遷善」、「降祥降殃」相似，而西學的修養工夫循序漸進，無論賢愚不肖皆能作，皆是實功，堪稱「實學」。這是他對西學的稱讚，也是他認為西學和儒學兩者有互相發明的地方。

　　然而從以上的論述中，我們發現作為儒家士大夫，又是天主教徒的楊廷筠，他在詮釋愛人如己說的策略上，不僅用他最熟悉的儒家經典與思想來理解、比附天主教教義，亦用他所理解的天主教神學思想來對照儒家思想，這樣的詮釋路線即是「耶儒融合」，但他也多次強調儒家思想的局限，並試圖以天主教的概念思想來補充他所認為的儒家思想的不足，這就是「以耶補儒」的詮釋路徑了，[134]然而對身為天主教徒的楊廷筠來說，這

---

134 楊廷筠在《代疑續篇・原同》談到許多儒耶之同與未同，而這些不同之處，正是天學可以補充儒學不足的地方。例如：「倫常日用之理，同矣；天載玄微，古聖引而未發，茲獨闡而不遺，未同也。道德性命之旨，同矣；死生之故，鬼神之情狀，儒書秘之而不言，二氏言之而不合，茲獨明其指歸，未同也。尊天事天之學，同矣；然指形體為天，認理氣為天，與其謂天必有主者，未同也。主宰無聲無臭、超人耳目思議之上，其說同矣。至大主降生，代贖救世，有言教、有身教、有恩教，恩教後，世風盛於古，與今人不如古人之說，未同也。」頁218-219。

樣的詮釋路徑，更確切的說，應該是「以耶超儒」[135]吧！

五、結　語

楊廷筠認為愛的根源在天主，天主創造人，天主要人交相愛，是為了暢滿其「生生之德」，愛在人初賦時即有。而愛人必如己，要以愛己之心來愛人，愛人才能完全、才會周詳，而無論是愛人還是愛己，又要統攝在愛天主的神愛之下，才能以愛天主的心愛己，並以愛天主的心愛人。而我們也看到了他援引儒家「生生」的概念來說明天主的生生之德，解釋愛的根源，這是「以儒釋耶」的詮釋路線，而他又用愛天主的神愛觀點來評論儒家「等差之愛」的不足，則又採取了「以耶補儒」、甚至是「以耶超儒」的詮釋路線。而這兩者，無論是「以儒釋耶」或是「以耶補儒」乃至「超儒」，在楊廷筠的觀念中是可以相融的，所以才有很多學者認為他所持的是「耶儒融合」的詮釋路線。

在楊廷筠的詮釋中，一方面他用儒家的天道觀來解釋愛的根源，但他不像儒家將仁、將愛的本源歸於天道性命，而是歸於人格神的天主。另一方面他又認為儒家的次第等差之愛有其限制，這樣看來儒家「仁者愛人」與基督宗教的「愛人如己」兩相比較下，其間的價值判斷就很清楚了。但是在楊廷筠的詮釋中，他只說要在愛

---

135 楊廷筠《代疑續篇・味罕》曰：「乃有西學，言天而確言主，實補吾儒之傳；非仙非佛，超出三教之表。」頁 248-249。

天主的大原則下，人才能真正的愛己，真正的愛人如己。但我們要問的是人為什麼會愛天主？

　　對於這個問題，楊廷筠的回答是因為「天主付人身心」以及「天主又復降生救人」，這是天主對人的愛，所以我們要愛天主。在楊廷筠愛人如己的論述中，他談到的愛是整全的，他不僅論述到人對天主的愛，以及人對鄰人的愛，也有「天主對人的愛」，即是 Agape，[136]神自己的愛，也就是天主藉著創造和救贖來顯明這樣的愛，前者涉及的是創造論、宇宙論，後者涉及的是基督論、救贖論，而他的基督論是相當完整的，幾乎各個面向都談到了。不過我們發現楊廷筠許多的思想、說法皆是從耶穌會士而來，至於他所根據的文本為何，從哪些耶穌會士的著作中引述而出，則有待日後的研究了。

---

136 在新約《聖經》中提到神對人的愛都是用希臘文 Agape。白舍客著，靜也、常宏等譯，雷立柏校：《基督宗教倫理學》第二卷，頁 91。

第三章 王徵的「畏天愛人」說

一、前 言

　　王徵（1571-1644，明隆慶五年至崇禎十七年），陝西涇陽縣人。字良甫，號葵心，又號了一道人[1]或了一子、支離叟、景教後學、崇一堂居士。中年受洗成為天主教徒，教名斐理伯（Philippe）。明萬曆二十二年（1594）中舉，十上公車，終於在天啟二年（1622）進士及第，

---

[1] 毛瑞方認為王徵信仰道教 20 多年，自號「了一道人」，在作於天啟三年（1623）的《兵約》即署名「了一道人王徵撰」，是現存最早出現「了一道人」署名的文獻。之後多部著作中皆署「了一道人」或「了一」、「了一子」等道號。見氏著：《王徵與晚明西學東漸》（上海：華東師範大學出版社，2011 年），頁 55-56。侯瀟瀟也認為：「從王徵早年約 24 歲時開始修習道家功法二十餘年，晚年又自號『了一道人』可見一斑。」〈王徵的天主教義理思想發微〉，《寧夏大學學報（人文社會科學版）》36 卷 4 期（2014 年 7 月），頁 61-66。王徵二十多年研修道教的經歷對他當然影響重大，但筆者認為「了一道人」不見得是指「道號」，即使是道號，此「一」或許也可以是像他自號「崇一堂居士」、建立「崇一堂」的天主教堂，理解為十誡的第一誡：「一欽崇一天主在萬物之上」、「聊旌一念欽崇之意」的「一」。〈崇一堂日記隨筆小引〉，《崇一堂日記隨筆》，《王徵全集》卷十一，頁 161-162。順帶一提的是王徵作於崇禎七年（1634）的天主教作品《仁會約》亦署名「了一道人良甫王徵」。

歷任廣平府、揚州府推官，後經登萊巡撫孫元化
（1582-1632）[2]的推薦擔任山東按察司僉事監遼海軍
務，因發生了「吳橋兵變」，[3]被判謫戍近衛，後遇赦歸
里，未再出仕，過著鄉居著述的生活。崇禎十六年（1643）
李自成攻入西安，崇禎十七年（1644）徵召王徵，王徵
以死相拒，絕食七日而卒，[4]卒後學者私諡端節先生。

----

2 關於孫元化的研究可參考黃一農：〈天主教徒孫元化與明末傳華的
　西洋火砲〉，《中央研究院歷史語言研究所集刊》第 67 本第 4 分（1996
　年 12 月），頁 911-966。

3 關於吳橋兵變的始末可以參閱黃一農：〈吳橋兵變：明清鼎革的一
　條重要導火線〉，《清華學報》新 42 卷 1 期（2012 年 3 月），頁
　79-133。

4 關於王徵的卒年、卒日，在王徵表弟張炳璿（1587-1661）為王徵寫
　的〈明進士奉政大夫山東按察司僉事奉敕監遼海軍務端節先生葵心
　王公傳〉及〈明賜進士第奉政大夫兩任推官特命遼海監軍山東僉憲
　欽崇天主耶穌聖教纂修三教要略滙集等書了一道人私諡端節王公墓
　誌銘〉（現存王徵的傳記資料中，只見張炳璿所寫的《傳》，但他
　在《傳》中明言：「予既奉先生遺囑，撮先生生平大節，志而銘之。
　尤念銘藏以示後世，近顧不可無傳」，所以張炳璿是先寫了《墓誌
　銘》，再寫《傳》的，而在 2009 年出土的王徵墓葬及 2010 出土的
　張炳璿的《墓誌銘》，真相始大白。參閱丁銳中：〈張炳璿《王徵
　墓誌銘》點校及初步探析〉，《世界宗教研究》2012 年第 1 期，頁
　118-125）中，都非常清楚的寫到是崇禎十七年（1644）三月初四日。
　至於死因，學界皆以上述張炳璿所寫的〈傳〉為準，因為張炳璿是
　在王徵「屬纊之際，猶握予手，誦所謂『憂國每含雙眼淚，思君獨
　抱滿腔愁』」（《王徵全集》附錄三，西安：三秦出版社，2011 年，
　頁 398-401）的人，根據他的記載王徵是因闖軍入西安，拒召絕食而
　亡。現存幾種王徵的傳記史料，如張縉彥（1599-1670）的〈明山東
　按察司僉事監遼海軍務王公墓誌銘〉、查繼佐（1601-1676）〈王徵
　傳〉和屈大均（1630-1696）的〈涇陽死節王徵傳〉（以上皆見宋伯
　胤編著〈王徵研究資料〉，《明涇陽王徵先生年譜》，西安：陝西

師範大學出版社，2004 年，頁 211-338）皆持此說。但萬斯同
（1638-1702）《明史・王徵傳》曰：「明年京師失守，天子殉社稷，
徵為位慟哭，絕粒七日卒。」黃節（1873-1935）〈王徵傳〉則根據
此說否定王徵死於抗拒李自成徵召之說，而認為王徵死於崇禎帝自
縊、清軍入關之後。（出處同上）郭熹微贊同此說：「如果王徵為
抗拒李自成徵召，就不會事隔近半年才死，只有新的觸動，才會導
致其死亡。只有這樣，『憂國』『思君』之說才更符合邏輯。」（〈王
徵散論〉，《世界宗教研究》1994 年第 2 期，頁 135-156）崇禎帝
於三月十九日自縊，王徵三月四日死亡，因此王徵不可能「為位慟
哭」，但郭熹微的猜測自是合理「不會事隔近半年才死」，所以宋
伯胤認為李自成於崇禎十六年十月攻入西安，「李自成遣使四出，
先生知不免，乃手題墓門之石」，而十七年「李自成遣使至」，王
徵子永春代父行，「先生遂絕粒不復食，閱七日而捐館矣」（宋伯
胤編著，《明涇陽王徵先生年譜》，頁 92）。而林樂昌所編的〈年
譜〉，則將手題墓門之石和絕食兩事放在崇禎十七年（〈年譜〉，
《王徵全集》附錄二，頁 375-397）。筆者從新出土的王徵墓葬張炳
璿所寫的〈墓誌銘〉，雖未提及李自成的徵召，但提到王徵「於是
手題墓門之石，閉戶待盡，絕粒歸全，迄垂危，猶北面流涕，吟一
聯曰：『憂國每含雙眼淚，思君獨抱萬斛愁』」，而在此事之前，
張炳璿提及「癸未季秋，猶偕予看菊，……未幾，腰膝支離，非扶
鳩不能起也」，所以手題墓門之石當在崇禎十六年，而垂危則在十
七年，〈墓誌銘〉有言：「崇禎癸未十月初十日，公之病也；越次
年甲申三月初四日，公之卒也」。因此王徵的死因是絕食和「腰膝
支離」之病，絕不是如《中國歷史大辭典》「王徵」條的「被農民
軍執殺」，林樂昌已做了相關的考證（〈王徵死因訂正〉，《唐都
學刊》第 14 卷，1998 年第 2 期，頁 39-40）。但王徵絕食的原因是
因拒絕李自成的徵召還是因為崇禎帝，筆者認為直接的原因是拒
召，而崇禎十六年十月至崇禎十七年三月這半年間，闖軍和清軍兩
者夾攻而呈現岌岌可危的明朝國勢，亦是他絕食的重要原因。「憂
國每含雙眼淚，思君獨抱滿腔愁」，不必然是指崇禎帝殉國之後才
會有的「憂國」、「思君」。因此筆者仍採用宋伯胤的說法，至於
李自成的使節是否在崇禎十七年來到，則需要有更多的史料佐證。
另外，在丁銳中的文章中提到王徵墓中置藏的是張炳璿的〈墓誌
銘〉，而不是我們早先看到的張縉彥的〈墓誌銘〉，其原因尚不明

　　關於王徵，前輩學者給了他許多「第一」的稱號，史學家陳垣稱他為「中國人習拉丁文最先者」，[5]語言學家杜松壽也稱他為「中國第一位有功於採用拉丁字母為漢語拼音者」，[6]這是因王徵與西方傳教士金尼閣合編《西儒耳目資》。機械史專家劉仙洲則稱他為「三百多年前的第一位機械工程學家」，而他與西方傳教士鄧玉函（Johann Schreck，1576-1630）合譯的《遠西奇器圖說錄最》及其自著的《新制諸器圖說》則是「我國第一部機械工程學」。[7]李之勤總結說：

> 王徵是我國古代第一批注意學習和介紹西洋科學技術的學者之一，是第一批學習拉丁語，並用西洋語音學知識來研究漢語音韻、漢語拼音的學者之一，也是我國歷史上較早接受西方基督教思想的士大夫之一。不論在我國科學技術發展史上，

確。或許我們可以用宋伯胤在張縉彥〈墓誌銘〉後所注的一段話來解釋：「此銘作於清順治七年（西元 1650），屬較早史料之一，但張縉彥此人，實『有愧』、『有負』於王徵，更『何忍』令其『為死者志』？」張縉彥在崇禎十七年開正陽門迎闖軍，後又降清，或許王徵後人因張縉彥的為人而在王徵墓葬時做這樣的安排。

5 陳垣：〈涇陽王徵傳〉，收入宋伯胤編著：《明涇陽王徵先生年譜》，頁 224-227。

6 杜松壽：〈羅馬化漢語拼音的歷史淵源 —— 簡介明季在西安出版的《西儒耳目資》〉，收入宋伯胤編著：《明涇陽王徵先生年譜》，頁 272-282。

7 劉仙洲：〈王徵與我國第一部機械工程學〉，收入宋伯胤編著：《明涇陽王徵先生年譜》，頁 239-256。

語言文學和中外文化交流史上，他都佔有相當重
要的地位。[8]

因此，從上個世紀初迄今，王徵的研究始終不斷，
蔚為大觀。而我們發現王徵研究的成果與學者對王徵的
認識與歷史定位是結合在一起的。[9]明清時期，學者對王
徵的認識是忠臣義士，這時期是生平事跡的整理與研
究，張炳璿等人的〈傳〉、〈墓誌銘〉即是這時期的代
表。清末至民初，則是科學家的歷史形象，黃節的〈王
徵傳〉開先河，陳垣、方豪、劉仙洲、惠澤霖的著作繼
起。[10]二十世紀八〇年代後，王徵天主教徒的身分被學
界重視，這方面的研究以西方學者許理和和鍾鳴旦為代

---

8 李之勤：〈明末陝西涇陽王徵著譯考〉，收入林樂昌編校：《王徵
全集》附錄五，頁 468-494。

9 關於王徵的研究成果，前人已做了許多的整理，如毛瑞方：〈王徵
研究學術史回顧與展望〉，《中國史研究動態》2006 年第 8 期，
頁 12-19。丁銳中、李繼武：〈王徵研究綜述（1979-2009）〉，《唐
都學刊》26 卷 6 期（2010 年 11 月），頁 63-66。關於學者對王徵
的認識與歷史定位的研究可參考毛瑞方：〈王徵歷史形象的演變〉，
《廊坊師範學院學報（社會科學版）》28 卷 2 期（2012 年 4 月），
頁 66-69、〈王徵歷史形象演變的史學史考察〉，《史學史研究》
2012 年第 2 期，頁 117-120。毛瑞方在這兩篇文章中提到歷來對王
徵歷史形象的認識是「忠臣義士」、「科學家」、「天主教徒」及
「跨文化傳播者」。

10 方豪：〈王徵傳〉。惠澤霖著、景明譯：〈王徵與所譯《奇器圖說》〉。
以上皆收入在宋伯胤編著：《明涇陽王徵先生年譜》，頁 228-233、
256-263。

表。[11]而從二十世紀末迄今,王徵的研究進入多元化階段,研究涉及王徵遺著、王徵年譜、王徵與機械工程、制圖、教育思想、翻譯、設計思想、宗教、音韻學、中西文化交流等諸多學術領域,[12]但大多仍集中在語言學、科技制器和翻譯出版方面。在宗教思想的研究雖然有上述許理和、鍾鳴旦等西方學者的研究,還有黃一農、孫尚揚、毛瑞方和林樂昌的研究,[13]但筆者認為仍有發展的空間。

---

11 Zürcher, Erik, "Christian Social Action in Late Ming Times: Wang Zheng and his 'Humanitarian Society'", in Jan A. M. De Meyer & Peter M. Engelfriet (eds,), Linked Faiths: *Essays on Chinese Religions and Traditional Culture in honor of Kristofer Schipper* (Sinica Leidensia, 46), Leiden: Brill, 1999, pp.269-286. Standaert, Nicolas, "Wang Zheng's Ultimate Discussion of the Awe of Heaven and the Care of Human Beings", *Orientalia Lovaniensia Periodica 29*(1998), pp.163-188.

12 毛瑞方:〈王徵研究學術史回顧與展望〉,頁 12-19。

13 黃一農:〈儒家化的天主教徒:以王徵為例〉,《兩頭蛇 —— 明末清初第一代天主教徒》,頁 131-174。本文主要以納妾和殉國二事討論王徵在儒學和天主教信仰間的選擇與衝突。孫尚揚:〈王徵聖愛觀中的儒耶融合〉,《道風:基督教文化評論》第 19 期(2003年秋),頁 191-210。本文先後收入鍾鳴旦、孫尚揚著:《一八四〇年前的中國基督教》(北京:學苑出版社,2004 年),及孫尚揚著:《明末天主教與儒學的互動 —— 一種思想史的視角》。本文主要從儒耶融合的角度討論王徵對天主教聖愛觀的理解。毛瑞方:《王徵與晚明西學東漸》。本文可稱為王徵研究之集大成者,王徵各方面之學術成就皆為其論述重點,其中闢專章討論王徵與天主教的問題。林樂昌:〈關學大儒王徵「畏天愛人」之學研究〉,《地方文化研究》2013 年第 6 期,頁 21-32,本文後收入林樂昌編校的《王徵全集》前言,主要從中西文化交流及宋明理學關學的角度討論王徵的畏天愛人之學。

　　張炳璿在為王徵所寫的〈傳〉中提到：「先生勤事
天之學期二十年，刻刻以畏天愛人為心」，[14]〈墓誌銘〉
亦有言：「脫勤事天之學精，必研鑽以畏天愛人為本」。
[15]王徵也說自己在作官時：「獨時時將畏天愛人念頭提
醒，總求無愧寸心」。[16]「畏天愛人」是晚明來華傳教
的耶穌會士及天主教儒者徐光啟、李之藻、楊廷筠等人
經常言及的天主教核心概念，但只有王徵明確以「畏天
愛人」總括自己的學問，並撰寫了專著《畏天愛人極論》
來極力闡述「畏天愛人」的思想。身為儒家士大夫的王
徵，從儒學進入生命的探索，遊走於佛、道二教，最後
皈依於天主教，而「畏天愛人」亦是他長期思考生命的
意義與價值所得的結論。對於此四字，王徵如何解讀？
如何實踐？傳統儒學亦言「畏天」、「愛人」，他如何
理解兩者的不同？如何用儒家思想來理解天主教思想？
或是如何吸收天主教思想來改造儒家的敬天之學？這都
是本文思考的重點。筆者試圖從《王徵全集》[17]出發，

14　張炳璿：〈明進士奉政大夫山東按察司僉事奉敕監遼海軍務端節先
　　生葵心王公傳〉，《王徵全集》附錄三，頁 398-401。
15　參閱丁銳中：〈張炳璿《王徵墓誌銘》點校及初步探析〉，頁 118-125。
16　王徵：〈兩理略自序〉，《王徵全集》卷一，頁 1-2。
17　王徵著述的搜集與整理從清代王徵的七世孫王介（1785-？）開始，
　　民國之後歷經柏堃、李宣義、向達、王重民、李之勤和宋伯胤，一
　　直到林樂昌《王徵全集》的編輯完成，是一個漫長的過程。關於王
　　徵的著述及其著述的搜集與整理的研究，可參考李之勤：〈明末陝
　　西涇陽王徵著譯考〉，《王徵全集》附錄五，頁 468-494。毛瑞方：
　　〈王徵著述考〉，《歷史檔案》2008 年第 3 期，頁 25-31。

在前人研究的基礎之上，以王徵生命思考的軌跡為基礎，試圖從儒學傳統及天主教思想的角度，重新解讀王徵的畏天愛人思想。以下即分三個部分，一是王徵的成學歷程，以見其生命思考的困境、轉折與突破；二是欽崇一天主萬物之上，即是畏天；三是愛人如己，即是愛人。以期在傳統儒學的基礎上，並從中西會通的角度，對王徵「畏天愛人」思想有更清楚的理解，並論述王徵在宗教信仰與思想傳播上的貢獻。

二、王徵的成學歷程

自成童時，總括孝弟忠恕於一仁，敢謂單傳聖賢之一貫；
迄垂老日，不分畏天愛人之兩念，總期自盡心性於兩間。[18]

　　這首對聯是王徵在聽聞李自成攻入西安，欲徵召地方縉紳，他心知不能自免，於是手題墓門之石：「有明進士奉政大夫山東按察司僉事奉敕監遼海軍務了一道人良甫王徵之墓」，在此銘兩旁的對聯。[19]從這首對聯我

18　王徵：〈對聯〉其八，《王徵全集》卷二十二，頁 359-360。

19　張炳璿：〈明進士奉政大夫山東按察司僉事奉敕監遼海軍務端節先生葵心王公傳〉，《王徵全集》附錄三，頁 398-401。據新出土的王徵墓葬，墓室外，橫題：「明賜進士奉政大夫山東僉憲理學名儒私諡端節王公墓」。右側是「自成童時」一聯，左側則為「迄垂老日」一聯。不過，其墓題銘明顯與多種王徵傳記記載不符。丁銳中認為：「王徵以死孝（按：應為效）忠於明政權，顯然又在清政權之下下葬封墓室之門，題改之前過於顯示忠於明廷的句銘，實為王徵後人之識時務之舉。同時，從『理學名儒』的定位，我們也能看

們可以看到王徵自成童時的生命追求是孝弟忠恕歸結於
仁，這是千古聖賢的一貫之旨，而他在垂老之際，兢兢
業業的是畏天與愛人，期待自己能盡心盡性。這首對聯
即是王徵生命追求歷程的最佳註解與總結。

　　作為一個讀書人，王徵從小浸淫在儒學的氛圍中，
七歲跟從舅父張鑑（1545-1605）讀書。張鑑為關中理學
名儒，在《關學續編》卷一有傳。他善制各色戰車，及
易弩、火弩等兵器，皆巧思獨運，這對王徵成年後喜製
器之學影響甚深。然而除了製器的影響外，更重要的是
張鑑之學「得力處在慎獨主敬，教人每以毋自欺三字為
宗」，[20]這影響王徵的生命思考、實際的道德修養，乃
至學術風格。王徵每每提及他的生命思考以及轉折，總
會提到：

　　　嘻！余小子不敏，自束髮來，解讀聖賢書，便欲
　　　覓天之所以命我者，以求不負乎人之名而不可即
　　　得，於今正皇皇也，敢云學聖賢乎哉？
　　　余惟求天之所以命我者而不得，故屢學之而屢更
　　　端，總期得其至當不易之實理云耳。[21]

　　出那個時代的人們是如何識別王徵的身份特徵。」見氏著：〈張炳
　　璿《王徵墓誌銘》點校及初步探析〉。
20　清‧王爾緝編：《關學續編》（北京：中華書局，1987年），卷一。
21　王徵：〈畏天愛人極論〉，《王徵全集》卷八，頁117-138。

　　何謂「天之所以命我者」？這是王徵生命問題思考的開始，也是他一生追求－從儒家思想開始，出入佛、道，最後皈依於天主教信仰－的核心問題。

　　「天之所以命我者」會讓我們直接聯想到《中庸》的「天命之謂性」，而王徵在《學庸書解》中，對這問題有他獨特的看法。《學庸書解》有兩篇文章，一為〈大學之道〉，二為〈天命之謂性〉。在〈大學之道〉一文中，他首先開宗明義認為《大學》一書的頭顱只在「修身」，因為「從古大人之學，率先修身」，而「身之修，非道不能」，而此道「在明明德，在親民，在止於至善」。「明德」即是「吾身之虛靈不昧，百體之君，萬事之宰，惟精惟一，至純至粹，蓋眾善之長，而大覺之門」，即是《尚書·太甲》所謂「天之明命」，[22] 子思所謂「天命之性」，[23] 孔門所受一貫之宗，[24] 孟子所衍「性善」之旨，這是「千聖以來相傳之心印」，而王徵用他的說法來解釋即是「吾身神明之舍所具本來面目」。[25] 他不僅用「本來面目」來解釋「明德」，也用它來解釋《中庸》

---

22 《尚書·太甲上》：「伊尹作書曰：『先王顧諟天之明命，以承上下神祇。』」《尚書注疏》（臺北：藝文印書館，1997 年，《十三經注疏》），頁 116。

23 《禮記·中庸》：「天命之謂性，率性之謂道，修道之謂教。」《禮記注疏》，頁 879。

24 《論語·里仁》：「子曰：『參乎！吾道一以貫之。』曾子曰：『唯！』子出，門人問曰：『何謂也？』曾子曰：『夫子之道，忠恕而已矣！』」《論語注疏》，頁 34。

25 王徵：〈大學之道〉，《學庸書解》，《王徵全集》卷七，頁 108-109。

的「天命之謂性」：

> 蓋天命者，天之明命，即愚前篇所指本來面目是
> 已。四肢百骸，非此無以綱維而運旋，故名之曰
> 命。一身之中，惟此命居之最上，清虛靈妙，精
> 粹圓明，誠一元樞，而萬善之門也，故名之曰天
> 命。總之乃吾人天然自有之良心，而曰仁，曰明
> 德，曰至善，曰形色天性，千枝萬葉，千流萬派，
> 咸一以貫之者也。[26]

「天命」即是天之明命，即是良心，即是仁，即是
明德，也包含形色天性，即是本來面目。所以無論是「格
物」，乃至《中庸》的「修道」和「慎獨」，都在於恢
復此本來面目。如何恢復？他承繼朱熹（1130-1200）的
說法來解釋「格物」，[27]格者即「格究物有本末之物」，
但他不同意朱熹的「即物而窮其理」，反而接近王陽明

---

26 王徵：〈天命之謂性〉，《學庸書解》，《王徵全集》卷七，頁
　　109-110。
27 朱熹〈大學章句〉曰：「格，至也。物，猶事也。窮至事物之理，
　　欲其極處無不到也。」又曰：「所謂致知在格物者，言欲致吾之知，
　　在即物而窮其理也。蓋人心之靈，莫不有知，而天下之物，莫不有
　　理，惟於理有未窮，故其知有不盡也。是以《大學》始教，必使學
　　者即凡天下之物，莫不因其已知之理而益窮之，以求至乎其極。至
　　於用力之久，一旦豁然貫通焉，則眾物之表裏精粗無不到，而吾心
　　之全體大用無不明矣。此謂物格，此謂知之至也。」《四書集註》
　　（臺北：藝文印書館，1980 年），頁 2、6。

（1472-1529）的說法。[28]王徵認為「吾身本萬物皆備之身」，因此格物是「直向未發前乍見時體認本來面目」，也就是「非必於本體上另加工夫，就是認得本體，還得本體而已矣」，就是「含光斂耀，聚精凝神，時加顧諟之功，常為存養之計，俾本明者復明」，[29]也要「當不覩不聞之時，常切戒慎恐懼之念」，因為「天命之性正在獨處呈真機，率性之功正在獨處驗存養」，何謂「獨」？就是「念頭發處獨露獨覺之獨」，而不是專指「獨居無人」之獨。他認為「喜怒哀樂，日用間所必不能無者」，皆「從此天命之性獨露獨覺處發之」。而「喜怒哀樂」是「萬感萬應之「根核」、之「發用」。當喜怒哀樂未發之前，「一真獨朗，萬象悉含，靜定澄澈，毫無偏倚，何中如之」，當其方發之時，「一真偶觸，天倪自動，順天而行，毫無乖戾，何和如之」，[30]慎獨即是慎此念頭發處獨露獨覺之時，這是一種細微的工夫，時時刻刻在念頭發處覺察的工夫。他也認為這樣的道是「須臾不離，率之即是」，是「與生俱生，時時見在，人人各足」，也是「匹夫匹婦之所可知可能」，也是「堯舜以來相授

---

28 王陽明〈大學問〉曰：「『致知』云者，非若後儒所謂充擴其知識之謂也，致吾心之良知焉耳。良知者，孟子所謂『是非之心，人皆有之』者也。是非之心，不待慮而知，不待學而能，是故謂之良知。是乃天命之性，吾心之本體，自然良知明覺者也。」王守仁著，吳光等編校：《王陽明全集》（上海：上海古籍出版社，1995年），卷二十六，頁967-973。

29 王徵：〈大學之道〉，《學庸書解》，《王徵全集》卷七，頁108-109。

30 王徵：〈天命之謂性〉，《學庸書解》，《王徵全集》卷七，頁109-110。

受之常道」，所以他感歎求道者「乃不率我天命之性，而從流於他教為耶」？[31]

王徵在《學庸書解》只論述了天命之性乃回復本來面目，如何恢復？在格物、在慎獨，在念頭萌發之獨處自省合乎天則，這是一種極其細微的在念頭上自省、克制的工夫。[32]而這一點與張鑑的「慎獨主敬」與「毋自欺」之工夫導向有異曲同工之妙，亦可見張鑑對他的影響。回過頭來看，何謂「天之所以命我者」？從《學庸書解》，我們可以這樣理解，天之所以命我者，即是良心，即是仁，即是明德，即是性善，即是本來面目。從這些文字也看出他的儒學思想是將宋明理學程朱、陸王融於一爐，也有原始儒家孔、孟的心性傳統，而他用「本來面目」、用「天倪」等語彙，亦可見佛、道對他的影響。但王徵在此只談及這本來面目是天所授的，但天是什麼樣的天？是儒家道德的天？是道教氣化的天？還是佛教三千大千世界的天？還是天主教人格化的天？這是

31　王徵：〈天命之謂性〉，《學庸書解》，《王徵全集》卷七，頁 109-110。

32　在《學庸書解》中，王徵非常強調「慎獨」的工夫，同時期的思想家被稱為「理學殿軍」的劉宗周（1578-1645）亦非常強調「慎獨」，他曾說：「慎獨是學問第一義。言慎獨，而身、心、意、知、家、國、天下一齊俱到。故在〈大學〉為格物下手處；在〈中庸〉為上達天德統宗徹上徹下之道也。」劉宗周：〈學言上〉，見戴璉璋、吳光主編：《劉宗周全集》（臺北：中國文哲研究所籌備處，1997年）第 2 冊，頁 466。關於儒家慎獨思想的研究可參考戴璉璋：〈儒家慎獨說的解讀〉，《中國文哲研究集刊》第 23 期（2003 年 9 月），頁 211-234。

他在這兩篇文章中所未談及的。[33]

　　王徵的生命思考從儒學開始，接著是佛學，在《畏天愛人極論》中，他藉著虛擬的客者之口說出這一段經歷：「向聞子曾求之瞿曇氏矣，一切徵心見性之義，旛動鐘鳴之解，靡不證合，一時諸老宿咸謂善知識無兩也」。[34]可見王徵對佛學的修養亦頗深。而他自己對這段經歷的回應是：「乃釋典儘費參究，而迄不見其要歸，人雖謬云解悟，而反之此中殊未了了，敢自欺乎？」[35]王徵儘管參究釋典，然不見其要歸，即是上文所指的「天之所以命我者」，即使人稱他「善知識」，但他仍未「了了」，也就是他在釋典中找不到答案，身心無法安頓，所以他「不得已尋養生家言」，走進道教，這一問之、尋之就是二十年。王徵走入道教最直接的原因是生母的去世。王徵曾回憶：當他二十四歲時，「叨領鄉書」，中了舉人才幾個月，生母就病逝，這對他的打擊很大，除了「哀毀痛楚」外，甚至「無意人間世」，偶然中見道書有「一子成僊，九祖升天」的話，他想「以此報親恩」，於是就「懶誦詩書，專一參閱養生家言，妄求必得，於

33　《學庸書解》刊刻在崇禎元年（1628），同年的七月，王徵就撰成《畏天愛人極論》。見宋伯胤編著：《明涇陽王徵先生年譜》，頁56-62。可見在撰寫刊刻《學庸書解》時王徵對「天之所以命我者」之「天」已了然於心，或許因為「天」不是這本書所要談的問題核心，所以未論及天的意涵。

34　王徵：〈畏天愛人極論〉，《王徵全集》卷八，頁117-138。

35　同上。

一切聲色世味淡如也」。[36]浸淫於道教養生之術，荒廢
正經學業，是他直至十上公車，始克博一第的原因。[37]

　　王徵在道教的研究上，頗有建樹，著作頗多：「且
依古本手訂《周易參同契》、注《百字牌》等書已，且
自為《辨道篇》及《元真人傳》與《下學了心丹》諸作」，
縉紳先生見之，說他像「古之得道者」，這是他沉浸於
道教廿餘年的成果。[38]但是對於這段經歷王徵事後回
想：「維時鑽研日久，頗獲的傳；亦復識其作料孔冗，
殫力行持，似亦稍有微驗。顧形身非不快適，而心神輒
復走放，亦無茫無巴鼻，此中猶弗慊也。」[39]巴鼻即是
「巴臂」，意為來由，憑準。[40]道教對王徵形身的助益
頗大，但對於心神的走放仍是茫然無憑準的。在這樣的
情況下，他偶然讀到《孟子》「君子有三樂」[41]一章，
忽然省悟了「仰不愧於天，俯不怍於人」之旨，他認為

---

36 王徵：〈兩理略自序〉，《王徵全集》卷一，頁 1-2。
37 除了沉浸在道教的研究，使王徵荒廢學業外，還有一個重要原因，
　　就是他喜製器之學。他自己說：「顧頗好奇，因書傳所載化人奇肱，
　　璇璣指南，及諸葛氏木牛流馬、更枕石陣連弩諸奇製，每欲臆仿而
　　成之。累歲彌月，眠思坐想，一似癡人。雖諸製亦皆稍稍有成，而
　　几案塵積，正經學業荒廢盡矣。」〈兩理略自序〉，《王徵全集》
　　卷一，頁 1-2。
38 王徵：〈畏天愛人極論〉，《王徵全集》卷八，頁 117-138。
39 同上。
40 同上，林樂昌的注語。
41 《孟子·盡心上》：「君子有三樂，而王天下不與存焉。父母俱存，
　　兄弟無故，一樂也；仰不愧於天，俯不怍於人，二樂也；得天下英
　　才而教育之，三樂也。」《孟子注疏》，頁 233。

這是「吾聖賢千古壯神法」，而「不愧於天，不怍於人，此其心神何如暢滿」，即是「孔顏樂處」，然而問題在於「安所得不愧不怍，而坦然於俯仰天人之際，令此心毫不走放」。[42]從王徵的生命經歷來看，他所思考的主要是儒家思想文化的根源，涉及到儒家經典《中庸》「天之所以命我者」的儒家形上學的根基問題，他提出的答案是天之所命在仁、在至善、在良心、在明德、在本來面目。而他同時又思考怎樣才能獲致孟子所謂「不愧不怍」的道德境界，這牽涉到修養工夫，即使他浸淫佛、道多年對於物質的身體有所助益，然而對於精神的心靈的收攝與發揚總是無法把握，也就是在這一點上，儒、釋、道這時都無法提供他滿意的答案。

王徵雖然又回歸儒家思想，認定惟有「不愧不怍」，心神才能暢滿，才是樂地。但如何「不愧不怍」，仍困擾著他。剛好這時王徵的友人[43]送他一部耶穌會士龐迪我（Diego de Pantoja，1571-1618）所寫的《七克》給他。而他讀了之後「種種會心」、「語語刺骨」，私喜躍曰：「是所由不愧不怍之準繩乎哉」！結果就像王陽明「格竹子」一樣，身心靈的衝擊太大，病了二十多天，「不下一粒」，他的體悟是：對於「從前所作」，不但是「原

---

42 王徵：〈畏天愛人極論〉，《王徵全集》卷八，頁 117-138。

43 宋伯胤認為時間大概是在萬曆四十三年（1615），贈《七克》給王徵的「友人」，似是楊廷筠或李之藻。見氏著：《明涇陽王徵先生年譜》，頁 22。

未解悟」，更是只覺「虛幻」，而過去「稍有微驗」的，仍屬「影響」，這時心中印現的是「可愧可怍之皋慝」（罪惡感），「展轉弗能脫」，王徵說他「道不能尋得天命所在，而今已矣，空負人之名焉耳矣」。病稍癒之後，於是日取《七克》置床頭展玩，然而「恨未遽鏡其原也」。[44]《七克》一書是針對天主教的七罪宗，論述七種克欲修德的工夫，「七罪宗」是傲、妒、貪、忿、饕、淫、怠，而七克則是以七德克制此七罪宗：以謙伏傲、以仁平妒、以施解貪、以忍息忿、以淡塞饕、以貞防淫、以勤策怠。[45]照道理說，「克己修德」本是儒者的日常修養工夫，為何王徵在看到《七克》後會特別感到契合，身心靈產生如此強烈的震盪？原因在於《七克》主要講如何克去己私的方法，而且分析的細緻入微、具體而能落實，這就給當時的心靈呈現許多「可愧可怍之皋慝」的王徵具體而可行的方針，但是仍然「未遽鏡其原」。

　　隔年（萬曆四十四年，1616），王徵在北京參加會試，會晤了龐迪我，仔細問他《七克》的問題，我們可以想像，王徵或許很興奮的告訴龐迪我《七克》給他的體悟與幫助，但龐迪我卻像潑冷水一樣的告訴他《七克》

---

44 王徵：〈畏天愛人極論〉，《王徵全集》卷八，頁 117-138。

45 關於龐迪我與《七克》的研究，可參考張鎧：《龐迪我與中國：耶穌會「適應」策略研究》，（北京：大象出版社，2009 年）。朱幼文：〈「道德戰」與文化匯通 —— 析龐迪我的《七克》〉，《華東師範大學學報（哲學社會科學版）》2001 年第 2 期，頁 31-37。

是「此吾輩下學，於畏天愛人中，各審擇其病痛而自施
針砭克治之小策耳」。[46]超乎王徵的想像，七克竟然是
下學，是小策，這就講到王徵的心裡，因為困擾王徵的
問題正是在此，當一個一個罪愆克制之後，「念頭發處
獨露獨覺」並非從此長治久安，一個去了一個又來，克
制的工夫是終無了期的，是治標而不是治本。接下來，
龐迪我帶著王徵去看他所帶來的西書，真是令王徵「另
開眼界，心目頓豁」，但反而「目絢心疑，駴河漢之無
極也」。[47]之後，龐迪我告訴王徵西學的梗概：

> 吾西學從古以來，所闡發天命人心，凡切身心性
> 命與天載聲臭至理者，不下七千餘部。而其最切
> 大者，則人人能誦讀焉，部蓋二十有四。撮其大
> 旨，要亦不過令舉世之人，認得起初生天、生地、
> 生人、生物之一大主，尊其命而無渝越，無干犯，
> 無棄逆；於以盡昭事之誠，於以體其愛人之人以
> 相愛，於以共遊於天鄉云耳。[48]

聽了這段話，王徵「似喜得一巴鼻焉者」，工夫似
有來由、有憑準了，他說：「果得一主以周旋，自可束

---

46 王徵：〈畏天愛人極論〉，《王徵全集》卷八，頁 117-138。
47 同上。
48 同上。

我心神，不致走放，可馴至不愧不怍無難也」。[49]龐迪
我告訴他七克這些修德克己之功只是小學，如能認得本
原，而此本原即是生天地人物的大主，人能盡事天愛人
之事，就能共遊天堂。而王徵則體悟到如果有此大主照
管身心，自能達到「不愧不怍」的境界。於是王徵與龐
迪我在北京時時過從，相與究極天人之旨。龐迪我開始
與王徵一系列的對話，帶領他「遽鏡其原」。

　　龐迪我與王徵的晤談，根據王徵的記錄，集中在「天
主」與「十誡」這兩個議題上，主要仍是「天主」。他
們討論的問題在天主的存在，天主的名號以及天主的創
造等議題上。首先龐迪我告訴王徵，大主即是「陡斯」
（拉丁文 Deus 的音譯），是西國上至國王下至士庶，
無論尊卑、男女所共同敬事的，而這大主是「生天、生
地、生人、生物之一真正大主宰」。他並以「天地間凡
物無不有一主宰」來論證天主的存在，像一身之主是心
神，一家之主是嚴君，一國之主是君王，天下之主是一
世之總王，但這一世之總王能如心神之宰一身嗎？答案
是不能的。唯有「一大主默宰其間」，才能「舉四海萬
國之大，視同彈丸，若運旋一掌之內」，而能「無所不
照臨，無所不安養，無所不震攝而提扶；而且無遠弗屆，
無微弗入，無隱弗燭；不疾而速，不行而至，天上地下，
總皆臨蒞之區；迄古來今，渾囿一視之中」，更何況「心

---

49 同上。

神之宰一身之易之妙，猶未足仿佛其萬一」，而非「生
天、生地、生人、生物原初之陡斯」，不足以當此。[50]王
徵又問龐迪我關於天主的名號問題。[51]首先，為什麼不
逕稱為陡斯，反易以「天主」之名？龐迪我回答，在中
國難明陡斯之義，不得不借天地人物之主，而從其大者
約言之，他又舉中國有「帝者天之主宰」的說法，單言
天無不可，但天太空泛，又怕人錯認天為「蒼蒼之天」，
而不尋其所以主宰，所以在天加一主字，明示「一尊」，
更無「兩大」之意。[52]接者，王徵舉一反三，他舉《尚
書》所言：「惟上帝不常，作善降之百祥，作不善降之
百殃。」[53]此中之「上帝」義同西學的「天主」，又含
有賞罰之義。所以他認為名之為「上帝」似無不可，為
何要名之為「天主」以駭人聽聞。龐氏回答：一開始他
們也以為「上帝」的名號非常恰當，但他們入華後看到
廟貌甚多，而稱上帝的甚夥，他以為是天主教上帝的廟，
才欣喜中國人知道敬天，但觀察後發現是「以人神而謬
擬之」，像玄天上帝之類不可枚舉，所以他們怕人相混，
「以人儕天」，因此不敢用此名號來褻瀆「陡斯」之尊

50　同上。

51　關於天主的名號問題，在明末清初，引起廣泛的爭論，甚至引起清
　　初的禮儀之爭。這方面的研究可參考鄭安德：〈基督徒的上帝與中
　　國人的上帝 ——「陡斯」的中國名稱：明末基督教神名之爭〉，程
　　恭讓主編：《天問：丙戌卷》（南京：江蘇人民出版社，2006 年）。

52　王徵：〈畏天愛人極論〉，《王徵全集》卷八，頁 117-138。

53　《尚書・伊訓》，《尚書注疏》，頁 115。

稱。總之，他的結論是「果真知其為生天、生地、生人、生物之主宰而畏之，而愛之，而昭事之，則謂之天也可，天主也可，陡斯也可，上帝也亦可，而奚拘拘於名號之異同哉」。[54]名號不是那麼重要，重要的是要真認識、真愛敬、真昭事生天地人物之真主宰。

　　接下來，龐迪我又告訴王徵天主創造世界的天主教創造論，[55]包括天地的創造、人類始祖的創造、靈性的賦與，人類的原罪以及天主操賞罰大權等天主教的核心思想。龐迪我告訴王徵在「未有天地人物之先」，有一「全能者罷德肋」（拉丁文 Pater 的音譯，即聖父之意），即是「陡斯」，他是「全能」的，能於無中「化成天地萬物」，於其中「搏一泥土」，付之靈性，曰「亞尼瑪」，即成「亞當」，為男。又取亞當一肋，付之亞尼瑪，即成「厄襪」（即夏娃），為女。他將亞當、厄襪夫婦二人置於「美囿良和之隩」，名曰「地堂」（即伊甸園），使他們「不耕而食，不織而衣，無疾病苦楚患害，一切禽獸蟲畜之類，蔑不服順」。因為人類有天主所賦與的靈魂，所以「人獨靈於萬物」，因此天主「造成天地萬物，總為我人類而設」：「陡斯之造天，所以覆我人；造地，所以載我人；造萬物，所以養我人」，而人類「感

54　王徵：〈畏天愛人極論〉，《王徵全集》卷八，頁 117-138。

55　在王徵的記載中，我們只看到龐迪我告訴王徵天主教的天主論即創造論，對於天主教另一很重要的信仰核心 —— 基督論即救贖論，則未言及。而這樣的現象也存在於王徵目前現存的天主教著作中，只討論天主論，而不及基督論，見下文。

其覆載生全安養之恩，莫能報謝，爰總呼之為罷德肋」。
這是最早在伊甸園中的人與天主的關係。但是陡斯「祇
示一命，俾其敬遵弗違，約期至日，還歸天鄉，永享福
樂。」無奈亞當、厄襪二祖，為「傲神露祭弗爾」（拉
丁文 Lucifer 的音譯，即魔鬼撒旦）所誘，乃犯逆陡斯誡
命，故從此以後，干犯天怒，而天之降罰世日以重。這
即是人類的原罪。天主不僅創造了人類萬物，除有「偏
施生全安養之恩」外，也有「專操賞罰之大權」。[56]講
完了人類始祖的犯罪，干犯天怒後，龐迪我出示天主教
的十誡給王徵看：「誡之條有十，總歸二者而已：曰欽
崇一天主萬物之上，曰愛人如己」，而且說：「此在昔
天主降諭，令普世遵守，順者升天堂受福，逆者墮地獄
加刑。」[57]唯有遵守十誡，人類才能回到天堂。

　　當王徵在北京龐迪我的寓所，看到龐迪我帶來中國
的千種西書，以及「瞻禮天主聖像，見其像儼然人也，
而手撫天地一圓儀」，[58]再經過往返的質疑、討論，不
僅解決了王徵多年在儒、釋、道心性修養上的疑惑：「天
之所以命我者」以及「所以不愧不怍之方」兩個生命難
題，他回憶當下的感受是「洗然若有以自新也，灑然若
有以自適也，而又愀然若無以自容也」，而說：「今而
後余始知天命之有在矣，余始知天命之果不爽矣，余始

---

56 王徵：〈畏天愛人極論〉，《王徵全集》卷八，頁 117-138。
57 同上。
58 同上。

知天命之真可畏矣。」這樣的經歷使得他「棄所已學而信未學」、「棄舊學而信新學」、「棄近學而信遠學」，「獨篤信西儒所說天主之教」。[59]其結果的具體表現就是奉教領洗，[60]成為天主教徒，而且為他受洗的很可能就是龐迪我。[61]奉教後的王徵，其生活，其信仰，透過在《畏天愛人極論》與王徵對話的「客」之口，我們可知：王徵「獨欽崇一天主在萬物之上，朝夕起居，若時時臨汝而虔事之不少怠，每每揄揚其說，無問人之喜與不喜而強聒之。甚且一家非之弗顧，一國非之弗顧，天下非之弗顧。人咸惜子之狂惑不解，而子乃執拗自是，反若見之獨定，知之獨真，信之獨堅，而好之更甚。」[62]

---

59 同上。

60 劉耘華認為明末清初中國士人之皈依天主教，原因很複雜，究其大端則可綜括為三：一是出於獲取天主福佑，以取得科舉功名的動機，二是出於了解西方科學及理性知識的動機，三是出於宗教的動機。他將王徵歸類為「科學的信仰進路」。見氏著：《詮釋的圓環—— 明末清初傳教士對儒家經典的解釋及其本土回應》（北京：北京大學出版社，2005 年），311-312、318-321。筆者反對這種說法，從王徵對生命的思考及成學經歷來看，即使他對製器之學有濃厚的興趣與研究，他之所以皈依天主教應是歸根於「宗教的信仰進路」。

61 關於王徵奉教領洗的時間，方豪認為：「萬曆四十三年（1615）冬或次年（1615）春，王徵即在京師會見了龐迪我，大約就在這時受了洗。」方豪：〈王徵〉，《王徵全集》，頁 416-420。林樂昌則以四項理由證明王徵的受洗在萬曆四十四年。林樂昌：〈前言〉，《王徵全集》，頁 1-23。鍾鳴旦則認為王徵受洗在天啟元年（1621）或天啟二年（1622）。Standaert, Nicolas, "Wang Zheng's Ultimate Discussion of the Awe of Heaven and the Care of Human Beings", pp.163-188.

62 王徵：〈畏天愛人極論〉，《王徵全集》卷八，頁 117-138。

自此，王徵便開始以行動來實踐他的信仰，除了朝夕起居欽崇天主的信仰生活外，作官時時以畏天愛人為念，又以口說和寫作來傳揚天主教思想及西學，並建立了天主堂，創辦了仁會來實踐他欽崇天主和愛人的信仰生活。

　　由以上論述，我們看到王徵這樣一個讀書人在生命的追尋中所經歷的困頓、轉折及掙扎，以及當中的體悟與超越。從儒學「天之所以命我者」的思考開始，歷經佛教、道教的探索，以及九次科考失敗，做官不順幾至喪命的考驗，最後在天主教信仰中找到人生的歸宿。至此，他明確地賦予儒學之「天」以「主」的內涵，同時對自己苦苦思索的「天命」之所在的根源性問題終於獲得了令自己滿意的解答。由於這一新的「天命觀」更加突出了作為終極實在的天主的至高無上地位，從而為落實使人「不愧不怍」的倫理規範體系提供了更具權威性的依據和基礎。[63]

三、欽崇一天主萬物之上

自生天生地生人生物以來，兩間無兩主宰；
從有帝有王有聖有賢而後，一總是一欽崇。[64]

　　王徵在擔任揚州府推官時，「因遠西諸儒振鐸中土，

63　林樂昌：〈前言〉，《王徵全集》，頁 1-23。
64　王徵：〈崇一堂日記隨筆小引〉，《崇一堂日記隨筆》，《王徵全集》卷十一，頁 161-162。

寓我省會，爰置此堂，以為朝夕欽崇天主上帝之所」，[65]
蓋了一座名為「崇一堂」的天主堂，[66]而這首對聯即是
為崇一堂而寫的。王徵是在天啟六年（1627）十二月除
直隸揚州府推官，次年五月抵任，至崇禎元年（1628）
冬，因丁父艱而去職歸里，因此「崇一堂」的興建與這
首對聯的撰寫時間，應在天啟七年至崇禎元年這一二年
間。這首對聯將天主教十誡的首誡「欽崇一天主萬物之
上」道出：自有天地人物以來，在天地人物之間只有一
主宰，而從有帝王聖賢之後，總是欽崇此主宰，而此主
宰即是王徵會晤龐迪我後，他所體悟的「天之所以命我
者」的「天」，即是一尊而無兩大、創造天地萬物人類，
以及道德修養工夫之本原的宇宙主宰──「天主」。

　　王徵的為學經歷，從儒家至佛教、道教，在因緣際
會下讀了龐迪我的《七克》，又因著科考在北京與龐氏
會晤，而接受了天主教關於「天主」的天命觀後，他又
回歸到儒學的傳統。王徵想到孔子曾說的「畏天命」，[67]

---

65 同上。

66 根據今人的研究，陝西有兩座名為「崇一堂」的天主堂，其一是天
啟四年（1624），王徵為其繼母奔喪守孝，次年便邀請時在山西的
傳教士金尼閣來陝西開教。王徵的弟弟王徹（1597-1665）慨然將
其魯橋官邸捐獻出來做教堂，名曰「崇一堂」。不久，即在天啟七
年至崇禎元年間，金尼閣又會同湯若望（Johann Adam Schall von
Bell，1591-1666）在王徵的幫助下在三原縣北城購地建堂一座，亦
名「崇一堂」。見李柏毅：〈陝西首位天主教徒、機械發明家王徵〉，
《中國天主教》2003 年第 6 期，頁 40-42。

67 《論語‧季氏》：「孔子曰：『君子有三畏：畏天命、畏大人、畏
聖人之言，小人不知天命而不畏也。』」《論語注疏》，頁 149。

認為這是「學者攝心法」，而「千古作聖之心法」就在
周敦頤（1017-1073）所說的「士希賢，賢希聖，聖希天」
中。[68]他將這兩句話結合起來：「未有不希天而可作聖
者，然焉有不畏天而可希天？又焉有不知天命而能畏
天？」總之，要成為聖者就要希天，希天在於畏天，而
畏天要先知天命。希天很難沒錯，然而畏天、知天容易
嗎？看似容易卻也很難。他再度引用了孔子的話：「小
人不知天命而不畏也」，當然讀聖賢書的人，怎能自甘
於小人，然而讀書人真能畏天嗎？或者敢即應之曰：
「畏。」但真知天命嗎？或者不敢直說以為知。因為像
孔子這樣的「天縱之聖」，都說要「先知之蚤」，又說
他自己「五十而知天命」，[69]由此可知「天命不易知」。
[70]而如何知天命？王徵說要知天下事，皆要「留心究徹」
才能「遽能曉然」，更何況是天命，「有未曾一留心焉
而能即知者乎」，不知就不能畏，不畏如何自免於小人。
這是講到「知天命」的重要性。接著，王徵認為君子、
小人之別，只在一念畏不畏上，君子、小人不僅只是「定
人之品」，而是就「是非」論，因這世上有「不顧是非

---

68 周敦頤曰：「聖希天，賢希聖，士希賢。伊尹、顏淵大賢也。」《通
　　書・志學》，《周子全書》（臺北：財團法人臺北市廣學社印書館，
　　1975 年），卷八，頁 146-150。

69 《論語・為政》：「子曰：『吾十有五而志於學，三十而立，四十
　　而不惑，五十而知天命，六十而耳順，七十而從心所欲不踰矩。』」
　　《論語注疏》，頁 16。

70 王徵：〈畏天愛人極論〉，《王徵全集》卷八，頁 117-138。

而肆無忌憚者，亦何所畏」，所以知天命是知「降祥降殃」、「不可禱之」的「赫赫」天命，而賞罰就在此畏不畏時定之，他再次引用孔子的話認為：「知命君子」是「懷刑與懷德之念共急」，[71]所以「懷刑者不但畏世主之賞罰，實以畏天主之賞罰」，而「懷天刑之念」，正是「畏天命之實功」。他又舉了孔子折王孫賈奧竈之問，[72]說明孔子以「天之威命靈爽不可禱者」來「攝服小人之膽」。[73]在此，王徵引用了幾段孔子的話來說明知天命與畏天命的必要性，知天命是知降祥降殃、行賞罰之天命，而畏天命即是畏此行賞罰之天命，天主的概念呼之欲出。

接下來，王徵開始論證天主的存在。既然稱之為「天命」，「天而繫之以命」，那麼「律令靈威」，必有「所命之者」，必有「所以出者」，所以「是命者所謂主也」，既然天有主，就不敢不畏了。而世人「瞻宮闕則起敬，入公門則起敬，遇君位則起敬」，這是因為「明知天子儼然在位，天威只尺，賞罰森嚴」的關係而起敬。[74]所以他認為：

---

71 《論語·里仁》：「子曰：『君子懷德，小人懷土；君子懷刑，小人懷惠。』」《論語注疏》，頁 37。

72 《論語·八佾》：「王孫賈問曰：『與其媚於奧，寧媚於竈，何謂也？』子曰：『不然！獲罪於天，無所禱也。』」《論語注疏》，頁 28。

73 王徵：〈畏天愛人極論〉，《王徵全集》卷八，頁 117-138。

74 同上。

> 天如此其高明也，地如此其博厚也，日月星辰，
> 山川草木如此其照曜而充鬱也，疇為開此？疇為
> 闢此？疇為生養而安全此？信非生天、生地、生
> 人、生物起初之陡斯，決無能辨此者。……故明
> 乎天之有命，明乎天命之出於天主，明乎天主之
> 命之無不善，無可違，無所禱，則雖欲不畏烏乎
> 敢？[75]

　　這樣一來，天命就是天主之所命，而天主就是創造
天地人物的陡斯，畏天命即是畏天主。王徵亦以此來批
評「積氣說」，他認為積氣說是指天為積氣，是「蒼蒼
之表，冥然空虛，全無一主宰之者」，天地既然是「氣
機之自動」、「自然而然者」，於是一切的「福善禍淫
之應與災祥之示」，都諉之「天行、天運、天數之適然」，
一切都出自於「天命之自然、當然，其勢不得不然，而
莫測其所以然」，這樣的說法使人不知畏天命，使得道
德的威嚴大為削弱，並助長「天下後世無忌憚之習」，
使人為所欲為。[76]王徵在這裡所批評的「積氣」說，是
指一種以「氣」解釋世界的生成、萬物的運行的理論，
他看到了這種說法的最大危害。[77]王徵則用幾個問句來

---

75 同上。
76 同上。
77 王徵對於積氣說的批判乃在於積氣說會「長天下後世無忌憚之

批駁：如果天是積氣，「氣即積久，亦未有不散者，胡為乎萬古恒如斯？且日月星辰之昭垂者，胡為其佈置位列，毫髮不爽，從無一日一時之散亂錯動也邪？就使為氣機所動，自然而然，借問起初使之自然而動者為誰？」他再以「風鳶淩空而起，乘風而動」為喻，積氣說會認為風箏是「氣機所使，自然而然」，但同樣的問題是「誰製風鳶？誰提綫索？誰促之乘風而動也耶？」風鳶的背後必有「主人翁」，「必有所以使之者」。所以「積氣說」認為「穹窿之上，祇蒼蒼之積氣，而無一主宰之者」是「愚甚矣」。如此，天有其主，則「一切災祥禍福」，就不可「漫付之運數」，而且天既有主，就不得視為「形色蒼蒼之天」。[78]王徵並不否認「積氣」的存在，以及「氣機」的進行作用，但他指出「積氣」並非天之主宰，天之主宰只能是天主。

　　天之主宰既是天主，所以天主是「一尊而無兩大」，他開宗明義的說：「主而冠之以天，則一尊而更無兩大。」不但「一人一家一國之主」，莫之敢並，即使是「一世之共主」、「千萬世之共主」，都在天主的「統領綱維」

習」，而我們發現在晚明「無忌憚之習」是當時學者所批判的社會問題，例如許孚遠（1535-1596）、顧憲成（1550-1612）、高攀龍（1562-1626），都有類似的言論，但他們主要的批判對象是王學末流，尤其是「無善無惡」一說流行後所造成的脫落工夫，道德價值淪喪的現象。這方面的研究可參考拙著：《王陽明四句教之開展與衍化》（新北市：花木蘭出版社，2012 年），第三、四章。

78 王徵：〈畏天愛人極論〉，《王徵全集》卷八，頁 117-138。

中，也同受天主的賞罰。即使是「生知安行」的聖者、「出有入無」的神明，也不過是全能的天主所造的萬類之一類。[79]既然天主是一尊而無兩大，是唯一的，那麼對於其他宗教就有排他性，這也是基督宗教的重要特色之一。王徵直接點明：「主既唯一，教豈有二」，「天主之教是，則它教非矣；設它教是，則天主之教非矣」，但在「理無二是」的情況下，只有「天主之教」是唯一的「是」。他認為這是因為天主不像「地主」，「但居一方」，「不能兼治它方」，需要「遣人分任」，相反的，天主是全能的，「知能無限」，是「無外無為而成」，是「無所不在」的，所以天主統御「九天萬國」，「體用造化」，比我們「示掌」還容易，根本不需要其他「流人代司之」，就像朝廷「設官分職」一樣，無論禮樂法令如何不同，「咸奉一君」。[80]因此天主是唯一的宇宙萬物之主宰。

　　既然「主既唯一，教豈有二」，王徵對於曾信奉的佛、道二教的態度如何？對於「黃老神仙之屬」的道教，它是「竊天地之機」、「盜造化之精」，來「自養其身形」，雖然未合乎「大道為公之旨」，但他們仍「每每尊天而弗敢自尊」，所以君子也「不概為深罪」。但對於佛教他的批判是不遺餘力的，他認為「佛氏之教」，「不尊天主，惟尊一己」，所宣講的「誨諭」，大非「天

---

79 同上。
80 同上。

主之制」，可說是「倡狂自任」，正是「不奉朝廷之正朔者」。[81]由此看來，他的判準在於尊天畏天與否，道教雖然不合乎天主之道，但至少尊天，而佛教則倡狂自恣不僅不尊天，還唯我獨尊，王徵甚至用「不奉朝廷正朔」這樣嚴厲的批判來說佛教。王徵為什麼說佛教不尊天，是因佛家曾云：「天上地下，惟我獨尊。」他們又有大千世界、中千世界、小千世界之說，而此「蒼蒼之天」只是三千大千世界中的一小部分而已。他們又有三界之說，[82]三界乃「億萬諸天」，皆「拱立於梵王之側」，而「梵王於佛」，猶是弟子，因為佛乃「獨超三界之外」，佛之於「諸天之主」，就好像「周天子之視八百諸侯」，其地位是「不啻」，不相當的。[83]在佛教的理論中，我們所看到的天不過是三千大千世界中的一部分，是諸天之一，而世尊佛祖不只超越此天，更是在諸天之上，更是超越諸天之主梵王的。從這個角度看，王徵批判佛教是「傲然自尊」，因為佛教視「千古帝王賢聖」所尊事的「天」，敢於「卑小視之」，以極擬「一己之尊大」，他說這是魔鬼「露祭弗爾」的「傲態」，而「傲」為「兇德」，一「傲」而「諸德盡喪」。這樣的「傲然自尊」正與聖者不自認自己為聖者相反，必不得名為「聖」，也必為「諸聖所棄逐」，而佛氏竟敢稱自己是「聖中之

---

81 同上。
82 三界指欲界、色界以及無色界。
83 王徵：〈畏天愛人極論〉，《王徵全集》卷八，頁 117-138。

聖」。王徵又用二個問句來反駁，如果說佛是「聖中之聖」，那麼「讀聖賢書者」既知有此「至聖」，怎麼不會「師佛而乃師孔子」？如果說要尊佛如天，而且要尊之如「天外天」，那麼「帝王相傳」，怎麼不說「奉佛承運」，而必說「奉天承運」？[84]以此來批判佛教的不尊天，甚至凌駕諸天之上傲然自尊的謬誤。

　　王徵不僅批判佛教，也批判那些修習佛、道尤其是佛教的士大夫的「佞佛」。他以三代之前及三代之後的政權興替為喻，來批判這些士大夫不識真主。他認為從「伏羲、堯、舜」以後，「代有正統」，「主維一真」，直到「周末之季」，十二諸侯「各相雄長」，幾不知有「周天子」，然而周天子不是「徒擁虛器」的，因為如果諸侯王有「朝周知尊奉正朔者」，那麼諸國莫不相與推為「盟主」；如果其臣能「厥辟尊周無貳者」，天下後世猶咸美其為「王佐之才」。所以即使在這樣人心「式微凌夷」之際，隱隱一念，還知道有「真主」在。但從戰國以後「漸滅極矣」：「亂臣賊子」、「楊墨邪說」，「充塞乎仁義」，孟子才會「辭而距之」。但是「篡逆者踵相接」，謬認「篡逆為主而甘心事賊者」亦「踵相接」。所以「篡逆者」，僭竊「真主之權」，「假其名號而自立」。而明知「篡逆之非」，「真主」徒怵於「恐喝之威福」，又或迫於「附和之脅從」，甚至「殫精竭

---

84 同上。

力」，反而「排抑正人」，「誅鋤忠良」，蔑棄「真主
之倫常」，而稱頌「篡逆之功德」，以自附於「股肱心
膂」，這樣的罪皆不能容於「堯舜之世」。[85]王徵用傳
統儒家以政統來論證法統的「法先王」之說來隱喻佛道
不僅不是正統，而且是「篡逆者」，這樣的說法是非常
特別的。[86]他接著批判佞佛的士大夫，對於那些「相率
從逆」佛氏的「貿貿無知之氓」，是「無足深責」的，
但是「讀聖賢書」的士大夫，反而成為「篡逆之忠臣」，
於「篡逆名忠」，於「真主必為賊」，接著他又用幾個
問句來批判：「世上主不可篡，天上之主可篡乎？篡世
主者罪不容，篡天上主者可容乎？事篡世主者罪不可
禱，豈事篡天之主者福獨可徼乎」，而那些「媚佛、媚
仙、媚神鬼者」，正是《論語》所說的「奧竈之故習」，
正是孔子所謂的「獲罪於天者」，又怎麼能「踵而行之」！
更何況小人不知天命，不知有真主，而「漫焉不畏者」，

---

85 同上。

86 王徵又以「新莽篡漢」為例批判「佞佛」、「媚佛」的讀書人：「即
　彼為之徒者，崇信其說而推尊之，猶無足怪。獨怪夫讀聖賢書者，
　捨吾聖賢帝王所尊事之天不畏，而反佞佛、媚佛若此也，不知出吾
　聖賢何書乎？故新莽篡漢，一時稱功頌德者四十八萬七千餘人，史
　不之書也。而紫陽《綱目》，獨於《劇秦美新》之人，筆之曰《莽
　大夫楊雄死》，其所以誅亂臣賊子之於讀聖賢書者，最深且嚴。嗟
　夫！人流之抗罔，無罪不犯；巧奪人世，猶未饜足，至敢於圖僭天
　主之位而欲越居其上。而聰明才智之儒，又為之吹其唇而助其燄，
　不顧叛我聖賢帝王所昭事之真主，而反作彼之忠臣，吾不知視莽大
　夫有異乎。」〈畏天愛人極論〉，《王徵全集》卷八，頁 117-138。

其罪還小；而那些「明背真主而反媚篡弒之強臣以為主」的「讀聖賢書者」，視「吾聖賢畏天愛人之說」以為常，反而信佛教「虛恢之譚」，相信「佛之尊」不但在「諸聖之上」，而且在「諸天之上」，「相率尊而信之」，謂之「聖中之聖」、「天外之天」，其說「堅不可破」，其罪甚大。而且王徵認為「聖中聖」、「天外天」只能聊以表「天主之德」，以之稱佛是「謬甚矣」、「僭甚矣」，「不倫甚矣」。所以有「忠義之心者」，應該「聲罪致討」之不暇，怎肯「借朝廷之名器為之寬假」，這些「佞佛者」自以為是「至善利者」，不就是「事篡逆者彌竭其忠」、「彌顯其奸佞」。而人應「擇主而事」，因這是「良臣之哲」，而「從違一判」，「忠佞立分」，這是「善惡分途之最關切處」，所以王徵「不得不三致意」。[87]

王徵除了以政統之說來批判佛教外，他又以天主是大父母之說來闢佛，來批判佞佛的士大夫。他說人只知事父母，卻不知天主為「大父母」，只知國家有正統，卻不知「天主統天」之為「大正統」，所以「不事親不可為子，不識正統不可為臣，不事天主不可為人」。他舉例在今世，「小吏」能「阿好其民」，人民便稱父母，為他「建祠立像，布滿郡縣」。而「佛殿神宮徧市彌山不止」，但至尊的天主，卻「無一微壇以瞻禮敬事」。

---

87 同上。

而天主是「化生天地萬物大公之父」，又是「時時主宰安養無上之共君」，而世人卻「莫之仰」、「莫之奉」，不就是「無父無君至無孝至無忠」，而無忠無孝，「尚存何德」。又天主是「化成天地萬物以養我人」，而人「無一物奉天主」，「乃並天主所賦一點靈心」不歸向天主，反而歸向他稱之為「莫知為誰之傲魔」的佛氏，讀聖賢書的士大夫心何以安！[88]王徵對佛教的批判基本上與利瑪竇等傳教士的傳教路線「補儒易佛」的「易佛」路線是相符的，[89]而他批判佛教的理論與傳教士及其他天主教儒者相同，都在表面上批判，而未深入到佛教與天主教內在深層理論的比較。這些天主教儒者都曾「佞佛」過，對佛教的認識不應只是表面而已，但我們卻發現，不只是王徵，包括楊廷筠，對佛教的批判都是如此，沒有全面的從理論上去動搖佛教的根基。這或許是受到西方傳教士的影響，[90]或許是時代的限制吧。

---

88 同上。

89 關於利瑪竇接受徐光啟的建議採取「易佛補儒」的傳教路線的研究，可參考孫尚揚著：《明末天主教與儒學的互動 —— 一種思想史的視角》上篇〈利瑪竇研究〉。

90 根據陳俊民的研究，王徵所建構的「畏天愛人」之學，同利瑪竇《天主實義》一脈相承，不僅論題宗旨相同，而且文字、結構也驚人地相似。《實義》凡八篇，分作上下兩卷，共 114 次問答；《極論》則濃縮為八次問答，除首尾兩次問答，其中六次問答所論問題，其內容層次幾乎同《實義》沒有多少區別，甚至一字不差地轉述了《實義》中的某些段落。陳氏曰：「依我粗略對勘，王徵除一論『天命出於天主』之外，二論『天主惟一』，即《實義》〈引〉與第七篇節文；三辨天堂地獄之說，即《實義》第一篇和第六篇的節文；四

　　從以上論述，我們可以明白，王徵所認識的天主是
創造天地萬物人類的大父母，亦是主宰安養萬物的共
君，另外，天主還是行賞善罰惡的審判者。他舉《尚書·
伊訓》所講的「上帝降祥降殃」來證明上帝才是真正永
遠「大賞大罰之權輿」，他認為「現前之賞罰」，小則
「官長操之」，大則「國君操之」，但是都「非其至」，
真正的大賞罰，只有天主「得而操之」，所以世上的人，
即使是「世所稱操賞罰之人」，都是「並受賞罰之人」。
他又舉《論語》：「惟仁者能好人，能惡人」來說只有
天主可當仁者，不然，孔子既是聖人，不會說「若聖與
仁，則吾豈敢」，而「則天之堯」，僅僅稱其仁，如天
而已。再加上這世上的人，有好人，有惡人，但往往不
能「直遂其好惡之情之實者」，如同大夫能薦人於諸侯，
而不能使其必為大夫；諸侯能薦人於天子，而不能使其
必為諸侯。而且推其「極愛之情」，欲其生而不能；推

論『來世之利害』，即《實義》第六篇的節文；五論『靈魂不滅之
理』，即《實義》第三篇的節文；六論修道工夫，即《實義》第七
篇的節文。看來《極論》受《實義》的影響極大。」見氏著：〈「理
學」、「天學」之間──論晚明士大夫與傳教士「會通中西」之哲
學深意〉，《中國哲學史》2004 年第 1 期、第 4 期，頁 16-26、121-128。
或許我們可以這樣說：來華傳教的耶穌會士間有共同的傳教策略
──教內義理的宣講及對外教的批判，關於這一點，許多的研究告
訴我們，雖然不同時期傳教士的傳教策略有所不同，但在同一時
期，基本上這種一致性還是存在的。而中國的天主教儒者接收了這
些義理思想與理論後，消化吸收轉化後所呈現的護教作品，在批判
外教上才會呈現出如此之相似的護教模式，而沒有從根基上去動搖
佛教的理論。

其「極惡之情」，欲其死而不能，真的「能好人能惡人者」，是「不數數見」。所以即使像孔子這樣的「大聖人」，都「未操賞罰之權」，即使再四陳請，想要討一陳恒而不能，[91]那麼其他人就更不用說了。因此王徵認為「好惡少辟」，不能齊一家；「賞罰不當」，不能行一旅，捨棄「彰善瘅惡之典」，而想要「齊家、治國、平天下」，是聖哲所不能的。只有「宰製六合之大主」，才能「操賞罰於其上」。也只有上帝才是「能好人能惡人」的「至仁者」。[92]

雖然王徵說天主有絕對的賞罰之權，但是事實上，有許多的現象讓人懷疑天主的存在，例如「罪人犯科不見即受罰」，又如「柄世權者賞罰偏私」，總讓人認為天地沒有主宰：「造化茫茫，原無主宰；善未必榮，惡未必罰，修德何益？為惡何損？」不然就是懷疑「造物主原弗理視世事」，不然就解釋為「此天之未定」。[93]面對這些現象，王徵的解釋是：

　　嗚呼！柄世權者之賞罰，縱不偏私而公平乎，其

---

91 《論語·憲問》：「陳成子弒簡公。孔子沐浴而朝，告於哀公曰：『陳恒弒其君，請討之。』公曰：『告夫三子！』孔子曰：『以吾從大夫之後，不敢不告也。君曰：『告夫三子』者。之三子告，不可。孔子曰：『以吾從大夫之後，不敢不告也。』」《論語注疏》，頁127-128。
92 王徵：〈畏天愛人極論〉，《王徵全集》卷八，頁117-138。
93 同上。

> 所褒貶功績與否，亦維耳目是憑信耳，無審據者
> 弗克洞燭也。民之庸情，有所妒憎，則泯其善，
> 揚其惡，壅蔽莫達。有所親愛者反是，則在上者，
> 時或不能周悉其人之功罪，何能盡得法意？豈惟
> 人乎，己亦掩己矣！雋德之精，多含於內，不露
> 於外，發外者德之餘耳，非其人易粉飾焉。善者
> 彌誠彌隱，己德不但曰隱也，且不有其德也。人
> 與己不知之，則疇從而褒之？惡慝之根，素釀於
> 心，不洩於外，見外者慝之末耳，詐善者不難文
> 藏焉。惡者滋熟滋匿，己慝豈但匿也，且不覺為
> 慝矣。人與己弗達，又誰從而貶之？夫己自蘊蓄
> 己不有之，同類之人又覆蓋之，秉法君臣不及盡
> 知之，非天上主明威神鑒，豈得按審無爽也哉？[94]

　　面對「柄世權者賞罰偏私」，王徵基於人的有限性
與劣根性，認定人的賞罰都有偏私與不當，只有天主的
「明威神鑒」，才能「按審無爽」。而對於「罪人犯科
不見即受罰」，他的解答則是「造物主之定賞定罰，固
在此身後哉」！[95]

　　王徵認為天主的定賞定罰是在人之身後，那麼身後
的賞罰之所何在？「順者升天堂受福，逆者墮地獄加
刑」、「厥賞在於何所？則有前所稱明光之天堂在。厥

---

94 同上。
95 同上。

罰在於何所？則有前所稱萬苦之地獄在」，[96]即是天堂
與地獄。所以王徵引入了基督宗教的天堂地獄觀，在《畏
天愛人極論》中極論天堂地獄之情狀。[97]在基督宗教的
觀念中，「世人所現居之界」為「蒙鐸」，[98]它是「善
惡未分之總稱」，是「聖凡雜處，汙潔並涵，憂樂交萃
之所」，而蒙鐸之上，大略有「高廣不知其幾千萬里」
之九重天，最上一重名曰「明光天」，是「天上主臨蒞
之國，與原初所造九品天神，及諸後來畏天愛人，修德
純備，升受天福之賢聖所居」，即是天堂。而蒙鐸以下，
地則厚深約三萬餘里，其中心最深暗處一窨名曰「萬苦
聚」，乃是「天上主所罰傲魔露祭拂爾與原初從惡之魔
侶，及諸後來欺天害人，作惡貫盈，墮受天罰之罪犯所
居」，即是地獄。這是天主自「開闢天地安立世界」之
初，就創置若此的。[99]天堂地獄是「天上主宰治六合之
大」，安頓善與不善之處所，是上帝「陟善於明，黜惡
於幽，最切最公之第一義」。之後，他也極論天堂之樂
與地獄之苦：「天堂之樂，更全更大更真，不但如世福
之僅有其影；而地獄之苦，視人世之刑戮極嚴極備極永，

---

96 同上。

97 《畏天愛人極論》的第三辨即是天堂地獄之說，根據陳俊民的研
　　究，王徵的天堂地獄說即是《天主實義》的第一篇和第六篇的節文。
　　見氏著，〈「理學」、「天學」之間 —— 論晚明士大夫與傳教士「會
　　通中西」之哲學深意〉。

98 蒙鐸，拉丁文 mundi 的音譯，即世界。

99 王徵：〈畏天愛人極論〉，《王徵全集》卷八，頁 117-138。

尤可畏耳。」天堂是「全福備處」，有「無限之樂」、「無疆之壽」，是暄春，無「寒暑久迭索」，是光明，無「暮夜之屢更」，只有快樂，無「憂愁哀哭之苦」，天堂之樂：「常舒泰，無危陷；韶華之容常駐不變，歲年往來，大壽無減」，是「目所未見，耳所未聞，人心所未及忖度者也」。[100]王徵又引用利瑪竇《畸人十篇》[101]說在天堂之人具有「六福」：「一謂聖城，則無過而有全德也。二謂太平域，則無危懼而恆恬淡也。三謂樂地，則無憂苦而有永樂也。四謂天鄉，則無冀望而皆充滿也。五謂定吉界，則無更變而常定於祥也。六謂壽無疆山，則人均不死而生也」。[102]相對於天堂之樂，那麼地獄呢？人間之苦，「有息有終」，地獄之苦「無窮無間」。地獄之苦有多種，總歸於二：一謂「覺苦」：「寒火、飢渴、臭穢、暗冥、憂懣，與凡一切能致痛楚之刑」，此類之苦，地獄「甚備甚大」，與世間之苦相比，世間之苦「悉不為苦」。一謂失苦：「失天主，因失天上諸慶福永不復得之悲憂」，即失去天堂無窮之福，而溺於地

---

100 同上。

101 徐宗澤曰：「《畸人十篇》，泰西利瑪竇述，有李之藻及浣城劉應昌序，刻於萬曆戊申（1680），李之藻編入《天學初函》。《四庫全書》子部雜家類存目，卷上卷下兩冊，附西琴曲意一卷，……是書係問答體，而問答者皆當時之名士達官。」見氏著：《明清間耶穌會士譯著提要》（上海：上海書店出版社，2006年），頁148。

102 王徵：〈畏天愛人極論〉，《王徵全集》卷八，頁117-138。

獄之萬苦。[103]總之，天堂之樂與地獄之苦都超越世間之
樂與世間之苦，超乎人的想像。

　　王徵極論天堂與地獄，佛教也有天堂地獄之說，不
免引起人的疑問：「胡亦竊彼天堂地獄之誕言乎？吾聖
賢書中，何獨無此天堂地獄之說？」於是在《畏天愛人
極論》中，他自設問答，回答了上述的疑惑。首先，對
於聖賢書中獨無天堂地獄之說，他認為在聖賢書中仍有
「隱意微言不盡泯者」，他抄錄了利瑪竇在《天主實義》
所引用的先秦典籍《尚書》中的許多篇章來說明「聖賢
之教在經傳，其勸善必以賞，其沮惡必用罰也。」既然
二帝三代「無不人人言賞罰」，怎可能沒有賞罰的「分
疏安頓之處」呢！[104]接著，他又抄錄了利瑪竇在《畸人

---

103 同上。王徵又說：「此處之掌戮，則鬼魔也。其惡劇大，甚強有
力，酷虐無此。其恨我人類最深，無絲髮慈潛。凡所能加，惟力
是視。其所加苦難，又孰尚乎？夫世苦雖大，或有他慰。即無他
慰，尚有有限之慰。地獄之苦，既猛且大，而又無限。入者知不
能出，故悉無復脫之慰，而有永永不脫之苦憂。吁！可畏哉！」
104 利瑪竇在《天主實義》第六篇中引用了：《舜典》：「象以典刑，
流宥五刑。」又：「三載考績，三考，黜陟幽明。」《皋陶謨》：
「天命有德，五服五章哉。天討有罪，五刑五用哉。」《益稷謨》：
「迪朕德，時乃功，惟敘。皋陶方祗厥敘，方施象刑惟明。」《盤
庚》：「無有遠邇，用罪罰厥死，用德彰厥善。」《泰誓》：「爾
眾士其尚迪果毅，以登乃辟。功多有厚賞，不迪有顯戮。」《康
誥》：「乃速由文王作罰，刑茲無赦。」《多士》：「爾克敬，
天惟畀矜爾；爾不克敬，爾不啻不有爾土，予亦致天之罰於爾躬。」
《多方》：「爾乃惟逸惟頗，大遠王命，則惟爾多方探天之威，
我則致天之罰，離逖此土。」〔意〕利瑪竇著，〔法〕梅謙立注，
譚傑校勘：《天主實義今注》，頁 164-165。

十篇》所舉的先秦古人：顏淵、盜蹠、唐堯的兒子丹朱、
商湯的兒子外丙、仲王及周文王的兒子伯邑考[105]來說明
「既有天堂，則自然有地獄，二者不能相無，其理一也」、
「行異則受不同，理之常，何容疑哉？」[106]他又舉孔子
為例，根據孔子曾說：「不怨天，不尤人，下學而上達，
知我者其天乎？」他認為「上達」，即上達此「天堂」
乎？不然孔子一生「周流困苦」，既感歎「莫我知矣」，
何以又說「知我其天也」？另外又云說：「君子上達，
小人下達。」[107]這所謂的「上下」，「寧非天堂地獄之
定界歟」？所以他再次強調天堂是「古今仁義之人所聚
光明之宇」，地獄是「古今罪惡之人所流穢汙之域」。[108]
當然，我們從王徵的引述，可以看到他所引用的證據其
實是很薄弱的，當然也無法因此而證明聖賢書中有隱意
微言天堂地獄之存在，但從中我們可以看到王徵天主教

---

105 利瑪竇《畸人十篇》曰：「顏貧夭，蹠富壽，令不天堂不地獄也，
而可哉？大德受命，受命而德施彌溥，報以蒼梧伐木削跡之身，
兩檟莫而素王終，即血食萬世，浪得身後榮？報在子孫非報善聖
人不起而享也，報在子孫乎？丹朱傲，外丙仲王殤，伯邑考醢，
奚報焉。惟是衍聖之爵延也，顧易世而子孫之面目名號賢愚悉不
可知，以代聖人受賞，此足以厚聖人乎？不天堂又不可也。」收
於李之藻編：《天學初函》（臺北：臺灣學生書局，1965 年），
頁 115。

106 王徵：〈畏天愛人極論〉，《王徵全集》卷八，頁 117-138。

107 《論語·憲問》：「子曰：『莫我知也夫！』子貢曰：『何為其
莫知子也？』子曰：『不怨天，不尤人，下學而上達，知我者其
天乎！』」《論語注疏》，頁 128-129。

108 王徵：〈畏天愛人極論〉，《王徵全集》卷八，頁 117-138。

信仰的堅定與對天堂地獄的強調。

　　對於另外一個問題：「胡亦竊彼天堂地獄之誕言乎」，也就是有人認為天主教竊取佛教的天堂地獄之說，他除了正面論述天主教的天堂地獄觀，如上所述，以見與佛教的差別外，還用「齊丘子翻誚景升盜我《化書》」[109]諷刺佛教「西竊天堂地獄之大旨」，而又「妄附之以閉他臥剌謬語」，[110]再增加「輪迴六道妄言」，來鼓動世人，而佛氏之所以能鼓動世人信從，正是「天堂地獄說」，可以「欣發」世人之「良心」。但王徵認為這只是「徒知其名似，未灼見其真境，故其所說仍狂誕不根，令有識者轉滋疑眩」。而且不能因為「吾聖賢書中不具載」就懷疑天堂地獄的存在，不然佛教中的「輪迴六道之誕言」等「無理之談」，都是「吾聖賢書所不載」，亦是「有識之儒所力闢者」，世人「反信之而不疑」，

---

109 《化書》道書名。全稱《譚子化書》別稱《齊丘子》，相傳五代譚峭（景升）作此書，曾求序於南唐大臣宋齊丘，齊丘竊為己作而序之，故有《齊丘子》名。

110 閉他臥剌即畢達哥拉斯，利瑪竇《天主實義》細論閉他臥剌的輪迴觀：「古者吾西域有士，名曰閉他臥剌，其豪傑過人，而質樸有所未盡，常痛細民為惡無忌，則乘己聞名，為奇論以禁之。為言曰：行不善者，必來世復生有報，或產艱難貧賤之家，或變禽獸之類。暴虐者變為虎豹，驕傲者變為獅子，淫色者變為犬豕，貪得者變成牛驢，偷盜者變作狐狸、豺狼、鷹鶵等物。每有罪惡，變必相應。」梅謙立說：「許多思想家認為畢達哥拉斯是第一位提出輪迴觀念的古希臘哲學家。利瑪竇關於輪迴觀的描述應該屬於伊索寓言這個傳統。」〔意〕利瑪竇著，〔法〕梅謙立注，譚傑校勘：《天主實義今注》，頁145-146。

而對於出自西儒的「天主之教」，反而「執不相入」，他說這就像「許劫盜殺人，而不許士師之殺人」。所以結論是「就世人觖望之情，而益徵天堂之必有」、「信哉天堂地獄之賞罰，為天主至公至仁至義之大典，毫無可疑焉者」。[111]

王徵力持天主擁有絕對的審判權，並極論天堂之美好與地獄之苦痛，那麼必然引發儒者的疑問：「常生而享無窮之真福，人所欲無大於是。第吾儒謂人死之後，魄歸於土，魂則無不之也，終歸散滅而已。[112]則縱有真福，誰其得而享之？」[113]傳統認為人死即魂飛魄散，對於這個問題，王徵不像佛教、道教一樣相信人有前世今生，更極力批判佛教的六道輪迴之說。而不管是天主教還是佛教、道教，天堂地獄、前世今生，或者六道輪迴之說，必有一基本之預設，即靈魂不滅。在這方面，王徵完全接受了基督宗教的靈魂觀。首先，他認為「人死之後，魄歸於土，魂亦終歸散滅」的說法，是「不覺不力者」要藉著人死「盡歸散滅」之說，使「小人倖免」而「君子枉受為善之苦勞」。這是不知「人魂之靈異」，

---

111 王徵：〈畏天愛人極論〉，《王徵全集》卷八，頁 117-138。

112 《禮記・郊特牲》有言：「魂氣歸於天，形魄歸於地。」這大概是傳統儒者對人死魂魄歸向的普遍性看法。《禮記注疏》，頁 507。另外關於中國傳統思想的魂魄觀研究，可參考杜正勝：〈形體、精氣與魂魄 —— 中國傳統對「人」認識的形成〉，《新史學》2 卷 3 期（1991 年 9 月），頁 1-65。

113 王徵：〈畏天愛人極論〉，《王徵全集》卷八，頁 117-138。

而等同於「禽獸草木之魂」，所以皆歸之散滅。但是「人有魂魄」，人死其魄「化散歸土」，而魂則「常在不滅」，必如此，才能有「善惡之報」，也才可以「勸善而懲惡」。[114]王徵又以世人求美名以及修祖廟祭祖等現象來說明「靈魂不滅」的道理。他認為人都想要「傳播善名」，而「忌遺惡聲」，所以行事「期協公評」來「邀人稱賞」，世人立功業、輯書冊、謀術藝或致身命，以求「令聞廣譽」在後世，即使「捐生」都在所不惜。而人死後「吾聞知吾所遺聲名」嗎？如果就「形」來說，「骨肉歸土，未免朽化」，就不得聞了。只有「靈魂常在不滅」，生前所遺的「聲名善惡」，才會與「我生無異」。如果說「靈魂隨死銷滅」，人還「勞心以求休譽」，這不就像「置妙畫以己既盲時看焉」，或是「備美樂以己既聾時聽焉」，這聲名與我何干，乃至「人人求之至死不休」。再者，孝子慈孫「四季修其祖廟，設其裳衣，薦其時食，以悅考妣」，如果「形神盡亡」，考妣不能「聽吾告哀，視吾稽顙，知吾事死如事生，事亡如事存之心」，那麼「自國君至於庶人之大禮」，不就像「童子之空戲」而已。[115]所以說，因死後的靈魂不滅，人們生前追求令聞善名才有價值，人們的祭祀先祖也才有意義。

　　既然人死靈魂不滅，那麼就與草木禽獸不同，這也是王徵極力論述的，其目的除了證成天堂地獄之必有

---

114 同上。
115 同上。

外，人與草木禽獸不同，就不會有佛教六道輪迴的說法產生。在《畏天愛人極論》中，王徵說：

> 夫世界之魂有三品。下品名曰生魂，即草木之魂是也。此魂附草木以生長，草木枯萎，魂亦消滅。中品名曰覺魂，則禽獸之魂也。此魂附禽獸以長育，而又使之以耳目視聽，以口鼻啖嗅，以肢體覺物情，但不能推論道理，至死而魂亦滅焉。上品名曰靈魂，即人魂也。此兼生魂、覺魂，能附人長養，及使人知覺物情，而又使之能推論事物，明辨理義。人身雖死，而魂非死，蓋永存不滅者焉。凡知覺之事，倚賴身形。身形死散，則覺魂無所用之。故草木禽獸之魂，依身為本情，身歿而情魂隨之以殞。若推論明辨之事，則不必倚據於身形，而其靈自在。身雖歿，形雖渙，其靈魂仍復能用之也。神故也，故人與草木禽獸迥不同也。[116]

靈魂是天主創造亞當、夏娃時，所賦與的「亞尼瑪」。它與草木禽獸之生魂、覺魂不同，靈魂不僅具有生魂、覺魂的持性，還有它們所無的「推論事物，明辨理義」之性，而且靈魂不像生魂、覺魂，身歿而魂隨之以滅，

---

116 同上。此段話引用利瑪竇《天主實義》第三篇。〔意〕利瑪竇著，〔法〕梅謙立注，譚傑校勘：《天主實義今注》，頁 109-111。

即使身形渙散，靈魂仍永存不滅。因此，人之所以異於禽獸者，就在「天賦之靈才」上。只有人「超拔萬類」，內稟「靈才」，外通「物理」，能「察其末而知其本」，能「視其固然而知其所以然」。所以人才能「不辭現世苦勞」，「專精修道」，冀圖「身後萬世之安樂」。[117]

　　另外，他又用獸心和人心、形性和神性來解釋「靈魂不滅」的概念。他認為人之生，兼有二心：「獸心」和「人心」，因此兼有二性：「形性」和「神性」，他舉例「人之遇一事」，在「同一時」會有「兩念並興」，而這兩念是「兩相悖逆」，就好像「惑酒色」，「既似迷戀」，但「從忽又慮其非理，矢不肯從」，從「惑酒色」之心謂之「獸心」，「與禽獸無別」，不從「惑酒色」之心謂之「人心」，「與天神相肖」。所以人不止一心，就如同目「不能一時覩一物而並不覩之」，耳「不能一時聽一聲而並不聽之」，所以「兩相悖之情」，必由「兩相悖之心」而起，而「兩相悖之心」必由「兩相悖之性」而來。「著形之性」必以「著形之事為愛惡」，而「超形之性」必以「無形之事為愛惡」，就像禽獸所貪娛的是「味色、四肢安佚」，所驚駭者的是「飢勞、四肢傷殘」而已，這些都是「著形之性」，是「不神」。而人所愛惡的，雖然有「有形之事」，但是「德善、罪惡之事」皆「無形者」，所以可以斷定：人之性，兼得

117　王徵：〈畏天愛人極論〉，《王徵全集》卷八，頁117-138。

有形與無形兩端。而靈魂是「神性」，就像「人觀百雉
之城」，能將它放在「方寸之心」，如果不是，就不能
在「方寸之地」容「百雉之城」了。人與禽獸草木的不
同之處在人兼有「獸心」與「人心」，兼有「形性」與
「神性」，神性即靈魂，在這樣的靈魂觀中，也隱含著
「自由意志」的概念。他還是從人與禽獸之別來說明，
禽獸一見「可食之物」，即欲食「不能自己」，哪裡能
「明其是非」，而人當飢餓之時，若「義不可食」，就
「立志不食」，即使「美味當前」也不屑食。又如人身
雖然出遊在數千百里之外，而此心一「默憶家鄉」，則
「山川里社景物」，都「色色宛現目前」，所以靈魂之
「本用」，不恃乎「身」，恃乎身則「為身所役」，不
能為「身之主」，不能因是非而有所選擇，獨有人之魂
能「為身主而隨志之所縱止」，能專「一身之權」而屬
於神的，「不與有形者埒」。「志」即是「自由意志」，
它是「有專向，力即從焉，雖有私欲，豈能違公理所令
乎？」[118]他又說天主在創造人時，即賜下靈魂，「靈性
一賦」，即「常存不散」：「善者藏心以德，似美飾之；
惡者藏心以罪，似醜汙之，如兼金然」，但是「或以之
造祭神之爵，或以之造藏穢之盤，皆我自為之耳」，「我
自為之」即自由意志，即上述的「志」。所以王徵認為
惡者的「藏穢盤」亦有「兼金」，人能「增光於心，則

---

118 同上。

卒騰天上之大光；增瞑於心，則卒降地下之大瞑」。[119]自由意志即是能分辨善惡並作出價值選擇的能力，所以人的為善為惡還是取決於自我的選擇，這也是為善去惡、道德實踐之所以可能的最主要依據。

以上我們討論了王徵對於天的看法，乃是創造並主宰萬物的天主，賜與人永存不滅的靈魂，使人有自由意志，可以選擇為善或作惡，天主也擁有賞善罰惡的絕對權力，用天堂地獄來安置好人與壞人。接下來的問題是既然「知天」，就要「畏天」，也就是基督宗教的最大誡命：「欽崇一天主萬物之上」。王徵認為首要在「信」。他在為楊廷筠的《代疑篇》（舊名《徵信論》）所寫的序中開宗明義就說：「西學嚮天主三德，信為之首」，而西學「惓惓指引」的首關「信門」，更是學者「希聖希天」的首要。而信是「心之真嗜」，非必「見見」、「聞聞」的，「待見待聞」的信「猶淺淺」。如同「信東魯有尼父，未見聖如弗克聖；既見尼父，信亦無所用矣」，又如同「信長安有天子，豈必身至闕廷；既與至尊認，信又不必言矣」。信又有死信、活信，死信是「浮慕而已」，「衷不熱，力不注，究必中槁」。而活信是「行解齊到，知與好樂一時都有」，就像孔子所說的「信以成之」，[120]並藉著《論語》中「漆雕之吾斯」[121]及「武

城之莞爾」[122]兩故事來說明「成始成終」的信之理。[123]既
然信如此之重要，那麼要信什麼？即是王徵從耶穌會士
所得的「天主」的信仰。所以「知天」不只是「知道」
天而已，更要「信以成之」，這是一種超驗的信心，即
是信仰，這是各種宗教的核心基礎。王徵認為世人「信
耳目而不信心也久矣」，以「耳所習聞者為常」，以「所
不習聞者為怪」；以「目所習見者為有」，以「所不見
者謂為必無」，所以說「天為漠漠然」，與世人之「殃
祥善惡」無關，既而「褻天」、「棄天」甚至「逆天」。
其中或許有「良心不昧」之人，也只知道事奉「蒼蒼有
色之天」，而不知「天之上更有主」。就如同「遠方之
氓」，忽然到「長安道上」，驚見「巍峨巉嶪」的「皇
宮殿宇」，以為「宮闕為其主」，而施禮拜曰：「吾拜
吾君」，而不知「宮闕之內，自有真主在」。真主「深
居大內」，原非「人人可得習見」，只有「宰臣侍從」，

---

121 「漆雕之吾斯」出自《論語・公冶長》：「子使漆彫開仕。對曰：
　　『吾斯之未能信。』子說。」《論語注疏》，頁42。王徵引用此
　　例當是說明漆彫開作官後，才知道過去是未能信孔子之說的。
122 「武城之莞爾」出自《論語・陽貨》：「子之武城，聞弦歌之聲。
　　夫子莞爾而笑，曰：『割雞焉用牛刀？』子游對曰：『昔者偃也，
　　聞諸夫子曰：『君子學道則愛人；小人學道則易使也。』子曰：
　　『二三子，偃之言是也，前言戲之耳。』」《論語注疏》，頁154。
　　子游當武城宰，將過去所信從的孔子之教實踐在做官上，雖然一
　　開始引起孔子「割雞焉用牛刀」的莞爾之笑，但最終得到孔子的
　　肯定。王徵引用此兩例當是兩相對照－漆彫開未信、子游信－來
　　說明信為何是成始成終的道理。
123 王徵：〈代疑編序〉，《王徵全集》卷二十一，頁332。

才能「目覯清光」、「親被寵眄」，此外的「追隨簪紱鴛鷺之班聯者」，或許可以「竊幸快覯其晬穆」，而「海濱草野之愚民」，委實難見，雖然不得見，可不信其有乎？不信其有，必然「犯法干令」，直到「斷罪於闕下」，才信其真有，才後悔不當犯罪，這不是太晚了嗎！所以王徵才會說：「惟智者不信耳目而信心，乃能推見至隱，視此天地高廣之形，而遂知有天主主宰其間。故肅心持志，而獨欽崇一天主萬物之上。」[124]

除了相信天主的創造與主宰外，王徵又要世人相信有「天堂地獄」之說。他說人的通病是「於目所恒睹」，而不明「未見之理」，就好像一個囚婦懷胎，在暗獄中產子一樣，這個小孩因生長在暗獄之中，長大後未知「日月之光」及「山水人物之嘉」，而以「大燭為日」、「小燭為月」，並「以獄內人物為齊整，無以尚也，則不覺獄中之苦，殆以為樂，不思出矣」。等到他的母親跟他說「日月之光輝，貴顯之粧飾，天地境界之文章，廣大數萬里，高億萬丈」，而後才知道「容光之細，桎梏之苦，囹圄之窄穢」，於是就不肯以獄為家，開始想方設法的想脫離「手足之桎梏」，而出去尋找「朋友親戚之樂」。王徵以此比喻這個囚子就像世人：「不信有天堂也，因不信有身後無窮之真樂，而遂以現在之苦世，恬然為樂地也。」[125]有人又問他：「吾子已曾見有天堂地

---

124 王徵：〈畏天愛人極論〉，《王徵全集》卷八，頁 117-138。
125 同上。

獄乎，而必曰有？」王徵避開有沒有看見的問題，直指問題的核心在於相信與否。他反問人「世之儒已曾見無天堂地獄乎，而必曰無」，如果「死後無永報」，那麼「必天壤間無主」，如果「有天地人物之真主」的話，人死後一定有「善惡之永報」。如果世人一定要說「必待死後，既親見，吾則信焉」，那麼就會「先失天堂之永福」，而「墮地獄之永苦」，這時才來相信「實有天堂地獄」，這不是太晚了嗎？即使相信又將何益！他說常看到「靈才所具」的「聰明智慧之儒」已深信天堂地獄之必有，但卻「狃於俗情」，不肯「遷其善，急滌其惡」，而自我寬解說：「天主之教，固甚精美矣，第吾儕儒也，姑不從信，不知者或不罪乎？」儒者的寬解之說，不就像「朝廷設立大法」，是要「人人遵奉」，而不是「知法犯法者方罪」，而「鄉愚無知之人」可以因為未曾讀律知法，就縱容他們「劫盜殺人之罪而不之罪」。天不可欺，自心亦不能自欺，王徵說這樣的遁辭，就如同「掩耳盜鈴嘿然而自笑」一樣，可笑之甚！[126]

畏天首在知天，而知天不只是認知天地間有一天主主宰萬物，更要相信，相信有天主的存在，相信天主有賞善罰惡的大權，也要相信天堂地獄的存在。因此王徵認為人在這樣的情形下才真正可以「畏天」。而畏天就會「定心於德」，「速改其不善」，接近「仁義之君子」，

---

126 同上。

而遠避「罪惡之小人」，就能「時時望嘗天上之永福」，
而「刻刻思墮地中之永殃」，自然就能為善去惡。但如
果「不知天命」，不知「真正大主之可畏」，而說「我
為善而不為惡」，王徵認為是不可能的。如果真知「天
命之可畏」，而「悠悠忽忽，日復一日」，為善「不誠
且不堅」，去惡「不猛且不力者」，正是不知身後有天
堂地獄，不僅上無所望，下亦無所畏。如果真知天堂地
獄之必有，即使「不望天堂」，也「不畏地獄」嗎？王
徵再次重申地獄與天堂正相反，天堂是「安於靜天九重
天之上，最為清朗」；地獄則是：「置於地中最下之處，
最汙暗也」，地獄的「苦難之態」不是口舌可「罄其萬
一」的。從天主所自造之物，像天地海，都是「甚大甚
備」的，可以顯現天主的「無涯之智慧」，就更不用說
地獄了。地獄是天主「義怒刑罰」之所，地獄之苦亦「甚
大甚備」，必顯天主「無量之智能」。[127]

　　王徵強調天堂之福與地獄之苦，行善得天主之賞進
入天堂，作惡得天主之罰墮入地獄，不免引起儒者的批
判：「行善而望天報，此非德，乃利也。爾行德，不望
天報，不尤精美乎？」王徵認為「行善不望天報」是高
遠之談，此說似乎是引人「進於至德」，其實是使人「怠
於修德」，誘人「恣行諸惡」。而能為德而行德當然是
「洵美矣」，但不是聖人不及於此。即使是聖人的行德，

127　同上。

他的動機也是出自「悉為上帝」、「為德美」，雖然不汲汲於「世報」，但是難道也不希望「身後之天報」嗎？更何況是眾人，不望福，「安能策怠」，所以要「勵行德之苦」，「謝隨世之樂」，要「畏害」才能「去惡克己」，相信「有主有報」，猶多「自欺、自恕、自縱、自怠」，難於精修，更何況是去掉「主報」呢？[128]

另外，又有儒者相信「善惡必報」，但他們認為或者報在本世，或者不報在本身而報在子孫，以此反駁天堂地獄之說。對於本世之報，王徵的回答是：「本世之報甚微」，不足以滿足「人心之欲」，又不足以「盡償誠德之功」，且不足以「顯上帝賞善之力量」。他舉例「公相之位」是世間「極重之酬」，王者「酬臣之功」，獎賞以「三公」是足夠了，但以此為「償德之價」，還是「萬不償一」，天下沒有可以「償德之價者」。而修德者雖然不望天報，但上帝之尊「豈有不報之盡滿者乎」，上帝之酬，也不會止於是而已。而對於善惡不報在其身而報在子孫之說，他認為世上無論是「仁者」還是「不仁者」，都有人「無嗣」，既無後嗣，那善惡如何報。而且「我自為我，子孫自為子孫。我所親行善惡，盡以還之子孫，其可為公乎？」而且天主既然能報人善惡，為何「能報其子孫，而不能報及其躬」？天主能報在其身，又為何要遠俟子孫，而子孫又有子孫之善惡，

---

128 同上。

要報在子孫的子孫嗎！再者我為善，子孫為惡，那麼要
將我所當享之賞，而加在為惡之子孫身上嗎，可為義乎？
相反的，我為惡，子孫為善，要將我所當受之刑，而加
施在為善的子孫身上嗎？可為仁乎？不但是王者之法，
即使是霸者之法，也罪不及後嗣，天主更不會「捨其本
身」，而「惟胄是報」。[129]

中國傳統對於善惡報應的看法，是「積善之家，必
有餘慶；積不善之家，必有餘殃」，[130]是「善有善報，
惡有惡報，不是不報，時候未到」。佛教有西方極樂世
界及地獄，更有六道輪迴等頗具特色的報應說。而儒家
思想多言自我道德主體的朗現，以臻於聖賢之境界，較
少言及賞善罰惡，甚至是報應，對於世間的不公義現象，
則訴諸天命。[131]王徵則如前所述基於天主教的觀點，極
言天主的賞罰大權及天堂之樂地獄之苦，而且極言「來
世之利害」。來世之利害只是今世之利害之影，非今世

---

129 同上。

130 出自《周易・坤卦・文言》，《周易注疏》，頁 19。

131 關於中國傳統「因果報應」觀的演變，可參考韓秉芳：〈探究"因
果報應觀"形成、演化到周延的全過程 —— 它就是中國人宗教信
仰的軸心觀念〉，《成大宗教與文化學報》16 期（2011 年 6 月），
頁 183-195。譚德貴：〈中國傳統命運觀的宗教維度 —— 在中西文
化比較的視野下〉，《宗教哲學》67 期（2014 年 3 月），頁 93-106。
關於儒家天命觀的研究，可參考李向平：〈儒教「天命」觀念及
其信仰方式 —— 兼論儒教信仰的當代轉型〉，《宗教哲學》72 期
（2015 年 6 月），頁 57-77。關於佛、道及基督宗教賞善罰惡論
的研究可參考張俊：〈宗教為德行許諾幸福 —— 道教、佛教、基
督教三模式〉，《世界宗教學刊》4 期（2004 年 12 月），頁 135-153。

之事或吉或凶所可比擬。他舉了一個比喻：人生世間，
就像「俳優在戲場」；世人「所為俗業」，就像「搬演
雜劇」。無論是「帝王、宰官、士人、奴隸、后妃、婢
媵」，都是「一時粧飾」，俳優「其所衣衣、非其衣」；
俳優「所逢利害，不及其躬」。搬演完畢之後，「解去
粧飾，漫然不復相關」。所以俳優不以「分位高卑長短」
為憂喜，只是扮演「所承腳色」，即使是乞丐亦真切為
之，以中主人之意。而人生在世，不過「百歲之久」，
與「後世萬禩之無窮」比較下，不過是「冬之一日」，
所得的財物，不過是「假貸為用」，我並不是「真主」，
但世人卻「以增為悅，以減而愁」。不論「君子小人」，
都是「赤身空出，赤身空返」，臨終而去時，即使「遺
金千笈，積在庫內」，也「不帶一毫」。今世「偽事已
終」，後世之「真情起矣」，而後就取個人「所應得之
貴賤」。所以王徵的結論是：

> 夫世利最小，非他人貧，我不得富；非多人貧，
> 我不得獨富，不取之此，不得予彼；世之利也，
> 如是耳矣。吾所指來世之利，至大也，至真也，
> 而實無相礙，縱盡人得之，莫相奪也。以此為利，
> 王欲利其國，大夫欲利其家，士庶欲利其身，上
> 下爭先，天下方安方治矣。重來世之利者，必輕
> 現世之利。輕現世之利，而好犯上爭奪，未之聞
> 也。使民皆望後世之利，於為政乎何有？先賢謂

　　世界無全福，且無真福，蓋真福惟善人得而有之。
　　世界之福，善與惡均受焉，甚且惡者反享福利，
　　而善人弗得享也，則誰謂世福之果真哉？然則長
　　生而享無窮之真福，信非身後之天堂、天主，無
　　以酬善人矣。[132]

　　真福即是來世之利、天堂之福，只有善人得之，而
世福，則無論善人惡人皆可得，甚至有善人不得，反而
惡人得之的現象。所以王徵再次重申無天堂、無天主，
無以酬善人；反之，我們也可以說，無地獄、無天主，
更無以罰惡人。因此，他諄諄告誡世人，不要只知「地
上有主」，而不知「天上有主」；更不要只知「地上主
賞罰可畏」，而不知「天上主更有真正大賞罰之更可畏。」
[133]王徵反覆論證天堂地獄及來世之利害的目的何在，我
們可以用《畏天愛人極論》的最後「客洗然嘉歎」的一
段話來說明。他認為王徵「反覆數百千言」，句句「依
理而談」，「明論昭然」，所講「欽崇一主」，既開世
人「歸元之路」；而且「力排邪說」，極證「人魂不滅」
以及「真正大賞罰之不爽」，使人「既有所望，又有所
畏」，使「蕩蕩如無牧之群」的世人，能「不為二氏所
誕誤」，更重要的是不「以苦世為樂地天堂」。他說王

---

132 王徵：〈畏天愛人極論〉，《王徵全集》卷八，頁117-138。
133 同上。

徵是「仁人之用心」，是「真善學聖賢人」。[134]王徵的
目的還是在世道人心的歸向，在有所望又有所畏的「欽
崇一主」下，勸戒世人為善去惡。

王徵非常強調畏天的工夫在為善去惡，而為善去惡
的首要在去惡，如何去惡，與他的天主教信仰分不開，
他說：

> 其工夫下，則在先以聖水洗習染之汙，而以淨心
> 歸誠於天主，痛悔其過而遷善焉。嘗譬此工如治
> 圃然；先繕地，拔其野草，去其荊棘，除其瓦石，
> 注其泥水於溝壑，而後蓺嘉種也。學者先去惡，
> 而後能致善，所謂有所不為，方能有為焉。[135]

「以聖水洗習染之汙」即是受洗皈依天主，藉由洗
禮將過去的罪惡洗淨，痛悔其過才能改過遷善。而改惡
之要，惟在「深悔」：何謂深悔？「悔其昔之已犯，自
誓弗敢再蹈」。去惡在王徵看來即是「克己」，當人「未
學之初」，「習心橫肆」，惡根「深透乎心」，必要用
力「抽使去之」，而既學以後，如果還「迷乎色欲」、
「驕傲自滿欺人」，或是「惑非義之財物，不返其主」、
「溺乎榮顯功名」以及「怨天尤人」，就無法培養「勇
毅」、「謙德」、「秉廉」，「超於道德」乃至「立於

---

134 同上。
135 同上。

仁義」。所以克己必須「知己之惡者，見善之倪，而易人於德路」。其具體的工夫要剪除「諸惡之根」，「興己於善」，必須「逐日再次省察」，也就是省察在半日間「所思所言所行善惡」，有善者「自勸繼之」，有惡者「自懲絕之」。久用此功，雖然「無師保之責」，亦不患有大過。更有進者「勤修之至」，恆「習見天主於心目」，宛然如「對越至尊，不離於心」，狂念自然「不再萌起」。這時就「不須他功」，其身「莫之禁而自不適於非義」。[136]基督宗教非常強調「認罪悔改」，當然認罪的對象是天主，王徵的改過說除去天主的成分外，與儒家的遷善改過之說有異曲同工之妙。我們也看到王徵為善去惡工夫的層次，初階是日日省察，而且就所思所言所行逐條省察，這與理學家所言的「存天理去人欲」的省察工夫類似，更類似宋明間流行的功過格。[137]進階則是「習見天主於心目」，而能時時「對越上帝」，使超越的天主在心中當下呈現，自然不合乎天主法則的念

---

136 同上。

137 孫尚揚認為：王徵很可能練習過功過格，見氏著：〈王徵聖愛觀中的儒耶融合〉，頁 206。王徵曾在〈士約〉中以進德糾過號召士人成立會約，並勸導士人有免過者「即紀之進德簿，另加優處」。此法與功過格如出一轍。王徵〈士約〉，《王徵全集》卷七，頁111-116。關於功過格的研究可參考包筠雅（Cynthia J. Brokaw）著，杜正貞、張林譯：《功過格：明清社會的道德秩序》（杭州：浙江人民出版社，1999 年）。酒井忠夫著，劉岳兵等譯：《中國善書研究》（南京：江蘇人民出版社，2010 年）。吳震：《明末清初勸善運動思想研究》（臺北：國立臺灣大學出版中心，2009 年）。

頭就不再產生,工夫到此地步,可以用孔子的話來解釋:
「從心所欲而不踰矩」。這是一種超驗的信仰體驗,或
說是神秘經驗。[138]這樣的工夫論,也讓我們回想起第一
節所論述的,當王徵在追尋生命歸依的過程中,他所兢
兢業業的是在念頭獨發處自然合乎天則,以求不愧不
怍,而後讀到《七克》,讚嘆《七克》是不愧不怍的準
繩,而與龐迪我會面後,龐迪我告訴他有天主的存在後,
天主就成為他「束心神、克私欲」的終極超越了,兩者
是不謀而合的。

對於「欽崇一天主在萬物之上」的最大誡命,他嚮
往欣慕西方苦修之士的苦修生活,其中在他抄錄湯若望
所講述的安當葆祿的故事後,[139]他的心得是安當葆祿在
十五歲的「志學之年」,便隱居「誠奉天主聖教」,不
是人力所由,乃是「天縱」,安當以聖教為「安身立命
之本」,所以能「避世惟恐不遠,入山惟恐不深」,雖
然人總「不見不聞」,但天則「日親日近」,而能「歷

---

138 關於神秘經驗的研究可參考關永中:〈神秘經驗知識論及其三大
型態〉,《國立臺灣大學哲學論評》17 期(1994 年 1 月),頁 31-56。
安倫:〈禪修冥想通向天人合一的宗教共性〉,《宗教哲學》64
期(2013 年 6 月),頁 61-69。鮑霖:〈The Meditating Body--The
Affinities Within Taoist and Christian Methods of Meditation〉,《新
世紀宗教研究》6 卷 2 期(2007 年 12 月),頁 81-114。吳疆:〈儒
家中的天人合一的神秘體驗〉,《宗教哲學》12 期(1997 年 10
月),頁 26-33。張奉箴:〈神秘經驗與天主教〉,《神學論集》101
期(1994 年 10 月),頁 429-456。

139 安當葆祿(Anthony the Great, 251-356),天主教崇敬為隱修始祖。

百年如一日」。王徵認為孔子能絕四，[140]是因為孔子之
心「常在一」，所以「克絕四無難」。而安當葆祿「絕
利、絕名、絕色、絕世」，是因他總在「一心有主」，
常常「欽崇一天主在萬物之上」，才能獨居在萬山之中，
「遯世不見知而無悔」。而他以為「專心奉主」，是人
人可做的，只是人不肯「一信且愛」而已。如果能專心
奉主，即使是像顏子一樣，「一簞食，一瓢飲，在陋巷」，
仍然能「不改其樂」。[141]或是像舜一樣，「與木石居，
與鹿豕遊，一似深山野人」，[142]亦能彌久彌篤。[143]王徵
透過這些西方聖人的事蹟，說明無人不可以入道，無人
不可以苦修，亦無人不可以升天。只要人人能苦修、克
欲，能夠盡奉天主，就能得天主之寵佑，躍升天堂之中。

　　王徵強調畏天當以知天為先，知天則是知宇宙萬物
的主宰是天主，天主創造人，不僅創造人的身體，也賦
與人靈魂，身體會消亡，但靈魂則永存不滅，而天主也
操賞罰之大權，並以天堂、地獄作為審判之所在。知天
後要畏天，畏天即是「欽崇一天主於萬物之上」，工夫
首要在信，相信天主的存在以及天主教的義理思想，並

140　《論語・子罕》：「子絕四：毋意、毋必、毋固、毋我。」《論
　　　語注疏》，頁 77。

141　《論語・雍也》，《論語注疏》，頁 53。

142　《孟子・盡心上》：「孟子曰：『舜之居深山之中，與木石居，
　　　與鹿豕遊，其所以異於深山之野人者幾希。及其聞一善言，見一
　　　善行，若決江河，沛然莫之能禦也。』」《孟子注疏》，頁 232。

143　王徵：〈安當葆祿〉，《崇一堂日記隨筆》，《王徵全集》卷十
　　　一，頁 165-167。

藉由洗禮洗淨過去的罪惡，以去惡遷善。去惡即是克己
─克去己私 ── 即是日日省察所言所思所行，日日對越
上帝，由天主來束心神克私欲。總之，王徵的「畏天」
說，是在「天─人」的架構之下，把他對天主存在的論
證，對天主的獨特信仰體驗，以及天主教義理中的天堂
論、地獄論與靈魂論都包括在內的學說。[144]他極論天堂
之樂與地獄之苦，雖然多沿襲耶穌會士的著作，[145]但是
他這樣的鋪陳強調，很明顯的，王徵的「畏天命」，似
乎更多的是畏地獄之苦，而這是一種宗教畏懼感。[146]王
徵藉著天堂地獄之說，一方面是為了以天主教教義解決
在古代中國被表述為德福關係的神義論[147]問題，以來世
的歸屬作為對今生的善惡的終極性賞罰，從而針對現實
生活中的一些德福不相應的現象提供一種意義系統；另

---

144 林樂昌：〈關學大儒王徵「畏天愛人」之學研究〉，頁 21－32。
145 根據鍾鳴旦的考證，王徵討論天堂地獄的部分多於百分之五十
　　六，是沿襲利瑪竇的《天主實義》、《畸人十篇》和龐迪我的《七
　　克》，見 Standaert, Nicolas, "Wang Zheng's Ultimate Discussion of
　　the Awe of Heaven and the Care of Human Beings", pp.168.
146 這種宗教畏懼感在明末清初的天主教儒者，如徐光啟、楊廷筠等
　　人中不算罕見，大概都有這樣畏愛並具的宗教情感。
147 神義論（Theodicy）是一個神學和哲學的分支學科，根據《當代
　　神學辭典》的解釋：「神義論一個核心的問題是：在世界種種邪惡
　　面前，我們怎能相信神是良善又擁有完全權柄的呢？在壞人、惡
　　事、褻瀆神、傷害人；有害的環境、事件、經驗和思想的影響下，
　　人間的價值不斷被浪費、破壞、摧毀，包括真實的和潛在的價值；
　　簡言之，一切引致我們說『那真不應該發生』的事實，無論是自
　　然的或道德的，都是神義論嘗試解答的問題。」楊牧谷主編：《當
　　代神學辭典》（臺北：校園書房出版社，1997 年）。

一方面則是為了喚起人們的宗教畏懼感，並以鼓勵人們趨善避惡。[148]也就是王徵最關切的不只是哲學的本體論問題，更重要的是綱常倫理，作為一個「以天下為己任」的士大夫，[149]對於拯救晚明頹廢的士風和道德，這樣的「天主觀」、「畏天」思想是絕對必要的。

四、愛人如己

> 立心必以盡性至命為歸，學不至此則不可以對天；
> 講學皆為拯溺救焚之務，學不至此則不得言體天。[150]

由這首對聯我們可以看到王徵的為學宗旨，盡性至命以對天，即是「畏天」，而講學不是「袖手談心性」，而是拯溺救焚，如此才能體天，這是「愛人」。王徵認為「天之不可不畏，人之不可不愛」，凡是要學聖賢的人，畏天愛人的工夫，必不可少。而他甚至認為畏天愛人，是「人人原具之良心」，也是「愚夫愚婦所可與知與能之平常事」，亦是「千古希賢、希聖、希天者之真功用」，只在「吾人一提醒轉念間」。[151]他將「畏天愛人」歸根於人人、愚夫愚婦所具之良心，放在本體的地

---

148 孫尚揚：〈王徵聖愛觀中的儒耶融合〉，頁 198。
149 王徵曾自述：「十七入庠讀史，見范文正公做秀才便以天下為己任，輒慨然有意其為人。」〈兩理略自序〉，《王徵全集》卷一，頁 1-2。
150 王徵：〈對聯〉其七，《王徵全集》卷二十二，頁 359-360。
151 王徵：〈畏天愛人極論記言〉，〈畏天愛人極論〉，《王徵全集》卷八，頁 137-138。

位是非常特殊的。

既然「畏天愛人」是人人所具之良心，王徵又以「仁」
來總稱「畏天愛人」：

> 夫西儒所傳天主之教，理超義實，大旨總是一仁，
> 仁之用愛有二：一愛一天主萬物之上，一愛人如
> 己。真知畏天命者，自然愛天主；真能愛天主者，
> 自然能愛人。然必真真實實能盡愛人之心之功，
> 方是真能愛天主。蓋天主原吾人大父母，愛人之
> 仁乃其喫緊第一義也。[152]

在《論語》中曾記載樊遲向孔子問「仁」，孔子回
答：「愛人」。[153]王徵即以仁來理解天主教的愛，而仁
有兩端，一是愛天主，一是愛人如己，他認為真能畏天
命就能愛天主，而能愛天主，就能愛人，而且必然要透
過愛人之心、愛人之功才是真正的愛天主，可見兩者的
關係。又因天主是「大父母」，所以愛人就成為必要的
第一義了。他又引用《易經》的話：「元者，善之長」、
「君子體仁，足以長人」[154]來說明「德之品眾矣，不能

---

152 王徵：〈仁會約引〉，〈仁會約〉，《王徵全集》卷九，頁 139-156。
153 《論語·顏淵》，《論語注疏》，頁 110。
154 《周易·文言》曰：「元者，善之長也；亨者，嘉之會也；利者，
義之和也；貞者，事之幹也。君子體仁足以長人，嘉會足以合禮，
利物足以和義，貞固足以幹事。君子行此四德者，故曰：『乾，
元、亨、利、貞。』」《周易注疏》，頁 12。

具論。論其綱，則仁為要」，而如果能「得其綱」，則
「餘者隨之」，而仁可以二言概括，「愛天主，而天主
無以尚」，另外就是「為天主者，愛人如己」，只要實
行此二者，百行就全備了。[155]他又以世間的苦相來說明
愛人的重要。因為人生在世，「種種苦趣」是不可勝言
的、是不能盡免的。凡是耳與目所聽所見的，就能引發
人的惻隱之心，如果「弗惻於心」，就是「非仁」，而
既「惻於心」，卻「不見之行」、「無濟於彼」，仍然
是「非仁」。所以必要「盡我相愛能力」，努力的「救
之補之」，使之「存以順、歿以寧」，這才是「愛人之
功」。[156]

　　王徵強調「真愛天主者必愛人」，而愛人又要「專
為愛天主而起念」，更根本的是要認明「真主」，即是
他言之諄諄的「天主」，不然即使做了許多愛人的善行，
仍會因為「未認真主」，反而不是「真善」，而得罪於
天主。[157]這裡談到的是愛人要辨明源頭的重要性。另外，
愛人與愛天主，雖是二者，但「二亦一」，這是因為我
們「篤愛一人」，則會「並愛其所愛者」。天主本是愛
人的，我們「真愛天主」，有不愛人的嗎？王徵認為真
愛天主，必然「由畏起敬，由敬起愛」；也要「顯其功

155 王徵：〈畏天愛人極論〉，《王徵全集》卷八，頁 117-138。
156 王徵：〈仁會約引〉，〈仁會約〉，《王徵全集》卷九，頁 139-156。
157 王徵：〈仁會約所行條目〉，〈仁會約〉，《王徵全集》卷九，
　　頁 139-156。

德，揚其聲教，傳其聖道」。而「愛天主之效，又莫誠
乎愛人」。所謂「仁者愛人」，不愛人，何以驗其誠敬
天主？所以「仁之德」為尊，其尊非他，乃因天主。所
以才會說仁是「天之尊爵」。[158]而愛人是「至平至易」
的，「人人知愛，人人相愛」，他認為只是在「一轉念
間即是」。[159]王徵說「愛天主」要由畏而起敬，由前節
所述，我們可以這樣說畏天主之畏在於：畏天主之命、
畏天主之賞罰、畏天主賞罰之所的地獄，此皆為畏。由
畏要起敬或說由敬生畏較容易，我們可以試著理解「由
畏起敬」：天主不僅創造萬物，亦有主宰萬物之大權，
而其賞其罰又是至公至義的，因此而生敬天之心。而「由
敬起愛」，耶穌會士說天主是人的「大父母」，或許我
們可以從父子關係來理解：子對父有敬畏之心，但這種
敬畏亦包含著親情之愛在裡頭，如同我們對天主有孺慕
之情一樣。中國古代有「畏天」、「敬天」的說法，但
似乎沒有「愛天」之說，而畏與敬的情感較類似，但畏、
愛是兩種不同的情感。[160]愛天與畏天、敬天的差別是什

---

158 《孟子・公孫丑上》：「夫仁，天之尊爵也，人之安宅也，莫之
　　禦。而不仁是不智也。」《孟子注疏》，頁66。

159 王徵：〈畏天愛人極論〉，《王徵全集》卷八，頁117-138。

160 與王徵同時期的天主教儒者韓霖曾如此分疏畏與愛，他說：「人
　　生第一當尊敬者，天也。……尊敬者，畏愛二情之所發也。然二
　　情不並容，畏情勝，愛情必衰。畏者，小人之心也；愛者，君子
　　之德也。尊敬者，尤當以愛情為主。」〈尊敬長上〉，韓霖著，
　　孫尚揚、肖清和等校注：《鐸書校注》（北京：華夏出版社，2008
　　年），頁67。

麼？王徵論述比較多的是畏天，也並未區別愛天和畏天
的差異，並常將兩者混同。我們或許可以這樣理解王徵
的畏天主之畏，包含了畏、敬、信、愛等複雜的道德的、
宗教的、信仰的情感。

　　王徵一再強調天主之教「最真切、最正大、最公溥，
且最明白而易簡」，而且是「人人所能行，人人日用所
當行，人人時時處處所不可不急行者」，[161]而這就在愛
人。他引用龐迪我《七克》的記載：聖若盎[162]恆用相愛
二字，勸其門人。習聞者頗厭之，問他：「何故都無他
教？」他回答：「此天主親命，獨行之足矣。」愛人之
道是「愚智俱識，至明也」；又是「一言可盡，至約也」，
又是無論「貧富賤貴，少壯老病，悉能行之」。[163]而愛
人之具體作法為何？在十誡：「一欽崇一天主萬物之上。
二毋呼天主名而設發虛誓。三守瞻禮之日。四孝敬父母。
五毋殺人。六毋行邪淫。七毋偷盜。八毋妄證。九毋願
他人妻。十毋貪他人財物。」前三者是「愛敬天主之事」，
後七者則是「推廣愛天主之心以愛人事」，總歸只有二
者：「愛慕天主萬物之上」與「愛人如己」，遵從十誡
則「升天堂受福」，違背十誡則「墮地獄加刑」，也就
是聖賢常言的「順天者昌，逆天者亡」的道理。[164]十誡

161　王徵：〈仁會約引〉，〈仁會約〉，《王徵全集》卷九，頁139-156。
162　天主教稱聖若望，基督教稱使徒約翰。
163　王徵：〈仁會約引〉，〈仁會約〉，《王徵全集》卷九，頁139-156。
164　王徵：〈畏天愛人極論〉，《王徵全集》卷八，頁117-138。

的後七誡即是愛人之事，王徵並未全面的論述七誡，而
從他的詩作中我們可以看到他對國家盡忠、家庭倫理孝
弟慈的實踐與強調：

> 老天生我意何如，天道明明忍自迷？精白一心事
> 上帝，全忠全孝更無疑。[165]
> 願為世間好人，定要走孝弟慈一路，位置三才教
> 本乎有始；
> 圖享天上真福，必須由信望愛三門，包綜萬象道
> 妙於無終。[166]

　　忠是對國家、對國君的愛，而孝是對父母的愛，弟
是對兄弟的愛，慈則是對子女晚輩的愛。另外，他也在
《崇一堂日記隨筆》中屢次談到「敬聽師命」的重要，
他說「專一敬聽師命」，正是「專一敬聽天主之命」，
反觀「今之聽師命者」是「聲入左耳，已從右耳飛去」，
「覿面唯唯，退即唉而置之者」，則比比皆是。[167]
　　另外，在十誡的第六戒有「毋行邪淫」，這與古代
中國的婚姻觀有所抵觸，而這也困擾了王徵許多的年
歲。在〈山居自詠〉一套曲中，他說：「守枯禪單尋智

---

165 王徵：〈即事〉，《王徵全集》卷二十，頁 325。
166 王徵：〈對聯〉其四，《王徵全集》卷二十二，頁 359-360。
167 王徵：〈畢約爾〉，《崇一堂日記隨筆》，《王徵全集》卷十一，
　　頁 170。

果，戀凡情雙扯仙裾，三仇五濁誰人去？防淫緊似防奔
馬，策怠還如策蹇驢。」[168]即使深居簡出在「簡而文」[169]
中，他仍戰戰兢兢的防淫如防奔馬。王徵十五歲即娶了
尚氏為妻，後來在天啟三年（1623）娶了年僅十五歲的
申氏為妾。娶妾嚴重違反了天主教十誡中的第六誡，他
一生都圍繞在納妾的問題而歷經痛苦的掙扎與考驗中。
[170]崇禎九年（1638）十二月，時年六十六歲的王徵寫了
一篇有名的〈祈請解罪啟稿〉很完整的描述了事情的始
末與他的心路歷程。他先自思他承受天主恩佑得已領洗
入天主聖教，而受教以來的光景是「信道雖深，苦不堅；

168 王徵：〈山居自詠〉，《王徵全集》卷二十，頁 326-328。

169 王徵自「吳橋兵變」後，結束仕宦生涯，選擇歸隱山林，崇禎八
　　年（1635），他買下樊川之濱，取名「簡而文」。〈簡而文自記〉，
　　《王徵全集》卷二十二，頁 341。「簡而文」一詞出自《禮記·
　　中庸》：「君子之道，淡而不厭，簡而文，溫而理。知遠之近，
　　知風之自，知微之顯，可與入德矣。」《禮記注疏》，頁 900。

170 關於王徵如何在天主教信仰「毋行邪淫」及中國傳統文化「不孝
　　有三，無後為大」間的兩難與抉擇，近人有許多精闢的研究，黃
　　一農：〈儒家化的天主教徒：以王徵為例〉，《兩頭蛇 —— 明末
　　清初第一代天主教徒》，頁 131-174。本文主要論述王徵在奉教之
　　後，如何因無嗣而在家庭的壓力下私娶一妾申氏，並討論王徵如
　　何在儒家傳統與天主教義的矛盾中，尋找個人的出處，而無辜的
　　申氏又如何應對此一「天崩地解」時代中的國難與家變，並獨自
　　承受中西兩大文化衝突的苦果。另外田海華：〈明末天主教對中
　　國傳統道德觀念的文化滲入：以反對納妾為例〉，頁 172-178。本
　　文從「文化植根」和「文化滲入」兩方面討論天主教對中國傳統
　　文化產生的影響，著重點在納妾問題上。丁銳中：〈明末清初儒
　　教與天主教的沖撞與調適 —— 王徵的「納妾」與「殉明」〉，《蘭
　　州大學學報（社會科學版）》40 卷 1 期（2012 年 1 月），頁 25-30。

愛主雖真，苦不熱；望天雖殷，苦不純」，但仍受傳教
士的「提誨獎掖汲汲引為教中人」。之後他說自己「罪
愆山積」，尚未「悔解」，自知自己是「重罪人」，在
「重罪多端」中，犯了天主十誡中的「毋行淫邪之罪」，
尤為重。他回憶，他初進教時，自誓「堅守一夫一婦之
規」，以遵守十誡的誡命。所以當他在天啟二年（1622）
登第之時，就寫信給家人，「戒必為我娶妾」。他認為
他九上公車，卻在領洗後第十次考試順利得第，乃是天
主所賜。但後來在他任職廣平時「妻女跽懇，弟侄環泣，
重以父命嚴諭」，在「群念無子」的情況下，娶了申氏。
結果就是「一旦邪念遂興，不能堅守誡規矣」。此後，
他多次請傳教士為他解罪，但傳教士說：「非去犯罪之
端，罪難解也」，而不願為他解罪。而他也曾經想「嫁
妾」以贖罪，但在「室人哭懇勉留之，幾至反目；而妾
因痛哭，幾殞厥生，願言進教守貞，誓死不肯改適」，
在不得已的情況下，再加上「嗣續」這一考量，這個問
題從天啟三年一直到崇禎九年，一共拖了十六年。而就
在他偶然讀到《彌格張子靈應奇跡》，及艾儒略（Giulio
Aleni，1582-1649）的《口鐸日抄》，[171]裡面刊有王徵

171　《彌格張子靈應奇跡》即明代熊士旂初稿，張燾補的《張彌格爾
　　遺跡》，為張賡（1570-？）之子張識的傳。張識（1605-1623），
　　字見伯，聖名彌格爾。徐宗澤：《明清間耶穌會士譯著提要》：
　　「張識，閩晉邑人。父賡舉孝廉，母陳氏，見伯十七得危病，病
　　中苦修膺主異寵，於帷幕見示二十七字，其末五字云『二年將受
　　予』，果於十九歲張子上升云。」頁 227。《口鐸日抄》，即耶

過去所寫的「不娶妾一款」，不禁慚愧悔恨之極！在他
終夜思維：「年將七十，反不如十七少年功行，且虛傳
不娶，而實冒邪淫之罪於莫可解」，況且他「年已垂白」，
甘犯上主不赦之條，是空係進教之名。他回憶當他在「百
危百險中，賴主佑而生還」，此當是指在吳橋兵變後，
他本應被處死的，但後來被判謫戍，後又遇赦還家。他
自思；此時他應該「及時苦修」，斷絕「一切世緣」，
有幾許功行，來報答天主從前所賜的公恩私恩，而他反
而「不自割捨」，「日墮慾海中」，反招致重罰。所以
他立誓在天主臺前：「從今以後，視彼妾婦，一如賓友，
自矢斷色以斷此邪淫之罪，倘有再犯，天神譴若，立賜
誅殛！伏望鐸德垂憐，解我從前積罪，代求天主之洪赦。」
[172]他立下重誓對待申氏一如賓友，如有再犯邪淫之罪，
願受天神立誅之罰。[173]到了這時納妾的問題才得到解決。

　　王徵曾寫一首對聯：「頭上青天，在在明威真可畏；
眼前赤子，人人痛癢總相關。」[174]上聯講的還是畏天，
下聯講的是愛人，而愛人除了上述所論個人在自我德行
上克己去惡，以免造成他人的問題外，更有具體的施行

　　穌會士艾儒略等口述，李九標筆錄，內容主要闡發天主教義。詳
　　細介紹亦見《明清間耶穌會士譯著提要》，頁89。
172　王徵：〈附錄祈請解罪啟稿〉，《崇一堂日記隨筆》，《王徵全
　　集》卷十一，頁176-177。
173　王徵最後殉國自殺，這犯了十誡中的第五誡「毋殺人」，關於這
　　方面的研究亦可參考黃一農〈儒家化的天主教徒：以王徵為例〉。
174　王徵：〈對聯〉其十，《王徵全集》卷二十二，頁359-360。

方針。因為愛非「虛愛」，「飢則食之，渴則飲之，無衣則衣之，無屋則舍之，憂患則卹之慰之，愚蒙則誨之，罪過則諫之，侮我則恕之」。這即是天主教的「形神哀矜之十四端」，以落實愛人之實。形哀矜之七端有：

> 凡人保存肉軀，莫急于飲食，故第一曰食饑者。第二曰飲渴者。寒風雨甚苦，肉軀宜以衣、以室庇之，故第三曰衣裸者，第四曰舍旅者。疾病患難，人所時有，凡自召之災，意外之變，無不望救于人也，故第五曰顧病者。第六曰贖虜者。肉軀有生必有死，死無所殯，倍為慘傷，故第七曰葬死者。此七端者，皆屬於形，故稱形哀矜也。[175]

神哀矜之七端則為：一、啟誨愚蒙。二、以善勸人。王徵認為人的靈魂有「明悟司」，[176]有人暗蔽不通，就不能自取為善之益，所以神哀矜首曰啟誨愚蒙，次曰以善勸人。三、慰憂者。因人的靈魂也有「愛欲司」，人一有「拂意之事」，必「憂鬱恐怖」，需「寬解之」，故三曰慰憂者。四、責有過失者。人有過，通常不自知，因而「冥行取戾」，如不曉喻他使他「省改」，是坐視

---

175 王徵著，毛瑞方編注：《畏天愛人極論：王徵天主教文獻集》（新北市：橄欖出版有限公司，2014 年），頁 68。林樂昌所編校的《王徵全集》，在〈仁會約所行條目〉中並無此段。

176 基督宗教認為人的靈魂有三司：記含、明悟、愛欲。見第二章註22。

他陷於罪中。五、赦侮我者，六、恕人之弱行。即是人「以非理加我」，或是「弱行而不能推情於我」，都是可矜之事。七、為生死者祈天主，因人生的艱難疾苦，或「墮三仇誘惑」，而「死無所恃」，或「歸煉獄」，只有天主能「提拔赦宥」，所以七曰為生死者祈天主。這七端者，都屬於精神方面的，故稱「神哀矜」。[177]愛人當以此形神哀矜之十四端為作善事的具體實踐。

王徵認為人在行哀矜之事時，也就是作善事時，要注意「九要」—— 九項要點，這是他抄錄羅雅谷《哀矜行詮》所引述聖額我略[178]的話。一是「謙」：「視所與者，非我物；且視受者，若實助我德」，二是真心為天主，不為虛名，因此功屬天國，非當世功。三是要「發懽喜心」：「欲行善事，宜以喜行為本」，勉強去做，有何功德。四是「欲行即行，勿持兩可」。人見父兄子弟有難，即時救之，不能等待。而窮乏的人，與我同體，我見之，亦要即時救之。五是「有倫有義」。行哀矜要思考「何時可行？何人宜先？何物為當？」而且「神行在前，身行在後，先者當先，次者當次」，其次序是「由親及友，由友及眾，各依本願遂之」。六是「寬廣」，因施最忌吝，吝與仁相反。《聖經》說：「少種少收。」

177 王徵：〈仁會約所行條目〉，〈仁會約〉，《王徵全集》卷九，頁 139-156。

178 額我略，疑為西元六世紀教宗聖額我略一世（Gregorius I，540-604）。見王徵著，毛瑞方編注：《畏天愛人極論：王徵天主教文獻集》，頁 70。

想要獲得厚報，就要厚施。七是「所施，宜慎所從來」。如果是攘物賑貧，非功也。如果物來非理，要歸本主，而不是代彼施善，而竊為己功。八是「先宜洗心」，心無罪慝，才能獲天主之寵愛。因為「罪慝為主之仇」，罪慝未離我身，雖有微獻，安望其享。九是「所與之物，用爾大願將之」。「天國之價」是「至重至貴」，人所施善之物是毫末，如果「爾願不到」，即使萬鎰之施與亦是無益。如果是「爾願全注之」，即使「杯水亦足」。[179]王徵藉此強調作善事的基本原則：行哀矜的動機是為天主，態度要謙虛，施與要寬廣、即時，並注重輕重次序等等。

王徵曾於崇禎七年（1634）於家鄉建立了一個慈善組織「仁會」。[180]並為此會撰寫了「會約」，[181]讓我們了解此會在當時的運作情形。首先仁會設立的目的，當然是為愛人。王徵說他作《畏天愛人極論》，是有味於西儒所傳天主教義，於是「竭力闡明」，以增加人之崇信，但如前所述，他在為楊廷筠的《代疑篇》作序時曾

---

179 王徵：〈仁會約所行條目〉，〈仁會約〉，《王徵全集》卷九，頁 139-156。

180 宋伯胤編著：《明涇陽王徵先生年譜》，頁 76-77。

181 《仁會約》分為五部分，一是〈仁會約引〉，主要論述立仁會約的目的。二是〈仁會約所行條目〉，講述形神哀矜之十四端及九要。三是〈仁會約款〉，論述仁會約的實際運作：會員、會費、組織及推行等問題。四是〈仁會約證述〉，主要抄錄《哀矜行詮》的「總論」、「形哀矜詳解」、「哀矜善功二端」、「仁愛德美七端」。五是〈附錄西國用愛二端〉，亦是抄錄傳教士的著作，略論西國愛天主與愛人如己之二項風俗。

提到信有死信和活信，其主要之差異在於實行與否，所以在信的基礎上，還要加上力行。但個人即使「憤志力行」，「力量小」，「實行微」，所以要「約我同志，共捐全力，以暢我實行之志願」，而且「匪有力不能濟，匪藉眾多全力亦不能廣濟」，於是他在羅雅谷的《哀矜行銓》的基礎上，設立了仁會，寫了《仁會約》。使人不僅能「自竭心力」，而且能「合眾全力」，共同「補此有憾世界」，以仰副「天主愛人之至仁」，以行「愛人之實功」。而且藉此勸「會中人」，藉此「愛人功行」，可以「默啟愛天主之正念」，使人人可望「天上之真福」。[182]仁會設立的主要目的，是在集結眾人的力量，實行愛人的功行，不僅能改變世界，亦使人人共遊天鄉。

　　仁會的工作，主要就是上述的「哀矜之行」：形哀矜之七端和神哀矜之七端，以此行愛人之功。然而「神哀矜之行」，是以神行，可不藉用他物，「形哀矜之行」，則必須藉助他物，不然「莫克濟也」。[183]當然若論愛人之心，以神哀矜為先，而且在上，其功更大。[184]但是在仁會中，要以「形哀矜七端為急務」，此外一切不關救人之務，不但力不能給，即能給者，亦不行。[185]而且就今日時勢「兵荒之餘」衡之，「饑多，病多，死者多」，

182　王徵：〈仁會約引〉，〈仁會約〉，《王徵全集》卷九，頁 139-156。
183　王徵：〈仁會約所行條目〉，〈仁會約〉，《王徵全集》卷九，頁 139-156。
184　王徵：〈仁會約證述〉，〈仁會約〉，《王徵全集》卷九，頁 139-156。
185　王徵：〈仁會約所行條目〉，〈仁會約〉，《王徵全集》卷九，頁 139-156。

所以以哀矜此三者為最急。其他像「飲渴，少俟之盛暑；
衣裸，少俟之嚴冬；舍旅、贖虜，少俟物力充足之後，
舉而行之可也」。而最急之中，又須「劑量」，像「食
饑」：「人少則或量給米粟、銀錢足矣；至冬月，及春
二三月，饑者必眾，則宜擇公所，立一粥廠煮粥，庶克
有濟」。「顧病」：「宜先立一藥局，預買合用藥料，
擇一善醫者調視，酌與之」。「葬死」：「宜置一公塋，
預作木棺以待，見有無主而死者，即為葬之公塋」。這
是不得已之下，考量現實情況，才做的輕重緩急上的衡
量。如果力量充足，必須一一舉行，行「愛人全功」，
方成「哀矜實行」。[186]

　　王徵也談到會費的來源。每位會員「銀日一分，月
積三錢，年則三兩六錢」，可以「日日給」，或是「月
一類給」，或是「一年總給」。總之「類給與總給」的，
都要「先期，毋寧後」。此外如果有「發大願力」，肯
再多出的亦可。如果有「力不從心」，而想要參加的，
則「量力喜捨」，悉無不可。所交的會費銀要足色，錢
十文，作一分算。其他像米、布、衣、木等物品，則照
時議估，抵銀錢數。[187]規定的非常仔細。不過有人質疑：
「連歲兵荒，民幾無如，人日銀才一分，杯水焉耳，焉
能救車薪之火？」王徵則認為日積月累，以至於年，就
有「銀為兩者三，為錢者六」。而且年年「如約出銀」，

---

186 王徵：〈仁會約款〉，〈仁會約〉，《王徵全集》卷九，頁139-156。
187 同上。

就不是杯水，即使是杯水仍比「一滴不漏者」好。再加上「人而十」，一年就有「三十餘金」，「人而百」，就有「三百餘金」。如果增加至千人，則為「千金者不止三」，如果增加至萬人，則為「萬金者不止三」。總之，積少成多，由微而鉅。從一人開始，擴充至千萬人，他說這可以稍慰堯舜猶病之心，[188]就不能少看這每日的一分。[189]

　　至於參加仁會的會員，王徵沒有照單全收而是有所限制，必須要以「愛天主、愛人」為念的人，而且願意遵守會約與參與仁會，至於職業則無論，「簪紳、文武、宗侯、富室，及農商技藝之人」皆可。只有「僧、道」不行，這是因為他們「望人施，非施人者」，一入會，就會「徇情妄用」，所以不可入會。至於婦女，在男女有別、不得在公共場合雜處的情況下，雖有婦女，聞風起念，願為愛天主、愛人而施之者，則收其所施之物，另設一簿款開姓氏，以彰其德，而不能與會。[190]另外，仁會要分別設立會督、會輔和會覆。會督是「執掌會簿，收視錢物，及斟酌賑救事宜」，必須推選一二人，或三人來擔任。王徵說：督理之功，比施物之功更大，要與會之人「無相推諉」。會輔的工作是一切「貯收、易買、

188　《論語‧雍也》：「子貢曰：『如有博施於民，而能濟眾，何如？可謂仁乎？』子曰：『何事於仁！必也聖乎！堯舜其猶病諸。』」《論語注疏》，頁55。

189　王徵：〈仁會約款〉，〈仁會約〉，《王徵全集》卷九，頁139-156。

190　同上。

傳報、散給」等事，會督沒有人輔助，勢亦難行。所以要選派數人，為之輔佐。而會輔之功，是「分督功半，共成愛人之仁」，切莫因其為輔而忽視。仁會既有會督、有會輔，亦要設立「綜核之藉」，使會督、會輔能「公忠無纖私」，所以要設立「冊籍」，每一冊籍，設立「會覆」，以便覆覈。仁會的會簿有「先為如約與會者，簿一；次為有大願力多出者，簿一；次為不克如約、量力與會者，簿一；次為婦女願施、不與會者，簿一；再為貯收置買，簿一；再為散給款項，簿一」。這些出入收支，需由會覆一一登記諸簿，而總隸於會督處。[191]

在「仁會」以行哀矜之事為主要目的的設立及推行下，王徵認為其作用有二，一方面是推廣的效果，不但使「一方窮乏，不無少賴」，窮困貧乏者會得幫助，另一方面是仁會「推而行之」：「小而一鄉，大而一邑，再大而一郡、一省，人人同此心，處處立此會，在在行此仁，其所利賴於民生者，或亦匪小」。若又推而廣之，使「州邑之賢父母」、「郡省藩臬之賢公祖」或是「爵封採食之懿王賢宗侯」，聽聞這樣的「民間自相救卹之法」後，能「惻然垂念，轉沛恩施，將仁惠所及，益復無量」。尤有甚者是「聖天子軫念民窮，屢下德音，出帑金數萬，專遣一御史大夫，賑我秦饑」。也就是仁會的設立是用民間的力量來救濟一方之窮乏，而推廣到各

---

191 同上。

級地方政府，並使各級行政首長乃至天子都能施恩於民，而有「下行上效」之功用。另一方面則是興起愛人的風氣。雖然在仁會中，會員只有日給一分，雖然是「杯酌餘滴」，但卻樹立了「愛人功行」，要使人人「喜捨無難」。更何況愛人之念一動，將日日存愛人之念，這樣的風氣一倡導，將興起「愛人之風」。這對於「培人心而挽世道」，王徵說縱然不敢望「施之果博」、「濟之果眾」，但至少對於「立人達人之訓」，[192]猶有「小補」。[193]

　　至此王徵畏天愛人之理已極明，王徵認為人如果能「畏天愛人」，而且「實盡其道」，不要說異日「必升天堂，必不墮地獄」，即使「在生一日」，使「天之所以與我者庶幾不失」，而能有「仰不愧天，俯不怍人」之樂。這也是他「日夜汲汲」，寧願放棄他所「已學、舊學、近學」，而不顧外人譏諷他「好奇喜新」，而且逢人就說，「不厭諄復，不憚強聒」，「每每闡譯之」的原因。有人告訴他「畏天愛人，吾聖賢久已言之，此中誰不知之？不必復事闡譯乎」，他認為聖賢固已言之，但不能只是「徒言之而已」，也不只是「徒令人知之而已」，而是要使人「日日設誠致行」。如果人人能夠「日

192　《論語・雍也》記載子貢與孔子在「博施濟眾」的對話後，孔子說：「夫仁者，己欲立而立人；己欲達而達人。能近取譬，可謂仁之方也已！」《論語注疏》，頁55。

193　王徵：〈仁會約款〉，〈仁會約〉，《王徵全集》卷九，頁139-156。

日設誠行之」，就不必再「闡譯」。而「聖賢救世之念」
迄今猶未滿，反覆闡譯亦何傷。更何況有許多是「聖賢
所欲言而未嘗言」，不能說有堯舜，就不需有孔孟，真
「法堯舜孔孟」者，必不據堯舜孔孟未盡之言，而詎人
千里之外。[194]更重要的是他認為「邪說充塞」已甚，「真
心沉埋」已深，更何況還有「錯認他人為本生父母者已
久，反遇本生父母而不認」的現象。而王徵「畢己之愚」，
為之「反覆極論」，「以破其積習，以開其闇惑，以撥
動其夙具之真心，而指之還家之路」。所以「理所創聞」，
雖然為「舉世所震駭」，但因其實為「天地間之必不可
無者」，他不得不極論其是，相反的「理所偽誕」，雖
然其為「舉世所惶惑信嚮」，而實為「天地間之必不可
有者」，就不得不極論其非。總之，他的目的在於「四
海兄弟」，人人認得「元初真父母」，而能「共盡昭事
之道」，以期「偕歸本鄉」。縱使「高明君子」，「誚
其狂，誚其迂腐，誚其蔓延僻俚而無當」，他只是盡他
「畏天愛人一點不容已之心」而已。[195]

　　明代中晚期講學、結社的風氣大盛，理學家有所謂
的講會、文學家則組文社、詩社，而民間除了官辦、民
辦的鄉約外，更有許多做善事的慈善社團，像放生會、

---

194 王徵：〈畏天愛人極論〉，《王徵全集》卷八，頁 117-138。
195 王徵：〈畏天愛人極論記言〉，〈畏天愛人極論〉，《王徵全集》
　　卷八，頁 137-138。

聖母會等等。[196]王徵的「仁會」是以民間的力量來救濟
窮乏，類似現在的非營利民間慈善組織，這樣的形式有
學者認為可以從中國傳統社會中的「鄉約」找到淵源。[197]
鄉約是以推行儒家道德教化為目的的鄉治形式，[198]在最
早的藍田呂氏鄉約中，是以「德業相勸、過失相規、患
難相恤、禮俗相交」四項為綱領。[199]而王徵的仁會是一
個以踐履信愛天主並且愛人如己這一誡命的教友或崇教
者為會員，主要的目的是「患難相恤」、「拯溺救焚」，
雖然自治相同，患難相恤相同，但思想基礎不同，一是
儒家教化，一為天主教誡命，更重要的是王徵的仁會實
質上沒有「鄉治」的目的與行動（雖然王徵有這樣的企
圖），所以與其說仁會與鄉約類似，不如說與中國傳統

---

196 關於明末的結社研究可參考謝國楨：《明清之際黨社運動考》（臺
　　北：臺灣商務印書館，1978 年）。

197 見孫尚揚：〈王徵聖愛觀中的儒耶融合〉，頁 191-210。

198 朱鴻林簡述鄉約的歷史：「鄉約這種基層社會的自治組織，名稱
　　雖然起於北宋，淵源卻可以追溯至先秦時代，學者一般認為《周
　　禮》可以或應該是它的思想性和制度性源頭。近代以前的鄉約，
　　其形式、內容、性質都不盡一樣。最早的北宋陝西藍田呂氏鄉約
　　是一個私人自發性的互助組織，以後興盛於明代中期以後的鄉約
　　則有官辦者和非官辦者的分別，而時代愈晚愈以官辦者為主。清
　　代鄉約由官府定制推行，性質和明代的也有所不同。地方自治性
　　強的鄉約，20 世紀 30 年代時再獲鼓吹。到 80 年代，則在『鄉規
　　民約』的總稱之下獲得政府提倡。追溯起來，鄉約的歷史已經超
　　過千年。」〈二十世紀的明清鄉約研究〉，《歷史人類學學刊》2
　　卷 1 期（2004 年 4 月），頁 175-196。

199 元・脫脫等撰，楊家駱主編：《宋史》（臺北：鼎文書局，1980
　　年，《中國學術類編》），卷三百四十，頁 10842。

的慈善組織相同來得適切。根據梁其姿的研究，在明末杭州、福建及陝西三地由天主教徒推行的「仁會」，[200]就其制度淵源而言並不屬於西方的 Confraternity，而是屬於中國晚明的「同善會」，[201]雖然在明末利瑪竇等耶穌會士及信徒所開設的 Confraternity，如聖母會、聖水會等，主要服務對象都是教友，但就條文內容而言未見這一限制。她認為《仁會約》「所設計的善會與當時同善會大致雷同」，不過其中最大的差別就是王徵強調受濟的人不應分貴賤善惡，即在「分品類」這一立場上則與當時其他中國善會有別。[202]

中國的慈善思想淵遠流長，最早可追溯到先秦時代以儒家為主的慈善救濟思想，[203]然而自佛教傳入中國

---

200 即是楊廷筠的武林仁會、瞿式耜的常熟仁會、王徵的涇陽仁會及葉益蕃的福建三山仁會，湯開建和張中鵬認為此四人皆為天主教徒，他們的仁會與義大利乃至歐洲天主教慈善組織有極為深重的淵源關係，應是屬於天主教的民間慈善組織。見氏著：〈晚明仁會考〉，頁 106-118。

201 關於同善會的研究可參考夫馬進：《中國善會善堂史研究》（北京：商務印書館，2005 年）。

202 梁其姿：《施善與教化：明清的慈善組織》（臺北：聯經出版事業公司，1997 年），頁 60。

203 例如《周禮‧地官司徒》曰：「以保息六養萬民：一曰慈幼，二曰養老，三曰振窮，四曰恤貧，五曰寬疾，六曰安富。」《周禮注疏》（臺北：藝文印書館，1997 年，《十三經注疏》），頁 158。《禮記‧禮運》曰：「故人不獨親其親，不獨子其子。使老有所終，壯有所用，幼有所長，矜寡孤獨廢疾者，皆有所養。」《禮記注疏》，頁 413。關於明清慈善組織的研究，可參考上述梁其姿及夫馬進的著作。另有周秋光、曾桂林：《中國慈善簡史》（北京：人民出版社，2006 年）。

後，其思想與慈善活動逐漸與儒家、道教的慈善傳統融
合，使慈善活動帶上了積德行善、建立功德的色彩，具
有很強的功利目的。[204]到了晚明，民間的慈善活動興盛，
耶穌會士來華傳教，又將天主教的慈善思想傳入中國。
十四哀矜是天主教慈善傳統的一部分，它源於《聖經》
的教導，成形於多瑪斯・阿奎那的《神學大全》，直到
今天仍然是天主教會教導中非常重要的部分。哀矜思想
也是當時來華傳教士特別是耶穌會士們的指導思想。利
瑪竇在《天主實義》中，將「哀矜」實踐與儒家的仁愛
思想結合起來：

> 夫仁之說，可約而以二言窮之，曰：「愛天主，
> 為天主無以尚；而為天主者，愛人如己也。」行
> 斯二者，百行全備矣。……然愛天主之效，莫誠
> 乎愛人也。所謂「仁者愛人」，不愛人，何以驗
> 其誠敬上帝歟？愛人非虛愛，必將渠饑則食之，
> 渴則飲之，無衣則衣之，無屋則舍之，憂患則恤
> 之、慰之；愚蒙則誨之，罪過則諫之，侮我則恕
> 之，既死則葬之，而為代祈上帝，且死生不敢忘
> 之。[205]

---

204 周秋光、曾桂林：《中國慈善簡史》，頁 29-49。
205 〔意〕利瑪竇著，〔法〕梅謙立注，譚傑校勘：《天主實義今注》，
　　頁 193-196。這一段話王徵在〈畏天愛人極論〉中也引述過。

　　而羅雅谷撰寫的《哀矜行詮》專門論述十四哀矜思想，在當時的天主教儒者中非常流行。而這也是王徵創辦仁會的思想基礎。王徵在仁會中明確指出，行善是要效法天主愛人的榜樣，並遵守天主的誡命，去實踐愛人的功行，以補救世界中存在的缺憾。有學者認為在佛教影響下的中國慈善思想，其動機是出於一種善有善報、惡有惡報的考量，目的是考慮自己的福報，而非他人的苦難或需要。甚至，即使是出於「大慈大悲」的慈善之心，也只是人的惻隱之心的反應，是一種推己及人的慈善心。而王徵的仁會，其動機來源於天主，是一種由上而下的慈善心。這樣的哀矜，會使人自覺地放下高高在上的施恩心態，也放棄求名、祈福、消災、積德的功利之心，並且也不是因為一時的惻隱之心去行善，而是以一種自覺的、平等的、非功利的、合乎理性的心態去做善事、關懷社會，[206]使慈善活動變得更純粹化。[207]不過，我們也看到王徵對賞善罰惡以及累積愛人功行的過度強調，反而削弱了這樣純粹行善的價值。

　　王徵非常強調為善去惡，以及愛人如己，才能得天主之愛，也才能得升天堂，如此看來天主的愛是有限的，是有條件的，這與基督宗教所講的天主無條件的愛及「恩典」的普遍性是不同的。即使如前章所論的楊廷筠不斷

206　這也是王徵在〈仁會約〉中引述行哀矜之「九要」的主要內容。
207　韓思藝：〈明末清初耶儒慈善思想和實踐的會通與轉化〉，《暨南學報（哲學社會科學版）》2013 年第 9 期，頁 58-65、162。

反覆論說天主對人的無條件、無私的愛，但一講到行善，一講到天堂地獄之審判，仍不免落入功德論的窠臼中。相對於王徵，他較少談到天主對人的愛，比較多的是人對天主的愛，而此愛又以畏的成分居多。在基督宗教的觀念中人的行為是不能為他贏得天主的恩典的，人之所以能夠做額外的善功，能夠為基督和聖徒極其巨大的善功庫增添自己微薄的一份功德，都只有通過天主的恩典才能完成。[208]有學者認為由於王徵對愛的功行的凸顯，在動因與精神上與功過格及傳統的功德論有過多的相通之處，他的那種以在世功行確立身後福報的儒教式的立命原則，與天主教對恩典的優先性的認定，並不那麼容易匯通融合。具體來說，王徵應該以強調恩典的絕對優先性，取代儒教的立命原則；在此前提下，才有可能凸顯愛的功行在天主教徒的宗教生活中的真正意義。也就是他對愛（愛人如己）的功行對人的終極命運之確立的重要性的過度誇大，似乎遮蔽了他所認識到天主教的真義之光。[209]而這或許也是王徵等天主教儒者在強調以天主教的道德教化來改變明末的社會風氣所採取的不得然的「適應」策略吧！

208　這是對天主教影響甚大的哲學家多瑪斯·阿奎那的觀點。見沃克爾（Walker, Williston）著，孫善玲、段琦、朱代強譯：《基督教會史》（北京：中國社會科學出版社，1992 年），頁 312-313。
209　孫尚揚：〈王徵聖愛觀中的儒耶融合〉，頁 191-210。

五、結　語

　　王徵的畏天愛人思想，分為畏天與愛人兩個部分，
即是天主教十誡的總綱：欽崇一天主萬物之上與愛人如
己。而這兩部分又是息息相關的，畏天是愛人之基礎，
而愛人是完成畏天的必要工夫。在畏天部分，王徵經過
一番的生命轉折才體悟到「天之所以命我者」的天是天
主，是宇宙萬物的主宰與創造者，並擁有絕對的賞善罰
惡的權力，天堂地獄是天主審判人的終極歸向。在這樣
的情況下人要克去己私，去惡行善，具體的就是遵行十
誡。克己不只在行為上，更要在念頭上，克去不合乎天
主法則的邪情私欲，即是「洗心」，日日對越上帝而不
愧不作。而愛人的具體工作是行天主教的哀矜之十四
端，以「仁會」來救濟窮乏，行哀矜之功，並有詳細的
會費來源、會員資格限制、組織職掌及主要工作的推行
等相關規定。[210]由於史料有限，我們無從考察王徵所創

---

210 在鍾鳴旦和杜鼎克編的《耶穌會羅馬檔案館明清天主教文獻》第
　　12冊中有《仁會會規》一篇，毛瑞方推測是王徵「仁會」的會規。
　　《王徵與晚明西學東漸》，頁83-84。考察《仁會約》和《仁會會
　　規》的差異，在《仁會會規》中有講到仁會之主保是「聖母瑪利
　　亞」，這是《仁會約》乃至王徵其他天主教著作所無的。而關於
　　會費，《仁會會規》「均出聽眾酌議」，與《仁會約》「日銀一
　　分」不同，《仁會會規》設會長與副會長，與《仁會約》設會督、
　　會輔的名稱不同。而《仁會會規》推行的哀矜諸端「其先在殯葬
　　之禮」，其後有六條講述教友死亡應如何處理的問題，其他則講
　　到教友做禮拜及在家或出外誦經的相關事宜，與《仁會約》所推

立仁會的功效及對當時社會所造成的影響，但王徵的《仁
會約》無疑的提供我們一種天主教慈善團體或說是天主
教團契在中國施行的可能性範例。

　　王徵在《畏天愛人極論》中對天主的認識，只有天
主論，而沒有基督論，或者說，只有創造論，而沒有救
贖論，而耶穌的救贖是基督宗教更核心的思想，所以許
理和認為王徵完全抹煞了耶穌的重要性，因此從這個意
義上講，他說王徵的宗教信仰仍然是儒家思想，而不是
天主教的。[211]鍾鳴旦持反對態度，他認為王徵《畏天愛
人極論》主要強調「天主」的萬能、創造萬物和判決善
惡，並不能表明王徵的宇宙觀中耶穌的完全缺失，而是
這部書行文和內容的客觀需要造成這種虛假的效果。事
實上，王徵在《仁會約》中，有好幾處有耶穌的描述。
《畏天愛人極論》是給那些剛剛入教的人，而《仁會約》
則是針對那些已經接受過一定啟蒙教義的教徒。[212]這樣
的解釋或許言之成理，但仍然是臆測，沒有足夠的資料
證明《畏天愛人極論》和《仁會約》的讀者是不同的。

　　筆者考察在《仁會約》中總共出現八次耶穌，都出

行的工作完全不同。因此筆者推測此《仁會會規》應是傳教士所
　做的。《仁會會規》，見鍾鳴旦、杜鼎克編：《耶穌會羅馬檔案館
　明清天主教文獻》（臺北：臺北利氏學社，2002 年），第十二冊。

211 Zürcher, Erik, "Christian Social Action in Late Ming Times: Wang
　　Zheng and his 'Humanitarian Society'", pp.269-286.
212 Standaert, Nicolas, "Wang Zheng's Ultimate Discussion of the Awe
　　of Heaven and the Care of Human Beings", pp.163-188.

現在〈仁會約證述〉的部分，而〈仁會約證述〉是王徵抄錄羅雅谷的《哀矜行詮》，三次引述《聖經》耶穌的話，四次講耶穌所行的神蹟：五餅二魚、在迦拿使水變酒和救病，而另一次則是講耶穌的降生，〈仁會約證述〉曰：「自古經典，常稱為矜憐之主也，又欲顯證此切至之情，則降生為人。初生時，即以救世為名，號曰耶穌。」[213]王徵也有詩句詠歎耶穌的降生救世。[214]但他對天主的論述仍集中在創造論的層面是不爭的事實，有學者指出利瑪竇《天主實義》很少談論啟示真理，如三位一體、道成肉身、耶穌死而復活等難容於中國人之常理的學說，而是注重以自然理性解釋天主教學說。[215]不過，柯毅霖認為中國最早的兩個傳教士羅明堅和利瑪竇在中國傳教的最初十年，並未像人們指責的那樣，隱瞞了基督論的內容。[216]至於王徵為何在他的著作中未談到耶穌基

---

213 王徵：〈仁會約證述〉，〈仁會約〉，《王徵全集》卷九，頁 139-156。

214 王徵有對聯曰：「無始無終，立天地之主宰，留降世聖容，顯慈愛以拯救斯世；全能全善，肇人物之根宗，樹升天宏，大教化而群姓瞻天。」又有：「獻贊起三王，萬國信心應瀾瞽，降□尊而代，仁慈至也；濡毫煩四季，千年奇跡豈無徵，拯萬靈以艱，公義昭哉。」〈對聯〉其三、其六，《王徵全集》卷二十二，頁 359-360。

215 陳戎女：〈耶儒之間的文化轉換 ── 利瑪竇《天主實義》分析〉，《中國文化研究》2001 年第 2 期，頁 138-142。

216 柯毅霖說：「相反的，他們的著作表明，他們把包括基督論在內的基督教教義完整的表述了出來。」不過，他也認為在天主教剛傳入中國時，耶穌會的傳教士只傳講了片面的基督論，而要一直到 17 世紀 20 年代後，才開始宣講更整全的基督論。見氏著，王志成等譯：《晚明基督論》（成都：四川人民出版社，1999 年）。頁 122。

督的救贖，應是出於他有意識的揀擇，對天主教教義作了儒耶融合的取捨，迴避了基督論的內容。[217]不過如果以此來說王徵的思想不是天主教式的，這也說不過去，筆者認為王徵的天主教思想是以耶穌會士所傳天主教思想為基礎，融合了《尚書》、《詩經》中的人格神的概念，還有傳統思想中賞善罰惡及儒家思想無論是先秦儒家還是宋明理學家的遷善改過、存天理去人欲的工夫理論，而形成一種「耶儒融合」式的思想型態，其思想中心仍是天主，其終極關懷仍是天主教式的。再者，王徵關注的更多是世道人心、道德淪喪的現實社會問題，為適應這樣的現象，而更多論述天主的創造以及審判，以此來勸善懲惡，所以我們認為王徵的思想仍是耶儒融合式的天主教義理思想。

---

217 張曉林：〈儒家一神論及其定位問題〉，《宗教學研究》2006 年第 4 期，頁 151-158。

第四章　從《鐸書》論韓霖的「敬天愛人」之學

一、前　言

　　韓霖（1598－1649，明萬曆二十四年至清順治六年），字雨公，號寓菴居士，山西平陽府絳州（今新絳縣）人。天啟二年（1621）中山西鄉試，但屢困科場，在明朝並未出仕。約在泰昌元年（1620）受洗成為天主教徒，教名多默（Thomas）。[1]曾跟隨徐光啟學兵法，

---

1 關於韓霖的受洗時間，約有三說：一是 1620 年前在北京因徐光啟而聞道受洗；二是在耶穌會士艾儒略 1620 年到山西時受洗；三是在 1624 年由高一志受洗。經後人的考證，韓霖受洗的時間應是第二，也就是其兄韓雲（1612 舉人）邀艾儒略到絳州開教，並為韓氏家族付洗，韓霖應是在此時受洗的。黃一農：〈明末韓霖《鐸書》闕名前序小考 —— 兼論歷史考據與人際網絡〉，《文化雜誌》第 40-41 期（2000 年春-夏），頁 115-126。黃一農：〈鼎革世變中的天主教徒韓霖〉，《兩頭蛇 —— 明末清初的第一代天主教徒》，頁 229-252。湯開建、吳寧：〈明末天主教徒韓霖與《守圉全書》〉，《晉陽學刊》2005 年第 2 期，頁 77-83。湯開建在〈《守圉全書》：明季晉絳天主教徒韓霖之西學傳播〉（《中國史研究》2015 年第 2 期，頁 97-126。）一文中則主張韓霖受洗在 1620 年之前，受洗地點應在北京，受徐光啟影響，為其施洗的則是因南京教案潛入北京「匿居閣老徐光啟宅」的畢方濟（Francesco Sambiasi，1582-1649），頁 98-102。

並向耶穌會士高一志（Alfonso Vagnoni，1566-1640）學銃法，[2]因而以兵學聞名於當時。崇禎十七年（1644）年初，韓霖於山西投降李自成，旋以「參謀」之職隨李自成進入北京，獲授禮政府從事一職。在李自成兵敗後，舉家歸隱山西稷山，清順治六年（1649），與兩子同遭土賊殺害。[3]其著作現存的有：軍事著作《守圉全書》、《慎守要錄》及《金湯借箸十二籌》（李盤、周鑑合編），天學著作《聖教信證》（與張賡合著）、《辨教論》（與段袞合著）、《鐸書》、《耶穌會西來諸位先生姓氏》[4]

---

2 關於韓霖是否曾向徐光啟學兵法一事，李凌翰根據韓霖《守圉全書》收入徐光啟的兵學著作和相關奏疏及韓霖《俎談》一書可能是仿效自徐光啟所撰與兵事相關的奏議書牘等文稿的著作《庖言》，證明韓霖確實曾學兵法於徐光啟。至於韓霖向高一志學銃法一事，李凌翰則從高一志的生平和著作考察，認為高一志的專長主要表現在善於宣教及西洋文史之學上，「把精於銃法之說加諸高一志身上，目的顯然是給這位南京教案『主犯』一個『護身符』，讓他能以此名安然再入中國」。所以「學銃法於高一志」或為會士信徒刻意製造的傳言所誤，應改成韓霖「受天學於高一志」，較為恰當。見氏著：《韓霖《鐸書》與中西證道：明末天主教徒參與的地方教化活動》，頁 64-75。而湯開建也注意到「學銃法於高則聖」的疑點，他根據高一志曾與韓雲翻譯《西洋城堡制》一書及《守圉全書》中大量使用西洋築城技術的內容認為韓霖應是向高一志學習西洋築城技術。見氏著：〈《守圉全書》：明季晉絳天主教徒韓霖之西學傳播〉，頁 103-106。

3 關於韓霖是否曾投降李自成的問題，黃一農已有詳細的考證。見氏著：〈天主教徒韓霖投降李自成考辨〉，《大陸雜誌》93 卷 3 期（1996 年 9 月），頁 37-42。

4 《耶穌會西來諸位先生姓氏》附在《聖教信證》之後，現藏於法國國家圖書館，其內容是簡介九十多位來華耶穌會士之國籍、生平、傳教之地、去世之年、葬地及所著之書等，筆者以為此書應也是韓

和其他類著作《二老清風》。[5]

在韓霖現存的天學著作中，《鐸書》是一本非常特別的書。《聖教信證》和《辨教論》是針對當時懷疑天主教言論的護教作品，但由於此二書不是韓霖自撰，因此很難判定究竟有多少成分是屬於韓霖的思想。[6]而《鐸書》則是韓霖自撰，雖然是奉命而作，但他卻刻意藉此傳播天主教思想。《鐸書》成書於崇禎十四年（1641），當時絳州在每月朔望之次日，舉行鄉約，[7]召集「鄉士大

霖與張賡合著的。韓霖、張賡述：《聖教信證》（臺北：臺北利氏學社，2002 年，《法國國家圖書館明清天主教文獻》）。

5 《二老清風》之「二老」是指陶琰（1449-1532）和韓重（1442-1510），兩人都是山西絳州人，生同時，居同里，功名相埒，而醇謹節儉之風亦相彷彿。韓重為韓霖的六世祖，韓霖取陶琰的誡子書和韓重的分家券彙刻，並繫以小像、傳略及題跋，合稱「二老清風」。〔明〕韓霖編：《二老清風》（臺北：文海出版社，1970 年，《明人文集叢刊》）。另外，李凌翰指出韓霖編輯《二老清風》是藉著彰顯先輩醇謹節儉之清風來針砭當時民風奢靡的問題。見氏著：《韓霖《鐸書》與中西證道：明末天主教徒參與的地方教化活動》，頁 104-106。

6 孫尚揚的〈明末天主教徒韓霖對儒教倫理的批判性反思〉一文，主要徵引的文獻大多出自《聖教信證》和《辨教論》二書。但由於此二書是與其他天主教儒者合著，因此筆者認為很難由此來討論韓霖的思想。本文收入在許志偉主編：《基督教思想評論》2（上海：上海人民出版社，2005 年），頁 181-192。

7 陳垣在民國初年重刊《鐸書》時，李慶芳為之作序，他認為韓霖曾在三立書院以《鐸書》為講本宣講聖諭六言。見李慶芳：〈重刊鐸書序二〉，〔明〕韓霖著，孫尚揚、肖清和等校注：《鐸書校注》，頁 53-54。黃一農則認為崇禎十六年（1643）四月，山西巡撫蔡懋德禮聘魏權中、韓霖、桑拱陽和傅山等人一同講學於太原的三立書院，分別講論「戰守」、「火攻」、「財用」和「河防」等事，其中韓霖應是主講戰守和火攻之事，蔡懋德當時雖然也曾每月集會講論明

夫、學官、諸生」，以及「父老子弟環而聽者以千計」。
知州孫順命韓霖宣講明太祖的「聖諭六言」：孝順父母、
尊敬長上、和睦鄉里、教訓子孫、各安生理、毋作非為。
[8]但又恐「宣講難遍」，於是撰書「付之梨棗」。[9]為何
名之為「鐸書」，則取「遒人以木鐸徇於路」的典故。[10]

太祖所頒的〈聖諭六條〉，但因蔡氏本身「好釋氏，律身如苦行頭
陀」，故他之所以起用韓霖，或主要看重其對西洋兵學知識（即所
謂的「火攻」）的掌握，且因傅山（時任書院祭酒）和桑拱陽的立
場鮮明（傅、桑二人雖與韓霖共事，卻均對天主教的義理不太認
同），故韓霖恐無機會以天主教義理有系統地宣講六諭。見氏著：
〈明清天主教在山西絳州的發展及其反彈〉，《中央研究院近代史研
究所集刊》26（1996 年 12 月），頁 1、3-39。又見《兩頭蛇 —— 明
末清初的第一代天主教徒》第八章，頁 287-310。關於韓霖的宗教
與文化藝術活動及在同傅山交往中對他可能產生的一些影響，可參
考白謙慎：〈傅山的友人韓霖史跡補遺〉，《山西大學學報（哲學社
會科學版）》1995 年第 2 期，頁 38-43。

8　關於鄉約及明太祖聖諭六言的研究可參考朱鴻林：〈明代中期地方
社區治安重建理想之展現 —— 山西河南地區所行鄉約之例〉，《中
國學報》（韓國）32（1992 年），頁 87-100。〈明代嘉靖年間的增城
沙堤鄉約〉，《燕京學報》8（2000 年），頁 107-159。〈二十世紀的
明清鄉約研究〉，頁 175-196。周振鶴：〈聖諭〉、〈聖諭廣訓〉及其
相關的文化現象〉，《中華文史論叢》第 2 輯（上海：上海古籍出
版社，2001 年）。

9　韓霖：〈鐸書大意〉，《鐸書校注》，頁 55-58。

10　出自《夏書·胤征》，《尚書注疏》，頁 102。韓霖在《鐸書》的
序中也談到鄉約之始：「《夏書·胤征》曰：『每歲孟春，遒人以
木鐸徇於道路。』遒人，宣令之官；木鐸，宣令之具。施政教時，
振以警眾，此木鐸之始。《周禮·小宰之職》：『正歲，率治官之
屬而觀治象之法，徇以木鐸曰：不用法者，國有常刑。』小司徒，
小司寇，亦如之。至於鄉大夫之職，各掌其鄉之政教禁令。正月之
吉，受教法於司徒，遒而頒之於其鄉吏，使各以教其所治。州長、

李建泰（？-1649 年）在序《鐸書》[11]時給予極高的評價：
「解聖諭者，無慮數十百家，多老生常談，委巷俗語，
味如嚼蠟，鮮所發明。讀兩公書，如夢乍覺，如醉初醒，
如饑十日而享大牢焉，如久客還家而見父兄焉，如苦煩
熱而濯以清冷之淵焉。此高皇帝之功臣，敬敷五教之嫡
派也。」[12]這其中當然有溢美之辭，但卻也指出《鐸書》
對於聖諭六言的解釋有其創新發明之處。

　　《鐸書》雖然是為宣講聖諭六言而作，但考察其內
容，「敬天愛人」之旨貫穿其中，李建泰說韓霖：「學
有原本，以敬天愛人為宗」、「修身事天，家無異教」
及「本天祖聖，羽翼王言，以開發本然良心為主」，[13]李
政修也說：「至于敬天愛人之要，未嘗不三致意焉」，[14]
陳垣亦言：「是書則取明太祖《聖諭六言》，以中西古
近聖賢之說，為之逐條分疏演繹詳解，而一本於敬天愛
人之旨，獨標新義，掃除一切迂腐庸熟之談。」[15]皆可

黨正、族師，咸以時屬民讀法焉，即今鄉約之始也。」韓霖：〈鐸
　書大意〉，《鐸書校注》，頁 55-58。
11　《鐸書》中有兩篇序文，一為李政修（1616 進士），一則屬名「賜
　　進士出身嘉議大夫詹事府詹事兼翰林院侍讀學士掌院事前國子監
　　祭酒南京總裁知制誥日講官□□□」，經陳垣和黃一農的考證，此
　　闕名者應為李建泰。見陳垣：〈重刊鐸書序一〉，《鐸書校注》，
　　頁 49-51。黃一農：〈明末韓霖《鐸書》闕名前序小考 —— 兼論歷
　　史考據與人際網絡〉，頁 115-126。
12　李建泰：〈鐸書序〉，《鐸書校注》，頁 40-42。
13　同上。
14　李政修：〈鐸書敍〉，《鐸書校注》，頁 43-47。
15　陳垣：〈重刊鐸書序一〉，《鐸書校注》，頁 49-51。

見《鐸書》的宗旨是「敬天愛人」。「敬天愛人」乍看之下雖是儒家傳統思想，但韓霖卻不著痕跡的嵌入天主教「天主」的概念與思想。黃一農也說：「《鐸書》將天主教的義理融入代表正統意識形態的六諭之中，形成明清兩代各種鄉約出版物中最特殊的變體。」[16]關於《鐸書》的研究，大部分都從地方教化的角度來討論其人際網絡與編寫策略，較少直接談論其思想。[17]因此本文即以《鐸書》一書為研究主體，探究韓霖如何藉著演繹聖諭六言，在儒家教化的指導下，融入他的天主教思想，而使傳統儒家「敬天愛人」思想，呈現「以耶補儒」或說是「耶儒融合」的新風貌。

二、敬　天

聖諭六言的第一條是「孝順父母」，一般解聖諭之書皆就對我們有生養之恩的父母來解釋，但韓霖卻在《鐸

---

16 黃一農：〈《鐸書》：裏上官方色彩的天主教鄉約〉，《兩頭蛇 —— 明末清初的第一代天主教徒》第七章，頁 253-286。

17 上述黃一農的論文，主要從人際網絡及編寫策略討論《鐸書》透過官僚體系和儒家傳統滲入地方教化的宣教方式。而李凌翰的博士論文，除討論韓霖的生平、《鐸書》書史，即《鐸書》的版本流傳外，主要討論《鐸書》的制度設置、教化活動與文本策略。見氏著：《韓霖《鐸書》與中西證道：明末天主教徒參與的地方教化活動》。孫尚揚的兩篇韓霖研究則是就思想來研究，一者研究《鐸書》天主教倫理的建構，〈上帝與中國皇帝的相遇 —— 《鐸書》中的儒耶互動與倫理建構〉，《鐸書校注》，頁 1-37。一者研究韓霖對儒家倫理的批判。〈明末天主教徒韓霖對儒教倫理的批判性反思〉，頁 181-192。

書》的一開頭就別出心裁的指出：

> 聖人之言，言近指遠。今人聞孝順父母，只當平
> 常之語，誰人不知？不知中間包涵道理淵深廣
> 大！吾人要知，天為大父母。《詩》云：「悠悠
> 昊天，曰父母且。」非蒼蒼之天也。上面有個主
> 宰，生天、生地、生神、生人、生物，即唐、虞
> 三代之時五經相傳之上帝。今指蒼蒼而言天，猶
> 以朝廷稱天子也。中有至尊居之，豈宮闕以當天
> 子乎？[18]

　　他引用《詩經》「悠悠昊天，曰父母且」，[19]說明
天是大父母，而這個「天」、「昊天」是生天生地生神
生人生物的萬物主宰，而非蒼蒼的看得見的有形的天，
就是五經中所說的「上帝」。韓霖在解第六聖諭「毋作
非為」時，更詳細說明天的特性：「自形體而言謂之天，
自主宰而言謂之帝」。而此「天」此「帝」是「至尊無
二」，是「惟一」的，又是「全知全能」，又是「萬善
萬福之原本」，而人間善惡禍福，皆由「天自主之」，
沒有在其上的，也沒有與之齊的：「天之高，地之厚，
萬物之多，萬聖之學之德」，與「天」一比，就好像「有

---

18 韓霖：〈孝順父母〉，《鐸書校注》，頁 59-65。
19 《詩經·小雅·節南山之什》，《詩經注疏》（臺北：藝文印書館，
　　1997 年，《十三經注疏》），頁 423。

之與無」一樣，天是「更復倍此」的。因此「天地、萬物、聖人，倍之又倍，以至無算。其為比例，亦復如是」。[20]在這裡，我們看到「天」與天地的「天」兩個天的概念是韓霖急欲分別、分疏的，天地的「天」是指「蒼蒼之天」，而另一個「天」，則是創造此「蒼蒼之天」以及萬物的宇宙唯一的大主宰，他稱之為「大父母」。將天稱為「大父母」，是沿襲利瑪竇等耶穌會士以及其他天主教儒者對天的特別指稱，而此天不是指形質的天，而是指在此形質之天之上的萬物主宰，不僅創造萬物，掌管萬物，更是人間善惡禍福的本源與主宰。所以這樣的「天」，與傳統中國的天不同，雖然韓霖認為即是五經中的「上帝」，但更確切的說，此「天」是指天主教的「上帝」或「天主」。

對於後來許多「天」的解釋，韓霖認為「世衰教廢」，於是「本原漸迷」，對天的說法就莫衷一是，有的說「天者，理而已矣」，有的說「天在吾心」，有的又以「天地並尊」，或以「五帝相混」，以至有「玉皇上帝、玄天上帝，為仙、為佛、為神」種種不一的說法，他認為這些都是惑人之「邪說」。就像《左傳》說：「一國三公，吾誰與從？」[21]又像「吳楚僭王」，而「周天子若弁髦」。這些僭越天主、上帝的說法，是「人心禍亂」，

---

20 韓霖：〈毋作非為〉，《鐸書校注》，頁 141-168。
21 《左傳・僖公五年》曰：「一國三公，吾誰適從？」《左傳注疏》（臺北：藝文印書館，1997 年，《十三經注疏》），頁 206。

比洪水、夷狄、猛獸更烈。另外，與天並尊的「地」，它只是在天之中，雖然有「載物、養物之功」，但是跟天比較，「其小無算」，就不能與主宰的天並稱。因此溯其本原，《尚書·泰誓》所稱的「天地萬民父母」可證明這樣的道理，而先儒疑其書晚出，或非當時本文，所以就懷疑天為大父母，但韓霖認為從這一句話，就足以證明後世說天之偽了。[22]他在此引用了《尚書·泰誓》：「惟天地萬物父母，惟人萬物之靈」，[23]他對這句話的解釋是「只有天地是萬物父母」，而地是包含在天之中的，所以真正生萬物的是「天」，即是「上帝」、「天主」，以此來論證大父母之說，至於宋明理學家說天是理、天是心，以及民間宗教所說的諸多名為上帝的神佛，皆是虛妄的邪說。

　　天既為大父母，是宇宙萬物的主宰，所以韓霖在第六論「毋作非為」中要學者明白的四項道理的第一項即是「知天帝惟一」。[24]而在第一論「孝順父母」說天為大父母後，他接著順理成章的說：「吾人第一要敬天」。[25]「敬天」這一概念就成為韓霖解釋聖諭六言一以貫之的原理原則了。如第二論「尊敬長上」，一開頭即說：

---

22 韓霖：〈毋作非為〉，《鐸書校注》，頁141-168。
23 《尚書注疏》，頁152。
24 韓霖：〈毋作非為〉，《鐸書校注》，頁141-168。
25 韓霖：〈孝順父母〉，《鐸書校注》，頁59-65。

「人生第一當尊敬者，天也。」[26]在第四諭「教訓子孫」
中他也說：「教之者，必使知天上有主，宰治人物，而
當敬。」[27]「敬天」成為做人做事的第一件要務。韓霖
說：「自天子以至於庶人，皆以敬天為第一事」。他認
為古今帝王聖賢，都是「天所生以治教下民」，這可由
天子在祭祀昊天上帝之文中仍說：「嗣天子臣某」證明。
[28]所以他舉出聖賢帝王之言來論證「敬天」的重要。如
孔子說「知我其天」、[29]「獲罪於天」，[30]又說「知天」、
[31]「畏天」，[32]都是在講「敬天」。而三代以上，《五經》
所載聖賢敬天之學，更是「不可殫述」，如《詩》云：
「敬天之怒，無敢戲豫；敬天之渝，無敢馳驅。」[33]《書》
曰：「作善，降之百祥；作不善，降之百殃。」[34]都是
「深切著明」於敬天之意。更重要的他又舉明太祖的話：
「人以一心對越上帝，毫髮不誠，怠心必乘其機，瞬息
不敬，私欲必乘其隙。」而命吳沉等編《精誠錄》，大
要有三：「曰敬天，曰忠君，曰孝親。」[35]舉了這些聖

---

26 韓霖：〈尊敬長上〉，《鐸書校注》，頁66-79。
27 韓霖：〈教訓子孫〉，《鐸書校注》，頁98-119。
28 韓霖：〈孝順父母〉，《鐸書校注》，頁59-65。
29 《論語・憲問》，《論語注疏》，頁128-129。
30 《論語・八佾》，《論語注疏》，頁28。
31 《論語・為政》，《論語注疏》，頁16。
32 《論語・季氏》，《論語注疏》，頁149。
33 《詩經・大雅・生民之什》，《詩經注疏》，頁636。
34 《尚書・伊訓》，《尚書注疏》，頁115。
35 《明史・吳沉傳》曰：「初，帝謂沉曰：『聖賢立教有三：曰敬天，

賢帝王之論後，又怕「庸眾未必盡解」，於是韓霖再舉出「字字真切，雅俗共解」的俗語四條：「天有心」、「天有口」、「天有眼」及「天有耳」等，[36]再加上今人疾病患難，未嘗不呼天，說「天命」、「天心」、「天理」、「天報」、「天罰」，都可見「敬天」是「性中帶來，非由勉強」。所以在「至尊不可有二上，至道不宜有二理，人心不可有二向」的基礎上，後人「積習迷之」，不肯「深心講究或所信從」敬天之旨，反而以神佛加在天之上，就不是敬天的真義了。[37]韓霖藉著古籍聖賢帝王之言及俗語來論證敬天的概念是早已有之、通行已久，非他所獨創，而透過這些引用，他反覆論證的是：天是與人相似，有口、耳、眼、心、喜、怒等特質的人格意義的天，是創造、是主宰、是行賞罰的天，而更特別的是，他說敬天是性中帶來，不是後天勉強的，他將敬天提高到本體論的意義，如此一來，人人非敬天

曰忠君，曰孝親。散在經卷，未易會其要領，爾等以三事編輯。』至是書成，賜名精誠錄，命沉撰序。」清・張廷玉撰，楊家駱主編：《明史》（臺北：鼎文書局，1980 年，《中國學術類編》），頁 3948。

36 韓霖說：「一曰：『天有心，記不錯。善是善，惡是惡。常把心，摸一摸。凡百事，要斟酌。』二曰：『天有口，不說話。喜不笑，怒不罵。善不欺，惡不怕。沒要緊，莫為罷。』三曰：『天有眼，認得人。假是假，真是真。你為惡，他不嗔。遠在子，近在身。』四曰：『天有耳，聽得見。任你言，他不厭。說話的，討方便。惱了他，無人勸。』」〈毋作非為〉，《鐸書校注》，頁 141-168。這四句話，都說明了一個人格意義的「天」。

37 韓霖：〈毋作非為〉，《鐸書校注》，頁 141-168。

不可了。另外，在第四諭「教訓子孫」，他談到「學之
始」，始於敬天，亦是仁之學的首務。韓霖認為仁是「諸
善之本」，而「仁之學」，又本於天，要以「敬天為首
務」，就如同《詩經》所說的：「小心翼翼，昭事上帝」，
[38]是人人所當效法的。而且在教訓子孫上，因「幼者無
所不短」，要以「上帝無所不長」之特質，來「以長補
短」。另外「大位高貲」的人，就像「弱草難久」，只
有「敬天愛人」，可成為「永久倚賴」。所以他總結說：

> 人知敬天，未有不忠不孝者；未有不知敬天，而
> 能忠能孝者也。是以君子志道，從敬天而日進於
> 高明；小人異端，從不敬天而日流於虛偽矣。[39]

敬天成為一切做善事、道德修養的重要基礎了。

敬天既是如此之重要，要從何做起，韓霖認為「信」
為「功之首」、「萬善之根」。要相信什麼？必信「天
上有大主宰，為吾人大父母」，要仔細思想：「吾身從
何而生，吾性從何而賦，今日宜作何昭事，他日作何歸
復」，要「真真實實」，「及時勉圖」。就如同《詩經》
說的：「上帝臨汝。」[40]《書經》說的：「惟上帝不常。」

---

38 《詩經·大雅·文王之什》曰：「維此文王，小心翼翼，昭事上帝。」
　　《詩經注疏》，頁 541。
39 韓霖：〈教訓子孫〉，《鐸書校注》，頁 98-119。
40 《詩經·大雅·文王之什》曰：「上帝臨女，無貳爾心。」《詩經
　　注疏》，頁 544。

[41]如果沒有「小心翼翼，對越在天」，[42]即使行善「俱歸無用」。所以接下來他論述「敬天」為行善之本，若無敬天則一切善行皆為「偽售」。他認為「為惡者，至人所不知而始大；為善者，至人所不知而始真」，所以為善「勿求人知而求天知，勿求同俗而求同理」。不然的話，即使能做到「謙恭慈愛，博長者之名；輕財喜施，取好義之譽；借交急困，成任俠之品；忍辱含詬，邁容人之度；清廉寡欲，振絕俗之標；多聞善辯，稱博洽之士；擇言而發，規行矩步，自儗聖賢之倫，澤在斯民，聲施後世」，但是「察其隱衷」，或許「別有所為」，也未曾聽聞這些人可以「了生死，升天堂，免地獄」。更不用說造物主是「聰明神聖」、「至明至公」的，造物主的「察人善惡」，是「表裏纖悉畢見」，絕不是像世人的眼目可以「偽售」的。[43]在此，我們看到韓霖不斷反覆說明敬天的重要，行善若沒有敬天為基礎，一切的善行皆是虛偽的，而敬天之基礎更要在「信天」上，要信天是主宰，是我何以生、何以歸復的生命本源，在「小心翼翼，對越在天」之基礎上，行善才能如同他所說的「了生死、升天堂、免地獄」。在基督宗教的信仰中，「信」是很重要的基礎，而在韓霖的思想中，信除

---

41 《尚書·伊訓》，《尚書注疏》，頁115。

42 「小心翼翼」語出《詩經·大雅·文王之什》，「對越在天」語出《詩經·周頌·清廟之什》，《詩經注疏》，頁541、707。

43 韓霖：〈毋作非為〉，《鐸書校注》，頁141-168。

了是虔誠相信天為大父母的意義外，更要由此「信」引
發一種宗教性的內在沉思，思想吾身從何而來、從何而
去，思想如何昭事上帝，並由此思想而落實在「小心翼
翼，對越在天」的許多各樣的善行之中。「小心翼翼，
對越在天」本於儒家經典《詩經》，主敬的宋儒為了培
養道德實踐中的戒慎恐懼或敬畏感，亦曾大倡此說。[44]有
學者認為韓霖的「小心翼翼，對越在天」，或許可以理
解為一種與天主的相遇，但此種相遇主要是指小心翼翼
地對答稱揚上主，其中順服與讚美之意更為鮮明。對越
在天，是與天主的相遇、面對面，乃至對話，即是一種
宗教性的神秘體驗。[45]

　　「敬天」的基礎在於「信天」，至於何謂「敬天」？
如何「敬天」？韓霖認為：「敬者，尊無二上之謂，凡
神聖無可與之比者。」[46]即尊敬唯一無二、神聖無比之
「天」。另外，在第二論「尊敬長上」，他對於「敬」
有不同於前人的分疏：

---

44 程頤（1033-1107）曾說：「涵養須用敬，進學在致知」。程顥、
　　程頤：《河南程氏遺書》卷十八，《二程集》（臺北：漢京文化事
　　業有限公司，1983年）。關於宋儒的「主敬」說，可參考趙中偉：
　　〈涵養須用敬，進學在致知 —— 程頤工夫論探析〉，《輔仁國文學
　　報》第12期（1996年8月），頁167-200。楊儒賓：〈主敬與主
　　靜〉，《臺灣宗教研究》9卷1期（2010年6月），頁1-27。
45 孫尚揚：〈上帝與中國皇帝的相遇 ——《鐸書》中的儒耶互動與倫
　　理建構〉，頁12-13。
46 韓霖：〈孝順父母〉，《鐸書校注》，頁59-65。

> 尊敬者，畏愛二情之所發也。然二情不並容，畏
> 情勝，愛情必衰。畏者，小人之心也；愛者，君
> 子之德也。尊敬者，尤當以愛情為主。[47]

　　他將「敬」分成「畏」與「愛」，並以「小人之心」
與「君子之德」相對照，畏、愛二情並不相容，對天主
的「敬」，當以「愛」情為勝。我們可以這樣說，「畏」
是一種宗教的畏懼感：畏天主之命、畏天主之賞罰、甚
至可說是畏天主賞罰之所的地獄，[48]韓霖才會說這是「小
人之心」，然而，尤有進者，「敬」不能只停止在「畏」，
而必須躍升到「君子之德」，即「愛」天主。有學者認
為天主教的聖愛觀中的愛，首先指的是上主對人的愛或
人對自己鄰人應有的愛，而很少用來描述人對上主的態
度。在人與天主的關係之中，人所應持的態度是信仰
（faith），儘管如此，好幾個《聖經》文句還是或含蓄
或直白地談了人對上主的愛。[49]所以「畏」是一種消極
意義上的宗教情感，而韓霖所倡導的「愛」是一種積極
的「超性之德」，這種愛當然不是平等相愛的愛，也不
是以上臨下的愛護和關愛之愛，而是具有以下仰上的敬

---

47 韓霖：〈尊敬長上〉，《鐸書校注》，頁 66-79。
48 「畏天」思想在明末天主教儒者中，是很普遍的，如徐光啟、楊廷
　　筠、王徵等都有類似的思想。但就筆者對楊廷筠與王徵的考察，楊
　　廷筠強調的是「愛天主」，王徵雖較偏向「畏天」，但他仍強調要
　　「由畏起敬，由敬起愛」，詳細的討論見第二章及第三章。
49 白舍客：《基督宗教倫理學》第二卷，頁 91。

愛之意。[50]韓霖對畏、愛的分疏，以及他倡導的愛天說，
在當時的天主教儒者中，算是非常特出的。

　　韓霖認為敬天為性中帶來的，人應該敬天，而「世
人不肯降心相從」，則是「三讎」害之。何謂「三讎」？
即「肉身、風俗、邪魔」。[51]「靈性所愛」的是「理」，
「肉身所愛」的是「欲」，「心為形役」則是禽獸。而
「風俗移人」是使「眾人入其中而不覺」，而「邪魔誘
人」是使「賢者陷其阱而不知」，這些都使人不知信從
天主。另外又有所謂的「廣三讎」：「肉身、風俗、朋
友」。人以「意見用事」：「便於己則是，不便於己則
非」，就是「肉身」之類。即是陸象山（1139-1193）所
說的：「此道與溺於利欲之人言猶易，與溺於意見之人
言卻難。」[52]而「古今相傳以為正論，於天理人情未必
合宜」，就是「風俗」之類。第三讎是「朋友」，韓霖
認為朋友一倫，除了「列於人倫」外，又是「紀綱人倫」
的。朋友道絕，就無「觀感講習之益」，不是「各執己
見」，就是「恣情縱欲小人」。而且只知「誦其美」，
當「逢其惡」時，只有「虛美薰心」，「實禍蔽塞」。

---

50 孫尚揚：〈上帝與中國皇帝的相遇 —— 《鐸書》中的儒耶互動與倫
　　理建構〉，頁 14-15。

51 「三讎說」乃是天主教的基本教理之一，《天主教要》這本明代信
　　徒的基礎教義讀本亦將三讎包括在內。見李凌翰：《韓霖《鐸書》
　　與中西證道：明末天主教徒參與的地方教化活動》，頁 137。

52 〔宋〕陸九淵著，鍾哲點校：《陸九淵集》（北京：中華書局，1980
　　年），卷三十四〈語錄上〉。

所以這世上才會「善人少而惡人多」，以致於「治日少而亂日多」，而「大道之理甚深」，空有「談道之名甚美」，於是以「似是而非一途」，迷惑「學者之向往」。[53] 天主教的三讎說：肉身、風俗、邪魔，其中肉身、風俗對人的影響是儒家思想非常重視的，肉身即人欲，宋明理學家有所謂的「存天理去人欲」，而風俗即後天環境，例如孟子曾說：「富歲子弟多賴，凶歲子弟多暴，非天之降才爾殊也，其所以陷溺其心者然也。」[54] 這個「陷溺其心者」，就是指後天環境對人的影響。「邪魔」則深具天主教色彩，但韓霖對此所談不多，或許因為《鐸書》的文本性質及宣講對象，所以僅以「邪魔誘人」、「賢者陷其阱而不知」言之。而在廣三讎中，朋友取代了邪魔，廣三讎之說出自何書、何人尚待考證，但就韓霖所論，他對朋友一倫非常重視，甚至無限上綱，朋友不僅列於人倫，甚至紀綱人倫，因朋友之道絕，才會世風日下，才會迷惑學者對真道（天主）的追求。在儒家傳統中，朋友是五倫的一環。[55] 而在基督宗教中，強調要「愛人如己」，這個「人」是指鄰人，指朋友，甚至是所有的人。[56] 另外這也讓我們聯想到利瑪竇曾寫過一

---

53 韓霖：〈毋作非為〉，《鐸書校注》，頁 141-168。

54 《孟子・告子上》，《孟子注疏》，頁 196。

55 《孟子・滕文公上》：「聖人有憂之，使契為司徒，教以人倫：父子有親，君臣有義，夫婦有別，長幼有序，朋友有信。」《孟子注疏》，頁 98。

56 《聖經・羅馬書》曰：「其實『不可奸淫，不可殺人，不可偷盜，

本強調友倫的《交友論》，[57]或許身為天主教徒的韓霖
讀過此書，也或許韓霖是在中西兩大哲學傳統－強調友
倫－的共同點下，來論述朋友在認識真道上的關鍵性作
用。在討論完廣三餽後，韓霖語重心長的說：敬天或說
認識天主，事關「生死大事」，並不是為了「博名高，
立門戶，較長短，角勝負」，而他願與學道者共商之。[58]

　　韓霖認為「敬天愛人，非是難事，道如康莊，人人
可由」。他並舉孟子說的：「人皆可以為堯舜」，[59]以

不可貪戀，』以及其他任何誡命，都包含在這句話裏：就是『愛你
的近人如你自己。』」（13：9）「愛你的近人如你自己」和合本
譯作「愛人如己」。

57 《交友論》是利瑪竇第一本中文著作，內容主要是收集並翻譯西方
哲學家關於友倫的格言、作品，試圖證明中西文化的共通之處。有
關《交友論》的成書、版本及原文出處等研究，可參考方豪：〈利
瑪竇交友論新研〉，《方豪六十自定稿》（臺北：臺灣學生書局，
1969 年），下冊，頁 1849-1870。他並在文中舉例說明時人引用《交
友論》的狀況。後來學者的研究則泛論《交友論》在當時的影響極
廣極大，例如柯毅霖說：「本書在文人學士中取得巨大成功，為利
瑪竇獲得巨大聲望，並讓他打開中國這扇大門。」見氏著，王志成
等譯：《晚明基督論》，頁 78。鍾鳴旦、孫尚揚說：「在明末士
大夫中風行一時，不少名人都曾在著作中引用該書中的格言。」見
氏者：《一八四〇年前的中國基督教》，頁 126。關明啟則直接引述
利瑪竇之言：「被一些權威作家在其著作中常常引用」，〈利瑪竇
的《交友論》及其對晚明社會的影響〉，《廣東教育學院學報》25
卷 4 期（2005 年 8 月），頁 90-94。《交友論》在當時產生的實際
影響不得而知，筆者也無意就後人的研究論證韓霖是受利瑪竇的影
響而強調友倫，但身為天主教徒的韓霖，受利瑪竇影響，或是閱讀
過《交友論》，其可能性非常大。不過筆者仍持平看待：在中西兩
大哲學傳統的共同點下，韓霖對友倫的強調實有這兩方面的影響。
58 韓霖：〈毋作非為〉，《鐸書校注》，頁 141-168。
59 《孟子·告子下》，《孟子注疏》，頁 210。

及王陽明（1472-1529）說的：「滿街都是聖人」，[60]說明無論是「富貴、貧賤、智愚、賢不肖，以至疲癃、殘疾之人」，皆可以入道，只有「自以為是」的人才會拒人於千里之外。[61]他認為「敬天」是性中帶來，雖然他引用儒家的「人皆可以為堯舜」及「滿街都是聖人」來論證，但是這樣的思想與其說來自於儒家思想，不如說是根源於天主教的創造論。他說：

> 蓋天既生人，即付以性，與禽獸不同。曰生時至死後，皆天造成，培養、管轄之，時刻不離，有求斯應，善有永賞，惡有永罰，總是愛人之意。[62]

透過前面的分析，我們已知《鐸書》中所謂的天、上帝或造物主皆是指天主教的「天主」。韓霖認為人的形體受之於父母，而人的「靈性」則是天主賦與的，正符合《中庸》所說的「天命之謂性」，[63]這是人之所以與物不同的地方。天主創造萬物，有的「能生長而無知覺」，這是「草木」；有的「有知覺而無靈性」，這是「禽獸」；而「能生長有知覺又有靈性」的，只有「人」而已。而此「靈性」，無論「聖賢凡夫」都是「永存不

---

60 《傳習錄下》，王守仁著，吳光等編校：《王陽明全集》（上海：上海古籍出版社，1995年），卷三，頁116-117。

61 韓霖：〈毋作非為〉，《鐸書校注》，頁141-168。

62 韓霖：〈孝順父母〉，《鐸書校注》，頁59-65。

63 《禮記‧中庸》，《禮記注疏》，頁879。

滅」的。所以，他認為天地間惟有上帝是「無始無終」
的，萬物是「有始有終」，而神鬼與人是「有始無終」。
他以人的「靈性不滅」來批判「輪回之說」，認為人因
此「不敢殺禽獸，而反敢於殺人」，真是「邪說之害人」。
又有論者謂「形既朽滅，神亦飄散」，他認為這也是謬
論，如果這樣，人與禽獸就無所分別了。[64]他又引用高
一志的《神鬼正紀》來批評「人死而靈魂變神變鬼」之
說。所謂「神鬼」，是指「無形、無色、靈明之全體」，
它也是「受造於天」，而「共戴一尊」，它更是「受命
於天，而各司一事」，就如同朝廷的百官，官職有九品，
只能「為人代達於天」，而沒有「自主」與「與人禍福」
之權。神鬼分為神與鬼，善者為天神，是「自初造時永
定於善」，而享「天堂之福」；惡者為魔鬼，是「自初
造時相引於邪」，而受「地獄之罰」。所以他認為「人
死而靈魂變神變鬼」是錯誤的，因為人是「兼靈魂肉軀
而成」，與「神鬼之情」，是「大相懸絕」的。凡是說
「某人為神，某人為鬼」，都是魔鬼在作祟。就像阮宣
子說的：「今見鬼者，云著生時衣服，人死有鬼，衣服
復有鬼耶？」[65]人與神鬼本是殊途，不可能互相轉換，
他以此批判佛、道二教的神鬼思想及輪迴之說。

　　上面我們曾引述過韓霖認為「敬天」事關「生死大
事」，而在「孝順父母」一論中他說天主造人，從人的

---

64 韓霖：〈毋作非為〉，《鐸書校注》，頁 141-168。
65 同上。

生時到死後，都是天主培養、管轄，時刻不離，而且無論是「善有永賞」，還是「惡有永罰」，都是天主愛人之意。也因為人的靈性永存不滅，這「永賞」與「永罰」才成為可能。所以天主不僅創造人，培養人、管轄人，還具有賞善罰惡的權柄。因此他認為人須知「死候當備」。因為「死」是「人之所必不免」，而且「又無定候」。孔子言「朝聞道，夕死可矣」，注言「生順而死安也」。[66]韓霖認為由此可見「不聞道不可死」，因為「死必受諸苦惱」。而孟子言「夭壽不貳，修身以俟之」，[67]即是「備死」之說。為何要備死？因為「死之期，在朝未必能至夕，在夕未必能至朝」，所以無論是少者還是老者都當備死候。但歸根究柢，「死候何以當備」？是因為有「審判」。凡是人「生前所思、所言、所行」，皆於「死後當鞫」。誰操審判之大權？即天主，因此「天監在上，錙銖不爽，可不懼哉？」而審判何以當懼？因為有地獄、有天堂。[68]他說「人間萬苦」，與地獄相較，猶如「畫火與真火」。平常看到的「小人受刑」，即使「四顧無救」，都還「呼天搶地」，更何況是「地獄永苦」，人如何「堪之」？而天堂的美好，是「無可形容」的，不一定說「世間之樂無所不有」，但確定的是「世

---

66 《論語・里仁》，《論語注疏》，頁37。

67 孟子曰：「盡其心者，知其性也；知其性，則知天矣；存其心，養其性，所以事天也；夭壽不貳，脩身以俟之，所以立命也。」《孟子・盡心上》，《孟子注疏》，頁228。

68 韓霖：〈毋作非為〉，《鐸書校注》，頁141-168。

間之苦大概全無」。所以韓霖才會勸人「地獄必不可入，而天堂必不可不升」。[69]這是天主教的「天堂地獄」觀，所以有人認為「天堂地獄，儒者不言」。但韓霖認為《詩經》所謂的「文王在上」[70]即是指天堂，既然文王在上，那麼可以類推「桀紂操莽必居地獄」。他再舉人間的禍福說明：「富貴而至三公，壽考而至百歲，人生受享如是止矣；身填溝壑，肉飽鳥鳶，人間凶禍如是止矣」。而人身後的賞罰，是千萬倍於此而無算的。就像人世間的君王治國，都用「賞罰二端」來「勸懲善惡」，更何況是「皇矣上帝」。有人因人世間的禍福「間或倒置」，而懷疑「天夢夢」，殊不知正因為其倒置，所以知必有「身後之報」。不然，君子的「戒慎恐懼」所為何事？他又轉而批評輪迴之說，因為「小人縱肆」，誤認死後無知與輪迴謬說，就像「近日流寇遍地」，他們「且顧目前」，即使「鋒刃交頸」，「死則已矣」。有的還「妄想轉生」，殊不知「地獄無限之苦，各有差等，罪重刑亦重，未必縱橫至斯極也」。所以韓霖勸人：「人止一生，生必有死，一腳失錯，萬悔難追。」[71]

　　韓霖認為天主創造人類，賦與人永存不滅的靈性，有絕對的賞罰大權，他不僅以此批評佛、道的輪迴鬼神

---

69 同上。

70 《詩經·大雅·文王之什》曰：「文王在上，於昭于天。周雖舊邦，其命維新。」《詩經注疏》，頁 533。

71 韓霖：〈毋作非為〉，《鐸書校注》，頁 141-168。

觀，又以此批評傳統的宿命論。傳統上認為「萬事不由
人計較，一生都是命安排。命運好，不求自至；命運不
好，枉費心機。」韓霖則認為命是「天命」。如同天主
命「朝廷命官」，是要他們「盡心教養，遂民之生」，
而不只是「爾奉爾祿，養其妻子」而已；又如同「家長
命僕」，是要使他「奔走使令，代四體之役」，而不是
「飽食以嬉，煖衣以游」。因為「天心至公，賞罰禍福
至當」。人的「富貴貧賤」不同，必與人的善惡「絲毫
不爽」，其關鍵在於「德」，所以他說：「德者，福之
基也。」[72]也就是人生的富貴貧賤，與命運無關，而在
於人的善惡行為，天主也因人的善惡行為來施行審判。
他更以傳統的報應觀來說明：「人有一分德，即有一分
福以報之」，即是前人說的「生來之福有限，積來之福
無窮」。所以「富貴榮華，非積善之家，致他不來。非
積善之人，亦消受不起」，這也是《易經》所說的「積
善餘慶」之說，[73]他認為這就是「趨吉避凶」之方。[74]因
此，韓霖認為人都要「各安生理」，但他對於「各安生
理」卻有不同於前人的解釋。前人解「各安生理」是「讀
書便是士的生理，耕田便是農的生理，造作器用便是工
的生理，買賣經營便是商賈的生理」。但他認為這只是
說到「外面一層」，而不見「裡面一層」。這樣的解釋，

---

72 韓霖：〈各安生理〉，《鐸書校注》，頁 122-140。
73 《周易・坤卦・文言》，《周易注疏》，頁 19。
74 韓霖：〈各安生理〉，《鐸書校注》，頁 122-140。

只在勸那些「游惰之民、市井無藉之輩，與那不安本分、游談無根之人」。對於從事「四民之業」的人，卻不是這樣的。他認為世人「赤身從母胎生出來，一毫也無所攜；將來赤身入墓，一毫也將不去，即衣衾棺槨不過盡為子之心，一毫也不中用」。人只是少不得「每日三餐，冬一裘，夏一葛」而已，每人的一生「各有衣食之分」。但是士農工商四民都想「做大官，營大利」，想做大官的，卻有「苦志螢窗，文章命世，白首無成」的。就算成名的，有的能「濟世安民」，但也有的只是「肥家潤己之輩」，到頭來可能與「無成者」一樣，甚至有的「殺其身而後已」。至於想營大利的，多半是由「損人利己」中來，然而有的「徒然無功」，有的「倏得倏失」。也有「居積致富」的，一生穿吃不盡，子孫享用不盡，但最後卻「弄巧成拙」，「破敗多端」。像「水火、盜賊、貪人、敗子、旱蝗、疾疫」都是散財之處，非人「意料所及」。雖然如此，韓霖認為富貴之家即使「子孫衰敗」，也不會「為善而貧」，總之，其關鍵在於循理得生，不循理則不得生。[75]韓霖從人生不帶來死不帶去來說明人的一生衣食有分，因此人生的目的不在追求富貴榮華，而是為善循理。

　　韓霖又將為善循理即「各安生理」與「敬天」聯結在一起，他說：

---

75 同上。

人若存敬天愛人之心，一意為善，吉祥自至。任意習四民之業，不愁養生之資不從天上落下來。凡費力費心，聰明智巧，都用不著。此是各安生理第一妙法。若以非義之財養生，猶以毒藥療饑也，鮮不斃矣。宋張九成《論語頌·富而可求章》曰：「富貴要之不可求，求之無不反招尤。何如且只從吾好，他若來時不自由。」有鳥名信天翁，食魚而不能捕，俟魚鷹所得偶墜者，取食之。蘭廷瑞詩曰：「荷錢荇帶綠江空，唼鯉含鯊淺草中。波上魚鷹貪未飽，何曾餓死信天翁。」余不善治生，愛「信天」兩字，嘗自稱為信天翁云。[76]

敬天愛人成為各安生理的第一妙法，四民能敬天愛人，不求富貴而養生之資具備。他以「信天翁」為例來說明這個道理，信天翁不能補魚卻有魚可食，而他更愛「信天」二字，曾自稱信天翁。結合前面所討論的，韓霖認為信為功之首、萬善之根來看，天主教信仰的影響不言可喻。他認為「敬天愛人」的意義是要常存「至公無我之心」，而不要以「自私自利為事」。富貴人家要能「周急」、「薦賢」，未有「周急而己貧者」、「薦賢而己賤者」，便是富貴人家的「長久生理」。而一般

---

76 同上。

的「小民」謀生要像「蜜蜂」：「群居花中，不相妒也，
不爭奪也；各急其所業，不怠惰也；各取其所美，不損
花也；所釀之蜜，以其半養生，以其半供主。」而不能
像「蜘蛛」：「日結網羅，取眾蟲而食之，大風壞網，
蜘蛛不死者幸耳。」而且，一般人的想法是「饑寒則思
飽煖，飽暖則思富足；得十想百，得百想千想萬」，即
使「貴極富溢」，仍然「貪求不已」。[77]所以他在「各
安生理」一諭中不斷強調敬天愛人，不求富貴而養生之
資具備，也就是不要追求外在的榮華富貴，他引用了陸
游（1125-1210）和唐順之（1507-1560）的話來說明人
生在世，「如在逆旅」，七尺之軀最後化為「野土瓦礫」，
種種富貴榮華終不自有，又有什麼好追求的。[78]又有人

---

77 同上。

78 韓霖曰：「人生世間，如在逆旅，不是自己家中，養生之物，即不
齊備何妨？先儒有言：『人於外物奉身者，事事要好。只有自家一
個身與心，卻不要好。苟得外物好時，卻不知道自家身與心已自先
不好了也。』古人又說：『人生一夢，如邯鄲南柯。富貴功名，都
是幻境。』此卻不然，人在夢中所為都無功罪。人圖富貴，卻不知
造多少罪過。一家飽煖千家怨，半世功名百世冤。說到此處，令人
毛骨悚然。陸放翁云：『世之貪夫，谿壑無厭，固不足責。若常人
之情，見他人服玩，不能不動，亦是大病。大抵人情慕其所無，厭
其所有。但念此物，若我有之，竟亦何用？使人歆豔，於我何補？
如是思之，貪求自息。』唐荊川云：『今夫庸工乞丐之人，僥幸得
十數錢，則買肴市酒，欣然大醉，自以為天下之樂莫逾於己。而千
金之子，若身仡仡以程錙銖，日夜恆不足。若以人之生於天地間，
種種嗜好，無一之可少者，不知人之所甚愛而至不可少者，莫如七
尺之軀。乃其住於世也，則又有修、有短，卒無不腐為野土，化為
瓦礫而後已者，則此七尺之軀，亦終不得自有矣，而又何種種嗜好
之足有哉？』惑亦甚矣！」〈各安生理〉，《鐸書校注》，頁 122-140。

說追求榮華富貴是「為子孫謀」，要遺留給子孫，以免子孫凍餓，他又舉了許多例子說明「天自有以處之」的看法。[79]

　　然而世人總以富貴為福，貧賤為禍，韓霖如何看待貧富與禍福之間的關係？他認為孔子之生理是「飯蔬食飲水，曲肱而枕之」；[80]「一簞食，一瓢飲，在陋巷」[81]是顏子之生理；「食不重肉，一狐裘三十年」[82]是晏子之生理；而「成都八百桑，薄田十五頃」[83]是諸葛亮之

79　韓霖曰：「若為子孫謀，豈不聞隘巷寒冰事乎？其不應凍餓死者，天自有以處之。昔徐勉不營產業，家無蓄積，門人故舊為言，勉曰：『人遺子孫以財，我遺之清白。子孫才也，則自致輜軿；如其不才，終為他有。』南唐中書令周本好施，或勸之曰：『公春秋高，宜少留餘貲，以遺子孫。』本曰：『吾係草履，事吳武王，位至將相，誰遺之乎？』王文成云：『今人為子孫計，或至謀人之業，奪人之產，日夕營營，無所不至。昔人謂為孫作馬牛，然身沒未寒而業屬之他人，讐家群起而報復，子孫反受其殃，是殆為子孫作蛇蝎也。吁！可戒哉！』況有徒費心機，畢竟不得者。」〈各安生理〉，《鐸書校注》，頁 122-140。

80　《論語・述而》，《論語注疏》，頁 62。

81　《論語・雍也》，《論語注疏》，頁 53。

82　《史記・管晏列傳》，漢・司馬遷撰、劉宋・裴駰集解、唐・司馬貞索隱、唐・張守節正義、楊家駱主編：《史記》（臺北：鼎文書局，1981 年，《中國學術類編》），頁 2134。

83　《三國志・蜀書・諸葛亮傳》曰：「初，亮自表後主曰：『成都有桑八百株，薄田十五頃，子弟衣食，自有餘饒。至於臣在外任，無別調度，隨身衣食，悉仰於官，不別治生，以長尺寸。若臣死之日，不使內有餘帛，外有贏財，以負陛下。』及卒，如其所言。」從這段話我們也可以看到諸葛亮不為子孫謀富貴。晉・陳壽撰、南朝宋・裴松之注、楊家駱主編：《三國志》（臺北：鼎文書局，1980 年，《中國學術類編》），頁 927。

生理；陶淵明之生理是「環堵蕭然，不蔽風日，短褐穿
結，簞瓢屢空」。[84]他的結論是古今聖賢多處「貧約」。
[85]他又舉了二程受學周敦頤，每令尋「孔顏樂處」。[86]他
這樣解釋「孔顏樂處」：「若無所樂，豈能安貧，或疑
所樂何事？」他引用了周敦頤的《通書》來回答：「夫
富貴，人所愛也。顏子不愛不求，而樂於貧者，獨何心
哉？天地間有至貴可愛，至富可求。而異乎彼者，見其
大而忘其小焉。爾見其大則心泰，心泰則無不足，無不
足則富貴貧賤處之一也。處之一，則能化而齊。」[87]又
曰：「君子以道充為貴，身安為富，故常泰無不足，而
銖視軒冕，塵視金玉。其愛無加焉爾。」[88]所以周敦頤

84　《陶淵明集・五柳先生傳》，晉・陶淵明著、龔斌校箋：《陶淵明
　　集》（上海：上海古籍出版社，1996 年）。
85　韓霖：〈各安生理〉，《鐸書校注》，頁 122-140。
86　「尋孔顏樂處」是宋明理學家自周敦頤以來，所追尋的主題。程顥
　　（1032-1085）曾回憶：「昔受學於周茂叔，每令尋顏子、仲尼樂
　　處，所樂何事？」（〈考辨〉，《河南程氏遺書》卷第二上，《二
　　程集》，頁 16）自古以來即認定「孔顏之樂」在於「安貧樂道」，
　　而程頤認為：「然則顏子所獨好者，何學也？學以至聖人之道也。」
　　（〈顏子所好何學論〉，《河南程氏文集》卷八，《二程集》，頁
　　577-578）。因此我們可以說「孔顏之樂」即是「學以至聖人之道」，
　　即是追尋聖學，與道德性命同在的快樂。關於「孔顏樂處」的研究，
　　可參考劉振維：〈孔顏樂處辯〉，《哲學與文化》22 卷 5、6 期（1995
　　年 5-6 月），頁 457-466、550-557。周益忠：〈從子產不毀鄉校到
　　尋孔顏樂處 ── 兼談孔門對話精神對後世教改的啟示〉，《國文學
　　誌》第 6 期（2002 年 12 月），頁 29-52。
87　《通書・顏子》，《周子全書》（臺北：財團法人臺北市廣學社印
　　書館，1975 年），卷八，頁 146-150。
88　「其愛無加焉爾」周敦頤原文是「其重無加焉爾」。《通書・富貴》，
　　《周子全書》，卷八，頁 146-150。

在仕南昌時，能安然處在「止一弊篋，錢不滿數百」的
狀態。他又引了范沖淹（989-1052）的話：「人苟有道
義之樂，形骸可外，況居室哉！」他又從「苦樂」二字
來否定世人以富貴為福，貧賤為禍的觀點。世人「求福
免禍」，只為「求樂免苦」。人生如果能「畢世純樂無
苦，福莫大焉」、「畢世純苦無樂，禍莫大焉」。但是
真實的情況是「貧賤苦，富貴亦苦，莫苦於情之抑鬱。
惟惡人，無入而不苦也」。同樣的「富貴樂，貧賤亦樂，
莫樂於神情之舒泰。惟善人，無入而不樂也」。所以善
人處富貴，能「淡然泊然」，能「因勢之便達」。他認
為吾之道要以「濟世安人」為快，即使處貧賤，「志不
在溫飽也，安見貧？志不在榮臕也，安見賤？」反而惡
人「愈富愈憂貧，愈貴愈患失」，這是因為他們「圖網
人財，費多少機心；圖奪人位，傷多少天理。食息痞瘵，
靡一刻寧」。人們羨慕他們以為他們是「神仙中人」，
但其實「彼其苦，直不敢告人」，一旦貧賤加之，煩惱
更甚了。因為惡人本來就「自苦貧賤」，富貴貧賤就能
使其苦。總之，韓霖認為「禍福苦樂，果不關富貴貧賤」。
《書經》所說的：「日拙日休。」[89]以及《論語》所稱
的「坦蕩蕩，長戚戚」，[90]才是「真樂真苦，真禍真福」。

---

[89] 《尚書·周官》：「作德心逸日休，作偽心勞日拙。」注曰：「為
德直道而行，於心逸豫而名且美；為偽飾巧百端，於心勞苦而事日
拙不可為。」《尚書注疏》，頁272。

[90] 《論語·述而》：「子曰：『君子坦蕩蕩，小人長戚戚。』」《論
語注疏》，頁65。

[91]世人以富貴為福，以貧賤為禍，韓霖認為重點不在外在環境的富貴與貧賤，而在於心，心樂即使處在貧賤之中，仍能樂，是福，心苦即使處在富貴之中，仍是苦，是禍，所以禍福的判斷標準不在外在環境的富貴貧賤。

當然，韓霖並不是反對富貴，只是強調禍福與富貴無關，更要人不要汲汲營營於富貴，對於富貴，他要君子能「持盈守滿」，所以他反而認為在「禍福相倚」的情況下，人「不足」是「好消息」，「有餘」反而是「惡消息」。因為人在「困窮之時」，在「百不如意」的情況下，就「驕心不起，善念自生，夙夜勤勞，富貴可致」。就像花「含蕊乃將開時，略放是正盛時，爛漫是衰謝時」一樣。而富貴之家「祿位重疊，猶再實之木，其根必傷」[92]另外，對於富貴，他有一很特別的說法：「富者，民之怨也。」因為「血氣之倫皆有爭心」，而「世間之財只有此數，我擁其有餘，必有受其不足者」。而「蘊利生孽，乃天道人事自然之理」。所以「循理之人未嘗無富貴之日」，因此君子要「居易以俟命」。[93]他認為「各安生理」即是《中庸》所說的「素位而行」，而這不是

---

91 韓霖：〈各安生理〉，《鐸書校注》，頁 122-140。

92 同上。

93 《禮記·中庸》曰：「君子素其位而行，不願乎其外：素富貴行乎富貴，素貧賤行乎貧賤，素夷狄行乎夷狄，素患難行乎患難，君子無入而不自得焉。在上位不陵下，在下位不援上，正己而不求於人則無怨。上不怨天，下不尤人，故君子居易以俟命，小人行險以徼幸。」《禮記注疏》，頁 883。

容易做到的，須要有一段「正己反求」的工夫，然後才可以「不陵不援，不怨不尤，無入而不自得」。因此他要人安貧，還要崇尚儉約，他認為「今俗奢極矣，宜以儉救之」。從「飲食、衣服、屋宇、車馬，以至冠婚、喪祭、宴會、往來之禮」，都要務從「儉約」，「敦崇古道」，來「力挽驕奢」，這不僅可以「養德」；而處在「淡泊寧靜」之中，則「神清體健」，還可以「養壽」；而且「無求於人，無愧於己」，還可以「養氣」。[94]韓霖這樣的觀點，有其時代意義。晚明民風奢靡，與商業活動蓬勃發展大有關係，朝廷更曾為此而頒佈「禁奢」之令，「奢靡」亦是當時許多士人普遍關心的問題。[95]而

---

94 韓霖：〈各安生理〉，《鐸書校注》，頁 122-140。

95 關於晚明崇奢風氣的研究，可參考劉志琴：〈晚明城市風尚初探〉，《中國文化研究集刊》1（上海：復旦大學出版社，1984 年），頁 190-208。徐泓：〈明代社會風氣的變遷：以江浙地區為例〉，中央研究院第二屆國際漢學會議論文集編輯委員會編：《中央研究院第二屆國際漢學會議論文集》，（臺北：中央研究院，1989 年），頁 137-159。林麗月，〈明代禁奢令初探〉，《歷史學報》22 期（1994年 6 月），頁 57-84、〈晚明「崇奢」思想隅論〉，《歷史學報》19 期（1991 年 6 月），頁 215-234。另外，有從服飾風尚探討晚明奢靡之風的：林麗月：〈衣裳與風教 —— 晚明的服飾風尚與「服妖」議論〉，《新史學》10 卷 3 期（1999 年 9 月），頁 111-157。巫仁恕：〈明代平民服飾的流行風尚與士大夫的反應〉，《新史學》10卷 3 期（1999 年 9 月），頁 55-100。何淑宜：〈以禮化俗 —— 晚明士紳的喪俗改革思想及其實踐〉，《新史學》11 卷 3 期（2000年 9 月），頁 49-100，則研究晚明士紳試圖以禮化俗，改善在喪俗方面的奢靡現象。

韓霖在《鐸書》中多處談到富貴的問題，[96]並以「敬天愛人」做為貧、富之人皆能行的徹上徹下一貫不變的宗旨。

「敬天」的具體方式除了下一節我們要談論的愛人，與他人的關係外，對個體而言，最重要的就是與天的關係，和與自己的關係。韓霖曾說：

> 學之大端有三：一向天，即敬天之學。一向人，即愛人，如孝順、尊敬、和睦、教訓四事是也。一向己，修治身心，為學之本，而敬天愛人，一以貫之。[97]

敬天除了前述的信天以外，落實敬天最好的方式就是愛人和自我身心的修養。自我身心的修養，在聖諭六言中，除了上述的「各安生理」一諭外，就是「毋作非為」了。[98]在六諭中，韓霖花了最多的篇幅闡發「毋作非為」，幾乎佔整本書的四分之一。他從人有「自主之

---

96 韓霖除了在「各安生理」一諭談貧富的問題外，在「和睦鄉里」中更責求富貴人家需賙濟窮人，詳下文。另外，在前言中我們談到韓霖編輯《二老清風》是為對治「民風奢靡」的問題，他在《二老清風》的序中說：「今俗靡極矣，簠簋不飾，裘馬相高，莫若先進示之，二老清風，後人之師也。……率敦樸而化薄俗，當有聞風而起者矣。」《二老清風》，頁4-9。

97 韓霖：〈毋作非為〉，《鐸書校注》，頁141-168。

98 韓霖曰：「各安生理，亦修己廉靜之一端。至為聖為賢，只須『毋作非為』之一語，此高皇帝教人為善四字訣也。」〈毋作非為〉，《鐸書校注》，頁141-168。

權」來談「毋作非為」：

> 蓋天生萬民，即將敬天愛人兩念，銘刻人心。是
> 性中有善，所以近於天神，而別於禽獸者也。與
> 以自主之權，可以為善，亦可以為惡。然後善有
> 功，惡有罪，而禍福隨焉。性中有三司：曰司記，
> 司明，司愛。司明尚真實，司愛尚美善，為萬行
> 本源。司愛有二心焉：向理者近於天神者也，向
> 欲者近於禽獸者也。觀人於一時一事，舉兩相拂
> 戾之心可見。然向理之心，有權有力，如大君端
> 拱堂皇，為臣工主，隨時隨事，得以自由。故曰：
> 「志之所至，氣必至焉。」[99]奮發有為，未有不
> 能自主者，此毋作非為之大把柄也。[100]

這裡很明顯的是用西方哲學「自由意志」的觀點來
解釋「毋作非為」。他再次重申「敬天愛人」是天主創
造人時賦與人的。天主創造萬物分為三品：天神、人類
與禽獸，[101]人類與其他二品不同的地方在於人有「自主

99　《孟子‧公孫丑上》：「夫志，氣之帥也；氣，體之充也。夫志
　　至焉，氣次焉。故曰：持其志無暴其氣。」《孟子注疏》，頁 54。
100　韓霖：〈毋作非為〉，《鐸書校注》，頁 141-168。
101　韓霖在〈維風說〉談到「夫婦有別」時說到：「造物主造物，分
　　上中下三品。上品曰天神，中品曰人，下品曰禽獸。天神無欲，
　　人與禽獸皆有欲，然人能制欲，禽獸為欲制。無欲故無配偶，制
　　欲故無亂偶。惟為欲制，遂至無定偶，茲三品所繇分也。是以聖

之權」，即「自由意志」，人有選擇、有為善為惡的自主之權。性，即靈魂，又有三司：司記、司明和司愛，即基督宗教的靈魂三司：記含、明悟、愛欲。[102]韓霖認為司愛有「向理」與「向欲」之二心，前者近於天神，後者近於禽獸，但向理之心是有權有力的，只要奮發有為皆能自主，皆能為善，而這是毋作非為的大把柄。

　　毋作非為是使向理之心指導向欲之心，使人能為善而不作惡，所以對於毋作非為的意義，韓霖認為即是「不為惡」。他引用孔子的話「道二，仁與不仁而已矣。」[103]解釋「非為」即「惡」也，「毋作非為」即「毋作惡」。人不為善即為惡，不為惡即為善，善與惡「等級相懸」，「如天距地」，兩者是相反、相敵，也不相容的。為善要「造詣到聖賢地位」是難的，但去惡是「初學下手工夫」，相對而言是容易的。他又舉出許多聖賢的修養工夫來說明毋作非為的意義。孔子教顏淵「非禮勿視，非禮勿聽，非禮勿言，非禮勿動」，[104]即是克己由己。又如曾子之慎獨，[105]子夏之戰勝，[106]孟子之強恕，[107]都是

人立教於五倫中曰『夫婦有別』，蓋欲人近於天神，遠於禽獸也。」《鐸書校注》，頁 119-121。

102　見第二章註 22。

103　《孟子·離婁上》，《孟子注疏》，頁 125。

104　《論語·顏淵》，《論語注疏》，頁 106。

105　《禮記·中庸》：「是故君子戒慎乎其所不睹，恐懼乎其所不聞。莫見乎隱，莫顯乎微，故君子慎其獨也。」《禮記注疏》，頁 879。

106　《韓非子·喻老》曰：「子夏見曾子，曾子曰：『何肥也？』對曰：『戰勝故肥也。』曾子曰：『何謂也？』子夏曰：『吾入見

「由勉強而到自然」，並不是天生而成的。《五經》、《四書》自「危微精一」[108]所傳來的不過是「操存省治之功」、「致知力行之要」，要「細心體貼到自己身上」。因為「九分之善未為善，一分之惡即為惡」，如果沒有「克己之密」以及「常常簡點」之工夫，想要因為善去惡而「離地獄而升天堂」，是非常難的。[109]韓霖不僅將「毋作非為」與儒家的聖賢工夫結合，也與西方哲學的自由意志之說結合在一起，用儒家的修養工夫使人的向理之心克制向欲之心，可謂將儒家與基督宗教的心性論與工夫論融合在一起，亦是一種型態的耶儒融合。

　　至於非為之事，韓霖先從最低層次的違反法律談起，像《大明律》所定的「笞、杖、徒、流、絞、斬之罪，以至十惡大罪，凌遲處死」，都是在刑罰「作非為」之人。因人易陷非為，所以「懷刑」與「懷德」並言。[110]而罪重之人，即使國法未及加，上天也會用「寇盜、饑荒、瘟疫」殺之。然而罪之「隱顯大小」不同，在「人

先王之義則榮之，出見富貴之樂又榮之，兩者戰於中，未知勝負，故臞。今先王之義勝，故肥。』」陳奇猷校注、中華書局上海編輯所編輯：《韓非子》（北京：中華書局，1958 年），頁 416。

107　《孟子・盡心上》曰：「孟子曰：『萬物皆備於我矣，反身而誠，樂莫大焉。強恕而行，求仁莫近焉。」《孟子注疏》，頁 229。

108　《尚書・虞書・大禹謨》曰：「人心惟危，道心惟微，惟精惟一，允執厥中。」《尚書注疏》，頁 55。

109　韓霖：〈毋作非為〉，《鐸書校注》，頁 141-168。

110　《論語・里仁》：「子曰：『君子懷德，小人懷土；君子懷刑，小人懷惠。』」《論語注疏》，頁 37。

人各有良心」的情況下，他要人「捫心自想，有罪無罪，當自知之」，因此要「毋作非為」。另外，只要違反「敬天愛人」的，即是「悖天害人」，即是罪，而這種「罪」，他又分為三等：「或念、或言、或行」，他認為「世人幾於一念一愆，一言一尤，一動一疵」，只要不行當行的，而當行的盡在聖諭五言中，即是罪。[111]這樣說來幾乎人人都有罪了，這很明顯的是基督宗教對罪的概念。韓霖認為人所當戒的是：「貪、淫、殺」。他所謂的「殺」不只是指「以挺與刃」，只要是「一念害人，一言傷人」，都與殺人同罪。又「主謀殺人」，跟「造言殺人」，比「挺刃」尤甚。另外自殺的「投身水火，自經溝瀆」，或是看到「無罪將死之人」而不救的，或是「生子女不育而溺死」的，[112]都是殺人。而貪是「世人通病」，「欺人之不知而取」的即是「竊盜」，「強人以不得不與」的即是「強盜」。而淫，不只是「桑間濮上，狎邪青樓」，凡是「正配之外」，皆是「苟合」，韓霖甚至說「一女不得有二男，一男獨得有二女乎？」這樣的說法很明顯是受到天主教的影響，在「教訓子孫」一諭中，韓霖引用了高一志的《齊家西學》「其夫不知有他婦，其婦不

---

111 韓霖：〈毋作非為〉，《鐸書校注》，頁 141-168。

112 基督宗教有十大誡命，其中第五誡是「毋殺人」，影響了韓霖對「殺」的看法，其中他認為「生子女不育而溺死」亦是殺人，這與當時的「棄嬰」甚至「溺嬰」的現象有關。相關研究見梁其姿：《施善與教化：明清的慈善組織》第三章。周秋光、曾桂林：《中國慈善簡史》，頁 156-159。

知有他夫」[113]的觀念，又引用《禮記》[114]及大篇幅引用《易經》「家人卦」從初九至上九每一卦的卦辭、爻辭及注來說明「齊家之道，其要在於別男女」。[115]他又作《維風說》專門討論這個問題。[116]韓霖認為防淫不只「身不為邪事」，還要「目亦不睹邪書，口亦不道邪言，耳亦不聞邪聲」，除此之外，對於「邪念」更要謹慎。而此邪念有三級：「初不過一念之微，次則欣喜之，次則實願之。」防淫，應「禁於初起時，或禁於欣喜時，或禁於實願時」，其中以「禁於初起時」為有功。[117]另外，

---

113 高一志：《齊家西學》，見鍾鳴旦等編：《徐家匯藏書樓明清天主教文獻》（臺北：輔大神學院，1996 年），第二冊。

114 《禮記‧郊特牲》曰：「男女有別，然後父子親；父子親，然後義生；義生，然後禮作；禮作，然後萬物安。無別無義，禽獸之道也。」《禮記注疏》，頁 506。

115 韓霖：〈教訓子孫〉，《鐸書校注》，頁 98-119。

116 《維風說》要維護的是什麼風俗？韓霖曰：「末世陋風，婦女行路，男子相聚而觀之，衣冠之族，恬不為怪。噫！此與禽獸何遠也？……故男女之禮，不褻坐，不同椸架，不同巾櫛，不親授。嫂叔不通問，諸母不漱裳。女子許嫁纓，非有大故，不入其門。……故男女之別，先戒其目。請革相聚而觀之陋風，以避瓜田李下之嫌，遠於禽獸而近於天神，三仇莫能害之，豈惟追古風行？且望天國矣！」《鐸書校注》，頁 119-121。由此可知「正風俗，別男女」正是維風說的主旨。對韓霖而言，這當然與當時的社會風氣有關。韓霖在這篇文章中，將天主教的觀念：造物主造萬物三品、三仇、五司及天國與儒家的倫理思想：五倫、「非禮勿視」等克欲工夫結合在一起，來導正當時的社會風氣。關於《維風說》的研究，可參考李凌翰：《韓霖《鐸書》與中西證道：明末天主教徒參與的地方教化活動》，頁 106-111。

117 韓霖：〈毋作非為〉，《鐸書校注》，頁 141-168。

他在「教訓子孫」一諭中也談到防淫要從「童幼」教育開始，他認為其他的過錯「猶可補」、「猶可止」，只有「邪淫」之溺、之習「不可補」、「無底止」。同樣的，因為「淫言多引邪念、淫念多引淫行」，所以防淫要從「身遠之、念杜之，即口亦封而不敢言，耳亦塞而不敢聞」做起。[118]根據學者的研究，韓霖曾因入教而休妾。[119]「毋行邪淫」是天主教十誡的誡命，而中國的官紳階層普遍的娶妾現象即是犯了此誡，因此當天主教的誡命「毋行邪淫」及一夫一妻的婚姻觀隨著天學傳入中國時，曾引起士大夫的批評，也造成許多天主教儒者在信仰與傳統文化之間抉擇的兩難。在受洗成為天主教徒之前，必須要先處理妾的問題，因此也讓許多士大夫雖對天主信仰嚮往但卻裹足不前，這也成為耶穌會士在上層社會傳教所面臨的重要障礙之一。

　　關於罪，韓霖還直接引用耶穌會士龐迪我的《七克》所講的「七罪宗」：「由愛榮名而生驕傲，由愛財物而生慳吝，由愛身體而生迷食、迷色與懈惰於善，所愛未得，則生忿怒，若未得而他人得之，則生嫉妒」，即傲、妒、貪、忿、饕、淫、怠，這是「萬罪之根、萬禍之胎」。

---

118 韓霖：〈教訓子孫〉，《鐸書校注》，頁 98-119。這個部分韓霖是引高一志的《童幼教育》，見鍾鳴旦等編：《徐家匯藏書樓明清天主教文獻》（臺北：輔大神學院，1996 年），第一冊，頁 317-325。

119 黃一農：〈鼎革世變中的天主教徒韓霖〉，《兩頭蛇 ── 明末清初的第一代天主教徒》，頁 239-240。

而他還在《鐸書》中引用了龐迪我「罪罪相接」，即「犯一罪不止於一罪」的概念。人如有「罪入於心」，如果「不速悔」，如同有一重物壓人下墜，使人「陷於他罪」，而罪與罪相接，就像「患招患」一樣，前罪開「後罪之釁」，而後罪即「前罪之刑」。例如「傲罪不克」，會生「榮位過人」之念。見人逾己，則生「妒心」，而妒必「易怒」於所妒之人，因而生「忿」，忿則欲加害之，不得則生「憂心」，憂於內，必求樂於外，故生財物之「貪」，有財物則迷於「逸樂」，逸樂則通於「色欲」，色欲在心，則「萬德頓敗」、「諸惡群入」。克七罪須用「七德」：傲如「猛獅」，「以謙伏之」、妒如「濤起」，「以恕平之」、慳如「握固」，「以惠解之」、忿如「火熾」，「以忍熄之」、迷飲食如「壑受」，「以節塞之」、迷色欲如「水溢」，「以貞防之」、怠如「駑疲」，「以勤策之」。[120]韓霖講罪，無論是貪、戒、殺，還是直接引述龐迪我的七罪宗，「原罪」的觀念較淡薄，雖然他認為「敬天愛人」是天主所賦與的，與此相反的「悖天害人」多少有點原罪的意味，但韓霖談比較多的是「本罪」，即人在道德實踐過程中明知該做而不做，或是明知不該做而做的罪過。當然可能是因天主教的原罪觀點不被當時人所接受，最主要的原因還是因《鐸書》的文本性質是鄉約的講本，針對的是中下階層的士人及

---

120 韓霖：〈毋作非為〉，《鐸書校注》，頁 141-168。

一般市井小民。而對於人的本罪及克罪之方，在中國傳統思想中，資源可謂豐富，所以韓霖在引用了龐迪我的《七克》後，還是從傳統思想中找材料，引用了宋明理學家的天理人欲觀，如朱子、呂坤（1536-1618）的《理欲生長極至之圖》。他認為人的「為舜為跖」，不過從「一念」而起，善人亦有「欲念」，不善人亦有「理念」，只有「省察克治」、「存養擴充」才是「善人能之」、「不善人不能」，或成為舜或成為跖的差異所在。[121]

　　對於「毋作非為」的下手工夫，韓霖仍從傳統思想入手，其工夫在「立志」、「虛心」、「知恥」、「追悔」及「改過遷善」，而這些工夫的根本在於「敬天」。他引用了宋明理學家；二程、邵雍（1011-1077）、朱子、陸九淵及呂祖謙（1137-1181）的話來談論這些工夫。何謂立志？「以道為志」，「以聖為志」，即能達到「聖賢之域」。虛心與「私心自用」相對，學者應虛其心，以辨別追求無窮道理之指歸。[122]知恥即羞惡之心，是「義理之師」、「捍惡之藩」、「善俗之屏」，知恥者「雖染於邪」，必有「止期與復機」，無恥則無改期。[123]知恥是人之所以別於禽獸，即發愧心，思想「從前所作可羞可惡，真有不自容者」，然後就有「改圖」的可能。[124]

---

121 同上。
122 同上。
123 韓霖：〈教訓子孫〉，《鐸書校注》，頁98-119。
124 韓霖：〈毋作非為〉，《鐸書校注》，頁141-168。

而對於「追悔」，韓霖是這樣說的：

> 悔者，補神之藥，刈惡之刃，諸德之率，真福之
> 根也。人或為欲所昏，為魔所誘，為俗所染，而
> 此心既明，自恨自責，不能自恕，何難改難改之
> 忒，克難克之習，勝難勝之力哉？昔人有言：「蓋
> 世功勞，當不得一矜字；彌天罪惡，當不得一悔
> 字。」一悔可以回天心焉，可以彌禍患焉，可以
> 增力道焉，可以補積愆焉。余嘗曰：「愧為作聖
> 之基，悔是升天之路。」非虛言也。[125]

這裡很明顯的是從天主教的傳統來談悔改，他將「悔
改」定義為一種德行，這樣的界定與論述，基本上與天
主教的教義是相同的。不惟如此，他還引用艾儒略《滌
罪正規》中有關歷代教徒使用的「責身贖罪」以達到悔
改的目的的種種懺悔方法介紹給鄉人：有「終夜露處，
默禱誦經」、「昂首向天，吁嗟嘆泣」、「身被棕衣」、
「致恭長跪，流涕濕地」、「痛恨己罪，心中難忍，如
獅之吼」、「尋思義理，心中凝結，如將死不省人事」、
「長跪曝身烈日」、「俛首流涕於饑餐渴飲之際」、「氣
喘舌出」、「甘受極渴以苦其身，饑止粒食，渴止滴飲」、
「求天降災禍，或求久病，或求盲瞽聾暗，或求被刑憲，

---

125 同上。

或求死後棄溝壑，不堪受埋葬之惠」。引述了十多種悔
罪的例子後，韓霖說這些都是「有道聖人」，僅犯一二罪
過，就「不敢自寧，甘受慘苦，補贖其罪，仰天憐宥如
此」，更何況是我們一般人，一日之間不知犯多少罪，如
果不加「省悔」，終罹「地獄永殃」。[126]這些被耶穌會士
傳入中國的獨特的悔改方式，在明末人看來是完全異質
或怪異的宗教行為，[127]而韓霖卻從其天主教徒的情懷出
發，對此津津樂道，並認定它是成聖、升天之根基，此則
充分說明韓霖對天主教教義的全面接受與信仰的堅定。

　　「毋作非為」最後一個下手工夫是改過，韓霖在舉
了中國歷史上的成湯、孔子；顏淵、蘧伯玉、子路、李
延平、呂祖謙；薛惟吉、張延符；及周處、賈淑、戴淵
等人的事例，說明聖人、賢人、眾人及惡人等各種型態
的改過後，話鋒一轉，大段徵引袁黃（1533-1606）的《了
凡四訓》，韓霖認為袁了凡論改過處，言多「懇切」。
袁了凡以現世報和來世的獄報來勸人起「畏心」而改過，
這與耶穌會士及中國某些天主教儒者以「地獄永殃」來
勸人改過是相同的。袁了凡說：「塵世無常，肉身易殞，
一息不屬，欲改無由矣。明則百千年擔負惡名，雖孝子

---

126 同上。

127 明末反教者黃貞（福建士紳，他曾收集萬曆、崇禎年間的反天主
　　教文章而成《聖朝破邪集》）就認為這是「無事被刑枷，非罪而
　　捶胸乞救」，認定它剝奪了儒生的「活潑潑之樂趣」，與儒教聖
　　賢的苦樂觀完全背道而馳。孫尚揚：〈上帝與中國皇帝的相遇
　　──《鐸書》中的儒耶互動與倫理建構〉，頁27。

慈孫不能洗滌；幽則千百劫沉淪獄報，雖聖賢菩薩，不能援引，烏得不畏！」[128]這段話佛教思想的成分非常明顯，韓霖則刪去「千百劫」，直言「幽則沉淪獄報」，又將「雖聖賢菩薩，不能援引，烏得不畏」刪去，改為「不勝其苦」。除了將這些明顯是佛教思想的字眼刪掉外，他幾乎照單全收袁了凡的改過之說。韓霖引述袁了凡談改過有「從事上改者」、「從理上改者」及「從心上改者」，又引用袁了凡的善分：「真假」、「端曲」、「陰陽」、「是非」、「半滿」、「大小」及「難易」等，而「積善之方」則有：「與人為善」、「愛敬存心」、「成人之美」、「勸人為善」、「救人危急」、「興建大利」、「舍財作福」、「護持正法」、「敬重尊上」及「愛惜物命」等十項為善的方法，甚至連「護持正法」這樣明顯的佛教口號，他也照錄：「法者萬世生靈之眼目也，不有正法，何以參贊天地？合以財成萬物？何以脫塵解縛？何以經世出世？」只不過在後面說「但所謂上報佛恩，則偏見也。」而在「愛惜物命」中，韓霖說：「亦是惻隱之心，但未免為佛門所惑耳。中有玉石兼收，

---

128 袁了凡：《了凡四訓》（合肥：黃山書社，2011 年）。關於袁黃和《了凡四訓》的研究，可參考袁光儀：《晚明之儒家道德哲學與世俗道德範例研究 ── 劉蕺山《人譜》與《了凡四訓》《菜根譚》之比較》（新北市：花木蘭出版社，2009 年）。簡毅銘：〈純粹的道德與世俗的功利 ── 以《了凡四訓》、《人譜》為例〉，《世新中文研究集刊》第 2 期（2006 年 6 月），頁 159-187。

珠礫相混者,僭為汰之。」[129]在這一大段文字中,雖然他照單全錄,但與天主教信仰明顯不符合的,他則刪去。韓霖在《鐸書》這本以天主教思想指導的鄉約講本中大段徵引民間勸善書《了凡四訓》,除了說明在明末大行其道的功過格、民間勸善書的影響外,由此我們也可明白至少在韓霖的思想中,他認為兩者至少在勸人改過為善等倫理思想與規範中有其共通之處。

　　韓霖在引用了袁了凡的《了凡四訓》的善之分類和十種善行後,話鋒一轉,討論起西儒的德行理論,這部分他完全抄錄高一志的《修身西學》。[130]首先他談到「德」的含義:「積善於心而表諸身,從而稱善者」。他說「人之神」,就像「未書之素冊」。既「書乃有字」,既「積乃有德」。而神是「主形」,使之「運動」,而德是「主神」,使之「善運動」。人有德於心,才能「易行善於外」。而「善以全名者也」,也就是十分善才是善;而「惡以缺名者也」,一分惡即為惡。就如同善是「蜜」,惡是「膽」。膽之少許,就可以苦蜜之多許;而蜜之多許,不足以甘膽之少許的道理一樣。[131]接下來他就談到定善惡的標準,約之以三:「係所向之事物」、「動行之善係於節」及「動行之善惡係於為」。何謂「係所向

129　韓霖:〈毋作非為〉,《鐸書校注》,頁 141-168。

130　高一志:《修身西學》,見鐘鳴旦等編:《法國國家圖書館明清天主教文獻》(臺北:臺北利氏學社,2009 年),第一冊。

131　韓霖:〈毋作非為〉,《鐸書校注》,頁 141-168。

之事物」，即人行為的動機、為何行善：「所向為正善，向之之動謂善矣；所向為邪惡，向之之動為惡矣」。而何以知道事物之善惡，要以「造物主所命之正理度之」，正善是「順命合理」的，邪惡則反是。二是善惡的標準「係於節」，節是「事物之外勢」，即如何行善才符合「節」，要思考七端：何人、何物、何地、何器、何故、如何、何時，合節的才稱為善，違節的是惡。第三是善惡的標準「係於為」，也就是「以意之邪正」為評判的標準。他舉例「廣施普濟」，如果只是「竊圖善聲」，所行雖然合理，但仍不為善。如果「意善事惡」，也不為善，就像「行盜養親」，「犯理以救萬民」仍是不善。因此君子「起意必慎」。[132] 從這三點，我們可知韓霖所強調的無非是善惡的標準在於行為背後的動機，動機決定行為是否為善還是為惡，而且動機必以「造物主所命之正理」為出發，這裡很明顯的是指天主的真理，以天主的真理來判定善惡。

接下來，韓霖又引述了「德之中庸」、「德之生息」、「德之區品」及「德之相須」。關於德之中庸，他認為「德之中有二」，德行有左右兩個「相背之惡」，像勇毅居「懼狂二惡之中」、好施居「吝奢二惡之中」。以物而言，「物之中庸」有定、有不定，定者像六為二與十之中數，因為它隔於十、隔於二都是四，是「自定之

---

132 同上。

中」。而不定之中，則是「無定分數」，是隨人隨時隨
事而定的，是「理定之中」。而德是「治心治情」，合
理、合節的才稱為善，所以重視的是「理定之中」。[133]倫
理道德即中庸，在兩種過錯（惡）—他稱為「慝」—的
中間，過與不及都是不好的。而德所重視的是「理定之
中」，不是機械式的取兩者的中數，是要隨人隨時隨事
而定的。有學者指出這樣的觀點出自亞里士多德的中道
觀，[134]韓霖似乎認為這即是儒家所倡導的無過與不及、
允執厥中的「中庸」思想，不過他指出在德行的兩端都
有與德相背的惡（「慝」），這是儒家所未發的，從這
我們看到他用西方哲學的概念來為儒家的「中庸」賦與
新義。「德之生息」主要強調後天的學習與克治，德行
就像「谷種」一樣，同人性生息，而成於學習。因為行
德之時，須要以「前行之遺跡」來決定，如果在德行未
成就之時，有惡積於中，則必須「致力克之」，使它「貽
之美種」，經過「培之養之」後，能「既堅既好」，就
不能動而壞之了，所以君子要「貴習」。[135]這與儒家思
想重視後天學習培養與省察克治的觀點是不謀而合的。

　　「德之區品」，主要討論倫理道德的分類，他認為

133　同上。

134　孫尚揚：〈上帝與中國皇帝的相遇 —— 《鐸書》中的儒耶互動與
　　倫理建構〉，頁 23-26。關於明末耶穌會士對亞里士多德哲學的介
　　紹研究可參考張西平：〈明清間入華傳教士對亞里士多德哲學的
　　介紹〉，《江海學刊》2001 年第 6 期，頁 96-101。

135　韓霖：〈毋作非為〉，《鐸書校注》，頁 141-168。

德之區品分知與行，就是前面所說的「司明尚真實，司愛尚美善者」，二司能盡職就德成。而「德之宗品」惟二，一是「靈德」，一是「習德」。靈德，就是「智」。其支有二，一是「使人知以知」，一是「使人知以行」。習德是指「使人習之而不肖者改為賢，無正邪善惡之相容」。其支有三：一廉，一毅，一義。這就是「宗德之四品」。他認為人之形，得「土、水、氣、火四行之資」而能養；而人之種，要得「智、廉、毅、義四德之資」才能成。所謂「德之相須」，就是指「四德相和而成功」，即是「從和之幾何，推各德之厚薄淺深」。所以他談「治情」，又有所謂的「三品三時」之說。三品是修德、進德與據德，可稱為治情的三階段。修德是使猶悍的諸情能「持之不使其侈」，進德的階段「諸情猶不盡和」，到最後「據德」，則諸情和而無逆。三時是指人生命的階段 — 幼、壯、老：「幼情猛，不能相須相從焉；壯老情和，宗德相須相從矣」。他認為德之適中合節，俱賴智德之明炤引之，所以智德在四品中為宗之宗。然而智德之立功，亦需要他德，當人「溺人欲而昏」，則須要他德克治，不然功不成，所以四宗德未有不相資相成的。總之，人情即使不盡和也無妨，因為德是以情為美質。君子小人分別，不是無情與有情之分，而在於「治情之和不和」，他反對「絕情於心」，這樣人就淪於槁

木了。[136]這部分他照搬西方哲學的德性理論，靈德即智
德，使人知以知與使人知以行，這讓我們想到王陽明的
良知說，他認為良知是「是非之心」，即是孟子四德中
的「智」，而陽明也強調知與行的合一，突顯知、行在
道德修養中的重要性。[137]韓霖在此所引述的與陽明的思
想有其相似之處。不過在談到「德目表」時，韓霖完全
接受西方哲學的觀念，四宗德為：智、廉、毅、義，其
中又以智為德之宗，這在中國思想傳統中是非常特殊
的。在《論語》中無論是恭、寬、信、敏、惠、敬、忠、
愛、禮這些德目，都是仁的一個部分，仁才是一切道德
的基礎。[138]其後，孟子講「仁、義、禮、智」四端，[139]《中
庸》講的三達德，[140]甚至後來的宋明理學家所談的，真
是族繁不及備載。這對熟讀儒家經典的韓霖而言應該不
陌生，但他卻將這樣的德目表引述在《鐸書》這本充滿
儒家教化意味的鄉約書中，除了有信仰上的原因外，亦

---

136 韓霖：〈毋作非為〉，《鐸書校注》，頁 141-168。

137 關於王陽明的良知說與知行合一論，可參考陳來：《有無之境
   —— 王陽明哲學的精神》，（北京：人民出版社，1991 年）。

138 這部分的討論可參考拙著：〈從〈識仁篇〉論程明道之仁學〉，
   《孔孟月刊》53 卷 9、10 期（2015 年 6 月），頁 22-32。

139 《孟子・公孫丑上》：曰「惻隱之心，仁之端也；羞惡之心，義
   之端也；辭讓之心，禮之端也；是非之心，智之端也。」《孟子
   注疏》，頁 65-66。

140 《禮記・中庸》曰：「天下之達道五，所以行之者三，曰君臣也、
   父子也、夫婦也、昆弟也、朋友之交也，五者天下之達道也。知、
   仁、勇，三者天下之達德也，所以行之者一也。」《禮記注疏》，
   頁 887-888。

可見他真實肯認這樣的德目表及智德的重要性。另外，有學者指出韓霖引用高一志的《修身西學》，所介紹的是經過中世紀士林哲學改造後在天主教得到運用的古希臘德性倫理，尤其是亞里士多德的《尼各馬可倫理學》。天主教的思想史（包括倫理思想史）亦是一部充滿著對「異教」思想進行創造性詮釋與借用的歷史，而身處「異教」思想境遇中的明末中國天主教徒韓霖竟然以對天主教的接受和宣講這樣一種奇特的方式，與希臘倫理思想展開對話。[141]

　　在引用《修身西學》後，韓霖總結這與宋儒的「天理人欲」之說「異情而同意」。他認為古今聖賢之書，皆是「治人心性之藥方」，句句都說到人的病痛，讀之而能生「歡喜心」，就像病人「喜聞藥香」，便有「起死回生」之時。如果讀之而「愀然不樂」，像病人知道「針砭疼痛」，還是好消息，不至「十分痿痺」。但如果讀之與自己絕不相關，如同「諱疾忘醫」，則不可救藥。不過他認為人所讀之書，所作之事，有「以邪為正，以惡為善」的，就像「異端邪術」的「神佛經咒」，自稱是「至妙之方」，反而是「至毒之藥」，而「修齋設醮」等「媚神祈福」的行為，自稱是「極大之功」，反而是「莫大之罪」。[142]韓霖認為在為善去惡、省察克治

141　孫尚揚：〈上帝與中國皇帝的相遇 —— 《鐸書》中的儒耶互動與倫理建構〉，頁 23-26。

142　韓霖：〈毋作非為〉，《鐸書校注》，頁 141-168。

的修己工夫上，儒家與天主教思想有其共同之處，反觀佛教道教的經咒、修齋設醮等則是異端，不僅對身心的修養無益，更會造成極大的危害，其中的批判與排斥是不言可喻的。

三、愛　人

對韓霖而言，敬天除了自身的改過遷善、省察克治，以臻聖賢之域外，更重要的還有「愛人」，因為「天之生人，要愛人」，所以敬天必「及於愛人」。[143]敬天愛人，為善才能受永福；悖天害人，為惡則必受永殃。[144]這永福與永殃即是前面所說的天堂與地獄。所以他不斷的在聖諭六言中重申「敬天愛人，人人有責」，[145]敬天愛人成為聖諭六言的一貫之旨，雖然，韓霖並沒有直接將愛人與天主教的誡命連結在一起，但他對愛人的重視不亞於敬天。對於愛人，在《鐸書》的序中他從古聖王的教化談起：

> 天生下民，賦以恆性，立之君師，俾以聖人在天子之位，如上古之世，帝堯、帝舜是也。即有聖人為之臣，如禹平水土，稷教稼穡。當斯時也，百姓耕田食，鑿井而飲，飽食煖衣矣。又恐逸居

---

143 韓霖：〈孝順父母〉，《鐸書校注》，頁 59-65。
144 韓霖：〈毋作非為〉，《鐸書校注》，頁 141-168。
145 同上。

無教，近於禽獸，使契為司徒，敬敷五教，在寬。
五教者何？父子有親，君臣有義，夫婦有別，長
幼有序，朋友有信。孔夫子謂之「達道」。達道
者，天下古今所共由之路也。孟子謂之「人倫」，
曰：「人倫明於上，小民親於下。」《中庸》曰：
「天命之謂性，率性之謂道，修道之謂教。」是
人倫本於天性，此外別無所謂道與教也。外此而
言道與教，即異端邪說矣。[146]

　　表面看來韓霖是從儒家教化的角度出發，但是從以
上的討論我們知道《鐸書》糅合了天主教的思想與教義，
「天生下民，賦以恆性，立之君師」，實際上說的是天
主生人，賦與恆性，為人設立君師，所以君師都是代替
天主教化百姓的。聖賢君師教化百姓多端，但韓霖將焦
點放在人倫，放在五教，說人倫根於天性，即上文所說
的「天賦的恆性」，並說「此外別無所謂道與教」，更
進一步說「外此而言道與教」，就是「異端邪說」，判
教的意味濃厚。所以接下來韓霖總結的說：「古之帝王，
總是敬天愛人」，之後就引述古代聖君「教民之大略」。
無論是禹時皋陶的「五典五惇」，[147]之後商朝箕子陳「洪

---

146 韓霖：〈鐸書大意〉，《鐸書校注》，頁 55-58。
147 《尚書・皋陶謨》曰：「天工人其代之，天敘有典，勑我五典五
惇哉！」《尚書注疏》，頁 62。

範」，[148]還是周朝大司徒所掌管的「六德、六行、六藝」
等。[149]韓霖認為這些不只是聖君之訓，而是「天之訓」，
這些「彝倫」，無非是要人「明倫」。[150]所以對於「六
行」，他特別引述《周禮注》說：「孝，謂孝於父母；
友，謂友於兄弟；睦，謂親於九族；姻，謂親於外族；
任，謂信於朋友；恤，謂振於貧窮。」[151]不遵守六行則
有所謂的「鄉八刑」來糾正萬民，八刑是「不孝之刑、
不睦之刑、不姻之刑、不弟之刑、不任之刑、不恤之刑、
造言之刑與亂民之刑」。[152]六行或五教即是人與人之間
的關係所牽涉到的倫理道德，即是韓霖所謂的「愛人」。
在聖諭六言中除了「各安生理」和「毋作非為」二諭是
「向己之學」外，其他的四諭「孝順父母」、「尊敬長
上」、「和睦鄉里」及「教訓子孫」都是「向人之學」，
也就是愛人。以下我們分「愛親敬長」和「和睦鄉里」
兩部分來討論。

148　《尚書・洪範》曰：「皇極之敷言，是彝是訓，于帝其訓。」《尚
　　　書注疏》，頁 173。
149　《周禮・大司徒》曰：「以鄉三物教萬民而賓興之。一曰六德：
　　　知仁聖義忠和；二曰六行：孝友睦姻任恤；三曰六藝：禮樂射御
　　　書數。」《周禮注疏》，頁 160。
150　韓霖：〈鐸書大意〉，《鐸書校注》，頁 55-58。
151　《周禮・大司徒》的《注》曰：「善於父母為孝，善於兄弟為友；
　　　睦，親於九族；姻，親於外親；任，信於友道；恤，振憂貧者。」
　　　《周禮注疏》，頁 160。
152　《周禮・大司徒》，《周禮注疏》，頁 161。

（一）愛親敬長

　　聖諭六言的第一諭是「孝順父母」，韓霖認為孝順是「愛人之第一端」，真愛人，必從愛父母起，未有「不愛其親而愛他人」的。[153]至於為何要孝順父母，韓霖從「十月懷胎，三年懷抱」以及「教訓婚配，經營田產，竭盡心力」來說父母於人有「昊天罔極」[154]之恩，若不及時孝順，將有終天之恨。孝順父母，不過「溫清定省」、「生養死葬」，但世人常將「父母之恩」當作「該當的」，所以鮮能孝順，愛自己的妻子反而「無所不至」，對於父母所求的卻常「推托不行」，更有「不肖之子」，使父母「忍氣吞聲」、「苦情莫訴」，則是「禽獸不如」，這樣的人必有王法、神明的責罰。又有人為「不能孝順」找理由，或是因為父母偏心，不肯愛我，或是父母所行不是，韓霖則以古語：「天下無不是的父母」回答。若父母於兄弟有所鍾愛，而不愛我，韓霖苦勸這等人：「父母之心，本然至公。其所憐憫，必有不足之處」，仍然要「推父母之心，先人後己」的孝順父母。如果是父母所行不是，須「婉辭幾諫」，又要「和顏悅色」，或請

153　《孝經‧聖治章》曰：「故不愛其親而愛他人者，謂之悖德；不敬其親而敬他人者，謂之悖禮。」《孝經注疏》（臺北：藝文印書館，1997 年，《十三經注疏》），頁 38。

154　《詩經‧小雅‧蓼莪》曰：「父兮生我，母兮鞠我，拊我畜我，長我育我，顧我復我，出入腹我。欲報之德，昊天罔極。」《詩經注疏》，頁 437。

父母平時友好之人來勸解，但無論如何，要盡「孝順的
分量」，若能孝順父母，父母必能「感格」，而且兒孫
有好榜樣看，亦必孝順。有人會因是繼母而不肯盡孝，
韓霖說繼母「為父之配，尊與父同」，即使繼母不慈，
像閔損、王祥的繼母一樣，仍要孝順。另外，他談到孝
順父母的方法是「如父母養我時」來事奉父母，他提出
兩方面：一是「養父母的身」：「竭己之力，罄家之有。
凡有綿帛，父母未衣，不忍先著體；凡有美味，父母未
食，不忍先入口；有事服勞，歲時慶祝；不幸有疾，醫
藥調治。」二是「安父母的心」：「做好人，行好事，
勿履險搆怨，以危父母；勿招災受戮，以辱父母；勿與
人戲謔，詈及父母；和其兄弟，教其妻子。父母上有祖
父祖母，一樣孝順，使父母在生一日，寬懷一日。」[155]所
以「孝順父母」又與「各安生理」、「毋作非為」等其
他各諭聯結在一起了。

這樣看來韓霖所談的「孝順父母」即是儒家傳統的
孝道，並無新意，但他在宣講孝道時，仍不失時機的講
述楊廷筠的例子：

> 杭州有楊京兆諱廷筠，父諱兆坊，負其所學，未
> 歸正教。京兆委曲開喻，不得，則至齋嘿禱於天，
> 每日一飯，久而臞甚。父怛之，問得其故，洗心

---

155 韓霖：〈孝順父母〉，《鐸書校注》，頁 59-65。

於事天之學，夫婦大耋考終。此尤超世大孝也！[156]

　　楊廷筠為父親未歸天主教，而默禱禁食，每日一餐，後來其父大受感動而入教。不過，在艾儒略口授、丁志麟編的《楊淇園先生超性事蹟》說的卻是楊母，而且大肆的渲染此事。它記載楊母「長齋繡佛，持誦涅槃」，與她談教理，如「寒灰不燃，枘鑿不合」，於是楊廷筠「引躬自悼」，並戒家人「嚴守聖齋」，至於他自己雖年過六旬，「衣不解結，食不再進者旬餘」，面色枯槁，母訊問之，他回答：「兒不得，不能事吾母，致惑邪說而背正教，兒之罪也，異日者母淪永苦，兒百其身莫可贖矣！」於是楊母悲而悟，急求領洗。[157]在此不管楊廷筠是為父親還是母親的入教而默禱禁食，[158]韓霖想要表達的是這樣的孝順是「超世大孝」——使父母歸入天主教，而這種天主教式的「超世大孝」，還包括在父母去世時，要「盡哀盡力，以禮殯葬。勿招僧以從浮屠之教，勿焚楮錢以受鬼魔之欺，勿惑堪輿以信葬師之說」。[159]這些都是當時民間流傳的喪葬習俗，在天主教的教義中被認定是偶像崇拜或迷信，是嚴格禁止的。不過韓霖對於

---

156 同上。
157 意・艾儒略口授，明・丁志麟編：《楊淇園先生超性事蹟》。
158 趙暉根據耶穌會年信的記載，推斷《楊淇園先生超性事蹟》的記載較接近真實。趙暉：《耶儒柱石——李之藻楊廷筠傳》，頁190-191。
159 韓霖：〈孝順父母〉，《鐸書校注》，頁59-65。

祭祖：「潔淨祠堂，出入必告，刑牲酌醴，以奉蒸嘗」，
並不反對，反而加以提倡，認為「這都是孝順的事」。[160]
祭祖的問題一直是天主教與中國社會爭論的一個焦點，
[161]不過對韓霖而言，《鐸書》是以宣講聖諭六言來維繫
中國社會與道德秩序為目的的教化作品，提倡祭祖有其
必要性，也符合重視孝道的傳統中國社會。

　　最後韓霖強調孝道之大，甚至無所不通。他認為「自
古及今，自貴及賤，至德要道，未有加於孝者」，正如
同曾子所說的：「居處不敬，非孝也；事君不忠，非孝
也；蒞官不敬，非孝也；朋友不信，非孝也；戰陣不勇，
非孝也。」[162]又如《孝經》說的：「夫孝始於事親，中
於事君，終於立身。」[163]這兩段話都在說無論是事親還
是事君，其究竟都在「立身」。何謂立身，是要「立身

---

160 同上。

161 祭祖與祭孔一直是天主教與中國社會爭論的焦點，在十七、十八
世紀形成「中國禮儀之爭」，其結果是羅馬教廷對祭祖祭孔的禁
止，也導致清廷的禁教行動。有關「中國禮儀之爭」的研究可參
考李天綱：《中國禮儀之爭：歷史、文獻和意義》（上海：上海
古籍出版社，1998 年）。附帶一提，有趣的是上述韓霖「潔淨祠
堂，出入必告，刑牲酌醴，以奉蒸嘗，這都是孝順的事」等五句
話，在陳垣的刊本中被刪掉，這是因教廷在十八世紀初對於祭祖
的禁令仍在，所以將其刪去。關於陳垣刊本的相關研究可參考李
凌翰，《韓霖《鐸書》與中西證道：明末天主教徒參與的地方教
化活動》第二章。天主教對祭孔與祭祖的禁令一直要到 1939 年才
正式解禁。

162 《禮記・祭義》，《禮記注疏》，頁 821。

163 《孝經・開宗明義章》，《孝經注疏》，頁 11。

行道揚名於後世，以顯父母」。而行道則「不出敬天愛
人之事」，而不是在求功名富貴。假使立身不端，遺羞
父母，即使有「三公之貴、萬鐘之富、三牲五鼎之養」，
也不是孝了[164]。所以在「教訓子孫」一諭中他也說：「孝
於二親，乃天理人情之至切者也。人知敬天矣，二親至
近而未敬愛，天高遠而能敬愛乎？」[165]孝順父母是敬天
愛人的開始，孝順父母必能敬天愛人。

　　除了「孝順父母」外，第二諭是「尊敬長上」，韓
霖開宗明義說「人生第一當尊敬者，天也」，其次就是
「生我養我」的「父」、「臨我治我」的「君」以及「引
我翼我」的「師」了。他認為天之下，「君父之恩最大」，
是無可相比擬的，而古聖人恩大，與君父等同。像「羲、
農、黃帝、堯、舜、禹、湯、文、武」是「君」；「稷、
契、皋陶、周公」為臣，孔子為師，「功德常在天地間」，
這就是「君、親、師」，所謂的「長上」，都從這三者
而來，應當尊敬。所以接下來，他從君親師三方面來談
「長上」：「宗族外親之長上」、「爵位管轄之長上」、
「傳道受業受知之長上」。「宗族外親之長上」，從「親」
引申，是由於「祖宗父母」而來，像「伯叔祖父母、伯
叔父母、姑、兄、姊、外祖父母、母舅、母姨、妻父母
之類」。「爵位管轄之長上」，從「君」引申，是由於
「朝廷」而來，有「治民之於公祖父母，僚屬之於堂官

164　韓霖：〈孝順父母〉，《鐸書校注》，頁 59-65。
165　韓霖：〈教訓子孫〉，《鐸書校注》，頁 98-119。

上司，兵軍之於將帥，奴僕顧工之於家主之類」，而「縉
紳」對於「齊民」，雖然沒有管轄的關係，但在「朝廷
尊官」的情況下，也當稱之「長上」。「傳道受業受知
之長上」，由「師」引申，是由「聖賢、朝廷」而來，
像「業師、座主、薦師之類」，而百工技藝之師，雖與
傳道不同，亦當謂之長上。另外又有鄉里、鄉黨、通家、
世誼之長上，又有與祖同輩，有與父同輩，有與己同輩
而年長者，都稱之「長上」。[166]如此看來，「長上」的
範圍相當廣，不只在血緣倫理上輩分高於己的，還有無
血緣的鄉里間的長輩，以及學問知識上高過於己的，還
有治理眾民的政府官員都當尊敬。

　　尊敬長上就是尊敬「君、親、師」及其引申的長上，
韓霖在「孝順父母」一論中，如前所述先談天為大父母
當敬外，其次就是要孝順「皇上」，他也稱「皇上」為
民之「大父母」，還引用《尚書》：「天子作民父母，
以為天下王」，[167]所以無論是四民的「踐土食毛」，還
是登科第的「光前裕後」，都是「祖宗與今皇」所教養
的，如果人只知圖「富貴飽煖」，而不思「報效朝廷」
就是罪人。[168]至於如何報效朝廷，具體的作法，他認為：

　　　凡我臣民，為士者當修治身心，敦崇實行，為學

---

166 韓霖：〈尊敬長上〉，《鐸書校注》，頁 66-79。
167 《尚書·洪範》，《尚書注疏》，頁 173。
168 韓霖：〈孝順父母〉，《鐸書校注》，頁 59-65。

問之原；次當博通經濟，務積實學為經世之具，
不可專重文辭，但以科第為榮。及至出仕，國爾
忘家，即盡瘁殞身，有所不顧。為民者，恪遵《聖
諭六言》，做好人，存好心，早輸租稅均徭，勿
抗官府。[169]

即是要做個順民，甚至「凡遇年節、冬至、聖壽，
或於府、州、縣隨班拜賀，或在家恭設香案，向闕五拜
三叩頭」，[170]這些都與韓霖所處的傳統封建社會有關。
至於尊敬老師，關於老師有很多種，他談到：「道德之
師」、「經世之師」、「文章之師」、「舉業之師」、
「童蒙之師」、「座師」、「薦師」、「國學、提學、
儒學之師」和「百工技藝之師」，皆要尊敬。不過對於
上述三類長上，尊敬是有分別的，對於「宗族外親之長
上」，當以「仁之和藹」為主，對於「爵位管轄之長上」
當以「禮之森嚴」為主，而對於「傳道受業受知之長上」
及「鄰里、鄉黨、通家、世誼之長上」，則以「義之恰
當」尊敬之。另外，很重要的，韓霖認為尊敬之道，在
於「一點真心」，而不是「外貌禮文」，尊敬之貌可以
勉強，但尊敬之情，不可以勉強，尊敬當是發自真情實
意。而做長上的亦要尊敬別人，不然我不尊敬別人，人
亦不肯尊敬我，我尊敬別人，將來也受別人尊敬，因此

169 同上。
170 同上。

長上是「用愛之位」，而不是「用暴之位」，才可以望
人之尊敬。[171]

　　韓霖在「尊敬長上」一論中談到最多的是「兄弟之
誼」。他認為「兄之尊，亞於伯叔，而情親過之」，所
以無論爵位、賢否或是同母異母，皆當尊敬，並舉出司
馬光、嚴鳳、王祥之弟王覽為例，反過來，兄也要愛弟，
就像舜愛象一般。兄弟之間要「各盡其道」，要「相容
相愛」，即要「兄友弟恭，長幼有序」，「友」就是要
「待之如友，非臣也，非子也」。否則兄弟爭鬥，手足
相殘，使父母傷心，都算不得是孝子。而導致兄弟不和
的原因常出自爭「父母財物」、受「婦女之言」與「僕
婢傳遞語言」等「小人無端讒搆」所致，兄弟不和會導
致「強悍侵凌，必然御悔不力」，而「家之興廢」，皆
由此來，可見兄弟相和的重要性。對於家庭中的晚輩，
即子孫，韓霖在「教訓子孫」一論中特別重視教育，教
育子孫從胎教開始，關於幼學，他則引用朱熹的《小學‧
內外篇》和傳教士高一志的《童幼教育》。首先教之主
是父，其次教之助則是明師，要教子孫「必使知天上有
主，宰治人物，而當敬；國中有皇，敷命大眾，而當忠；
室內有親，教養百凡，而當孝」。三是教之法是言與身，
即重視言教和身教。四是教之翼，要善用賞罰。五是學
之始，要以敬天為首務。六是學之次則是孝於二親。七

---

171 韓霖：〈尊敬長上〉，《鐸書校注》，頁 66-79。

是防淫。八是知恥，在人前或獨居時起羞惡之念。九是
緘默，因為造物主生人，是要人「先習多聞」，使人具
雙耳便於聽，「結其舌不許速語」。十是言信。十一是
文學，文學是「心之鏡與杖」，即要多讀書。十二是正
書，即要讀正書，不讀邪書，因正書是「道德之場，義
理之庫，聖賢之鑒，度世之指南，淳風之市肆」。十三
是交友，童幼之人，不可任意取友，要從父之善友。十
四、十五是衣食和寢寐的原則，十六是閑戲，即閑暇之
時，可從事歌詩、學書、彈琴、習弈等有益身心的活動，
絕對不可使之無事，無事之時則為「邪事之始」。而子
孫長大後，則要「重婚姻，別男女」並以《易經》的家
人卦作為規範，對於該卦的卦爻辭韓霖皆做了詳細的論
述，以說明夫婦、父子的關係，以達到家庭的和諧。[172]韓
霖談教育子孫，從人還在母腹時的胎教，至出生後的小學
教育、長大成人後的婚媾和居家，其論述可謂完整詳盡。

　　韓霖特別在《鐸書》中談到主僕的關係，他在「尊
敬長上」一諭中舉了李善和徐氏僕人阿寄的故事來說明
奴僕要尊敬主人、效忠主人，[173]而在「教訓子孫」一諭
中則談到主人要如何對待、教育奴僕。使令奴僕之道有
六：慈愛、和緩、教誨、責罰、防閑和裁減。比較特別
的是韓霖認為主僕「生同父，死同歸，寓同地，庇同天，
勢歧尊卑，性情一也」，同為「一體」，主人應當「衣

---

172 韓霖：〈教訓子孫〉，《鐸書校注》，頁 98-119。
173 韓霖：〈尊敬長上〉，《鐸書校注》，頁 66-79。

之食之，疾病勞苦體悉之，小過恕之」的「慈愛」奴僕。
另外，在教育奴僕上，他認為奴僕是「活器」，需要家
主來琢磨才能成器，要教以「正道」，何謂正道？正道
有二，其一是「使之明於萬物本原、生死大事」，他才
會「趨善而避惡」。二是要讓他「畏主」，但是「主不
見，何畏焉」？要讓奴僕「真知天上有主，明鑒其私，
且權其生死，而報償至公，將內外上下，必有所畏，以
禁其念之邪，亦有所望，以備其心之善」。因為「畏於
天，必忠於主，順於命，直於心，懇於情，信於言，勤
於業，潔於跡，內外如一，順逆不改」。[174]由此，我們
看到天主教的眾人平等及「畏天」思想對韓霖的影響，
也呈現在主僕關係中。韓霖對教育奴僕的重視，反映了
當時由於社會變動所引起的主奴關係的變化。當時的「奴
變」已不鮮見，因而韓霖對士紳所做的規勸更具有社會
性與時代性。[175]

（二）和睦鄉里（愛鄰人）

愛人除了要愛親敬長，愛那些在血緣或身分地位上

---

174 韓霖：〈教訓子孫〉，《鐸書校注》，頁 98-119。

175 關於明代「奴變」的研究可參考謝國楨；〈明季奴變考〉，《清
華大學學報（自然科學版）》8 卷 1 期（1932 年 12 月），頁 1-27。
傅衣凌：〈明末南方的「佃變」、「奴變」〉，《歷史研究》1975
年第 5 期，頁 61-67。趙驥：〈明季奴變原因新探〉，《齊魯學刊》
1994 第 2 期，頁 96-100。韓旭：〈明季徽州奴變述略〉，《黃河
科技大學學報》15 卷 2 期（2013 年 3 月），頁 85-87。

與我們有關係的人之外，另外就是要愛那些與我們毫無
關係的人了，這一點，韓霖集中在聖諭六言的第三諭「和
睦鄉里」中論述。首先，對於為何要愛人，他從本原來
討論：

> 自古至今，九州萬國，人以億兆計，遡其初只是
> 一夫一婦所生。父與子相續而成古今，兄與弟分
> 布而成天下。列國封疆，賜姓命氏，遂各親其親，
> 各子其子，世風澆薄。至於兄弟之間，便成陌路，
> 甚則為吳越矣。語以四海，萬物一體，真如朝菌
> 不知晦朔，蟪蛄不知春秋，不知聖賢道理，實實
> 如此。論其大原，斯人同是天之所生，同是天之
> 所愛，所以敬天愛人者，要愛人如己。[176]

在此韓霖引用了天主教的創造論：天主創造了這個
世界，也創造了人，而人類的始祖就是亞當、夏娃這一
夫一妻，其後父子相續而成千萬人，雖然他沒有詳論，
只說人的本原是從一夫一婦而來，但他認定追溯源頭，
人皆是天之所生，也都是天之所愛，人就應該要敬天愛
人，而敬天愛人，要落實在「愛人如己」上。

韓霖不只從天主教創造論中找到「愛人如己」的理
論基礎，他更引用了儒家的「萬物一體」說來論證愛人

---

176 韓霖：〈和睦鄉里〉，《鐸書校注》，頁 80-97。

如己的必要性。他認為「敬天愛人」就是「四海一家」、「萬物一體」之意。一家之人,要「體父之心」,才是孝子;一國之人,要「體君之心」,才是忠臣;引申來說,「天下之人」,當「體天之心」,才是「仁人」。而他又以人的身軀來做比喻,人的身體,有「熱冷乾濕之四情」,要「四者調和」,身體才會「安然無恙」,如果有「一肢一節不知痛癢」,必定是「四情之不和」,「其肉已死」,就是「不仁之病」。就像我們處在人世間,如果與其他人「痛癢不相關」,必定是各自為之而不和,「其心已死」,便是「不仁之人」。可見「仁人處世,只要一團和氣」。而他認為末世「風俗薄惡,獄訟繁興」,都由「鄉里之不和」而起,是因為鄉里間有富貧、貴賤、賢愚、德怨等紛紛不齊之故。[177]在萬物一體的觀念下,人與其他人互為一身、互為一體,是痛癢相關、休戚與共的,因此愛人如己便成為人與人之間重要的倫理價值。在中國思想史上,萬物一體的觀念產生甚早,如《莊子·齊物論》提出「天地與我並生,而萬物與我為一」,[178]這種萬物一體是在相對主義哲學的基礎上抹殺事物差別性的結果。宋代以後大多數儒者的萬物一體思想則來自程顥和張載。無論是程顥所謂的「仁

---

177 同上。
178 《莊子·齊物論》。郭慶藩編,王孝魚整理:《莊子集釋》(臺北:木鐸出版社,1982 年),頁 79。

者以天地萬物為一體」，[179]張載的「民吾同胞，物吾與也」、「聖人視天下無一物非我」，[180]或是王陽明的「聖人之心以天地萬物為一體」，[181]都指出通過人內在的道德修養，達到泯物我之別、合內外之異，與天地萬物為

---

179 程顥曰：「仁者，以天地萬物為一體，莫非己也，認得為己，何所不至？若不有諸己，自不與己相干。如手足不仁，氣已不貫，皆不屬己，故『博施濟眾』，乃聖之功用。」另外〈識仁篇〉：「仁者，渾然與物同體。義、禮、智、信皆仁也。識得此理，以誠敬存之而已，不須防檢，不須窮索。……此道與物無對，大不足以名之，天地之用皆我之用。」〈元豐己未呂與叔東見二先生語〉，《河南程氏遺書》卷二上，《二程集》，頁 15-17。

180 張載〈大心篇〉曰：「大其心則能體天下之物，物有未體，則心有外。世人之心，止於聞見之狹。聖人盡性，不以見聞梏其心，其視天下無一物非我，孟子謂盡心則知性知天以此。」《正蒙》，收於《張載集》，頁 24-26、62-66。

181 王陽明〈答聶文蔚〉曰：「天地萬物，本吾一體者也，生民之困苦荼毒，孰非疾痛之切於吾身者乎？不知吾身之疾痛，無是非之心者也。是非之心，不慮而知，不學而能，所謂良知也。良知之在人心，無間於聖愚，天下古今之所同也。世之君子惟務致其良知，則自能公是非，同好惡，視人猶己，視國猶家，而以天地萬物為一體，求天下無治，不可得矣。」又〈拔本塞源論〉曰：「夫聖人之心，以天地萬物為一體，其視天下之人，無外內遠近，凡有血氣，皆其昆弟赤子之親，莫不欲安全而教養之，以遂其萬物一體之念。天下之人心，其始亦非有異於聖人也，特其間於有我之私，隔於物欲之蔽，大者以小，通者以塞，人各有心，至有視其父子兄弟如仇讎者。聖人有憂之，是以推其天地萬物一體之仁以教天下，使之皆有以克其私，去其蔽，以復其心體之同然。」《王陽明全集》卷二，頁 79-82、41-57。關於宋明理學萬物一體思想的研究可參考陳佳銘：〈張橫渠與程明道的「天人合一」型態之比較〉，《當代儒學研究》5（2009 年 1 月），頁 37-74。陳立勝：《王陽明「萬物一體」論──從「身─體」的立場看》（上海：華東師範大學出版社，2008 年）。

一體的人生境界。不過,明末的傳教士卻反對這樣的說法,並大力抨擊,像利瑪竇《天主實義》的第四篇〈辯釋鬼神及人魂異論,而解天下萬物不可謂之一體〉更是專門論述此一問題。他認為像萬物一體這樣泯物我為一的說法,是佛教輪迴思想的濫觴,所以他從天主教思想來抨擊萬物一體說,並極力強調人與物的不同,之後的許多天主教儒者亦持相同的觀點。[182] 作為一個天主教徒,韓霖不可能不了解利瑪竇等人的觀點,但他並沒有亦步亦趨他們的說法,反而刻意在這樣一本宣講聖諭六言的儒家教化書中將「萬物一體」說與天主教「愛人如己」的觀念綰合在一起,呈現出他個人的獨特詮釋,也可看出在面對中西兩大文化思想時,作為儒家天主教徒的韓霖迥異於其他人的耶儒融合觀。

在闡明了愛人如己的本原之理後,韓霖認為愛人要從近處做起,就像《周禮》中的「族師相保受」、「閭胥書任恤」[183] 以及《孟子》的「出入相友,守望相助,疾病相扶持」[184] 一樣,皆在說明「五家相受相親」,勸善懲惡,要自「比閭」開始,也就是愛人要從近處、從鄉里做起。在鄉里之間,對於「極富極貴」強似你的人,

---

182　〔意〕利瑪竇著,〔法〕梅謙立注,譚傑校勘:《天主實義今注》,頁 119-144。其後的天主教儒者如楊廷筠,他承襲了利瑪竇的看法,並以基督宗教的靈魂觀來反對宋明理學家的「萬物一體」說,以及佛教的「輪迴觀」,詳見本書第二章。

183　《周禮・大司徒》,《周禮注疏》,頁 159-160。

184　《孟子・滕文公上》,《孟子注疏》,頁 92。

人要「安貧賤之分」，要「小心尊敬」，不可得罪於他。
而對於「極貧極賤」不如你的人，則要存「憐恤之心」，
要常看顧他，對於「趁工出力」之人，「寧可與足，不
要刻薄他」，即使「遠年錢債還不來的」，也要寬讓他。
鄉里間有一些「極凶極惡」的人，則要「謹謹防避他」，
凡事忍讓他，憑至誠之心感動他。而對於「賢人君子」、
「為善積德」的人，則要「常常敬禮他，日日親就他，
事事請教他」。至於其他與我尋常一般樣的，則要「如
兄似弟」。相反的，他認為鄉里的不和，多出於「富貴
者不憐貧賤，貧賤者嫉妒富貴」，他要人思想在當今之
世「叛寇所到之處」，富貴之家作何結果，貧賤者亦陪
著性命，所以他要「富貴憐貧賤」，「貧賤衛富貴」，
如此一來，鄉里間「和氣格天」，則能「協力固圍」。[185]
由此，「和睦鄉里」又與聖諭六言的「各安生理」和「毋
作非為」結合在一起了。

　　韓霖認為愛人的具體方法則是「分人以財」和「教
人以善」，他舉出稷、契、孔、孟為榜樣。稷、契是帝
嚳之子、帝堯之弟，他們是「富貴而聖人者」，他們「不
為一身一家之謀，而為天下萬世之計」，稷教稼穡，契
教人倫，就是「分人以財」和「教人以善」的榜樣。而
孔子以「大公無我心腸」主張「老者安之，朋友信之，
少者懷之」，此三語即是「教養兼備」懇惻廣大的言論。

---

185 同上。

而孟子之功在於「往來齊梁之間，分田里，教樹畜，興
庠序學校而正人心，距楊墨，辯了一生」。他認為此「三
聖一賢」，正是「四海一家」、「萬物為一體」的榜樣。
而今日之人，大半是稷、契的子孫，應該「取法乎上」，
要學聖賢之事，學習他們愛人如己的精神。所以「分人
以財」和「教人以善」，是「和睦鄉里」的根本。而兩
者若論道理，教人之功為大；論緩急，則以濟人之事為
先。他舉出「濟人之事」即是傳教士羅雅谷所著《哀矜
行詮》的「濟人七端」：食饑者、飲渴者、衣裸者、舍
旅者、顧病者、贖虜者和葬死者。即是明太祖《教民榜
文》所說的在「婚姻、死喪、吉凶」等事上，「本里人
戶，宜互相周給」，彼此相助，因為「力出眾人」，所
以能「措辦極易」，他認為此愛人之法應「通行各省」。
除此之外，他又舉《藍田呂氏鄉約》：「德業相勸、過
失相規、禮俗相交、患難相恤」為例，說明鄉約也是鄰
里間互助的主要方法。他亦針對當時的社會狀況，「今
日急務」則是「立社倉以備饑荒」和「立社學以訓童蒙」，
前者即是「分人以財」，後者即是「教人以善」，以使
「里無餓夫，鄉多善士」，使鄉里間「一團和氣」，呈
現「天堂光景」。[186]

---

186 韓霖以天堂地獄為喻來說明「和睦鄉里」的重要，他說：「論到
　　究竟處，天堂之上，只是彼此相和，地獄之下，只是彼此不和。
　　凡不和者便是地獄光景，和睦者便是天堂光景。鄉里之人聽之，
　　想亦不忍不和，不敢不和矣。」〈和睦鄉里〉，《鐸書校注》，
　　頁 80-97。

　　韓霖雖然花了相當的篇幅並引用《藍田呂氏鄉約》
論述如何教人為善，但對於分人以財，尤其是富人施貧，
他卻更加重視。雖然鄉里不和多出自「富貴者不憐貧賤，
貧賤者嫉妒富貴」，但他認為首當責之的是「富貴者」。
他強調「富貴而賢者」當「體天之心」，因為富貴之人，
皆是「天之所厚」，有的是靠「祖宗之蔭」，有的是「自
己勤儉中來」，要先有「克己濟人之功」，而後才能享
「安富尊榮」之報，如果常常愛人，「福澤必然綿遠」，
所以富貴者當存「愛人如己」之心。他又認為富人的「施
仁種德」，不論多寡，因為富人的一文錢，貧人便當一
兩，富人的一升粟，貧人便當一石。而施予或以財，或
以力，或以言，皆可濟人，不必要等到有餘時才可濟人。
他也認為「天為富貴而生貧賤之人」，不然富貴者何能
「施德而立功」。[187]這裡，我們看到韓霖賦與貧賤另一
層意義。有學者指出明末的社會經濟變化對傳統的貧富
觀念造成了一定程度的衝擊，一些士人明顯地懷疑傳統
賦與貧與清高之間的必然關係，指向「貧」所可能意味
著的道德上的不足，以及「富」人所可能具有的道德優
越性，以致士人不再能像以前那樣以清貧來標榜自己的
德行，貧窮不再是士人引以為傲的處境了。[188]如上一節
所述，韓霖在「各安生理」一論中強調貧富與禍福沒有
直接的關係，還標榜安貧樂道、持盈守滿的君子之風，

187　韓霖：〈和睦鄉里〉，《鐸書校注》，頁 80-97。
188　梁其姿：《施善與教化：明清的慈善組織》，頁 46-62。

主要是對治民風奢靡的社會現象，而在此雖然他沒有直接說貧富與道德的關係，但多少也反映了這樣的社會現象，他看到鄉里不和的關鍵乃在於貧富不均，處理這樣的問題，他並未大加撻伐社會的不公不義，或是針對貧富不均提出解決之道，而是強調富貴者是天之所厚，所以應當救濟貧賤者，而貧賤者存在的意義是使富貴者能施德立功。韓霖在此只是在告誡鄉人，富貴者與貧賤者要互憐、互敬和互助，才是鄉里和睦的根本辦法，其維繫現有社會秩序的意味非常鮮明。

韓霖還提出富人施予的五個要點，一是「謙而無德色」，他認為人所擁有的，皆是天所賜與，所以應當施予。施恩於人當忘之，如果施恩還望人報，不是「仁人之心」，不是「恩主」，乃是「債主」。二是「真而勿為名」，施恩不宜自炫，右手施，勿令左手知。[189] 三是「捷而勿姑待」，施予是為「周急」，遲則「緩不及事」，所以應「捷予」，如果能濟其急，而且適其願，則功為百倍。四是「斟酌而有次序」，施予應思考：何人宜先、何物為當及何時可行。而施予的順序要「由親及友」、「由友及眾」。五是「寬廣而勿度量」。他引用《聖經》：「譬之稼穡，多種多收。凡施與者，如積財而置之天上，盜不竊，蟲不嚙，永久不壞。」[190] 即是「我不望報，報

---

189 出自《聖經・瑪竇福音》：「當你施捨時，不要叫你左手知道你右手所行的。」（6：3）

190 「多種多收」出自《聖經・哥林多後書》：「『少種的少收，多

必百倍。我所費者，不過有價之物，天必報以無價之福」。[191]從施予五要中，我們可以發現韓霖對於施予的對象，仍是從近而遠的順序，由血緣之親，再及友，由友再及眾，這樣的愛與儒家的「親親尊尊」是相同的，而與天主教強調「愛人如己」的博愛觀，反而是有差別的，[192]由此可看到韓霖對兩者的取捨與詮釋。另外，施予五要的第五點「寬廣而勿度量」，他引用《聖經》的話，說明分人以財的施善活動的動機，乃在於「積財寶在天上」，即是尋求「天報」，而對韓霖而言，這不是現世性的報，而是救贖論意義上的死後之報，即是他所說的「無價之福」，換言之即是基督宗教所說的進入天堂之樂的永生。近來的研究認為明末俗世的民間慈善組織的最主要功能或是動機之一，就是「解決財富所帶來的社會地位混淆問題，及財富本身所產生的焦慮問題。」[193]由此可見韓霖將宗教動機引入施善活動中的特殊性。所以，他一再

種的多收』，這話是真的。」（9：6），思高本《聖經》作「再一說：小量播種的，也要小量收穫；大量播種的，也要大量收穫。」「積財而置之天上」出自〈瑪竇福音〉：「你們不要在地上為自己積蓄財寶，因為在地上有蟲蛀，有銹蝕，在地上也有賊挖洞偷竊；但該在天上為自己積蓄財寶，因為那裏沒有蟲蛀，沒有銹蝕，那裏也沒有賊挖洞偷竊。」（6：19-20）

191 韓霖：〈和睦鄉里〉，《鐸書校注》，頁 80-97。
192 關於儒家的「仁」與基督宗教的「愛」的差別，可參考姚新中著，趙豔霞譯：《儒教與基督教 —— 仁與愛的比較研究》（北京：中國社會科學出版社，2002 年）。
193 梁其姿：《施善與教化：明清的慈善組織》，頁 58。

強調富貴者「費多金為一瞬之樂」，不如「活凍餒之千人」，或是「不惜財為無益之施」，不如「周眼前之同類」。並批評有人坐視窮人不救，反而去「齋僧建寺」、「塑象妝金」，而妄想「渡蟻登第」或是「救雀獲寶」，他說這是「顛倒見也」。[194] 這裡批判的是傳統民間認為以齋僧建寺及裝塑佛像可以建立功德的佛教功德論。

　　韓霖在鄉里間又提倡「寬恕」的美德。仁愛之人，要以「恕」存心，即「寧人負我，勿我負人；寧我容人，勿人容我」，如果有人「非禮相加」，要像行在荊棘之中，要「緩行徐解」。如果是「以勢力服人」，使一鄉之人皆怕我，雖然為流俗所羨，但未免為有道者所笑，韓霖認為到了「盈滿之日」，天道人事必有「乘除之數」。所以不是要以勢力服人，而是要使人「心服」。對於無論是因爭勝、爭產、爭名、爭利所引起的爭訟，韓霖提出的建議仍是「讓」與「忍」，能讓能忍，訟就不生了。他認為今人只知「責人」，不知「責己」，形容人過，像個「盜跖」，而「回護自家」，卻像個「堯舜」，也就是嚴以待人，寬以待己。如果能「以責人之心責己」，以「恕己之心恕人」，那麼人人一定皆是聖賢，鄉里間必定是「一團和氣」。對於那些「笑裡藏刀，暗中放箭，自謂得計」的「柔惡之人」，則會遭「天刑」，遭「奇禍」，不然也會受「地獄永苦」。所以最好的方式就是

---

194 韓霖：〈和睦鄉里〉，《鐸書校注》，頁 80-97。

「自反」，把自己看做是「至愚至賤、無識無知之人」，
看別人都是「好人」，都要「愛敬供奉」，自然就「與
物同春」，毫無爭競了。就像舜能化象之傲，其關鍵在
於如果只見象的不是，見他是傲人，必不肯相下，如何
感化他。就像人脾胃好，百物皆可吃，如果見天下可惡
可惱處多，必是脾胃不和，因此他認為自反到至極處，
便是一服補脾聖藥。韓霖認為人與人不相愛的病根，皆
因「驕妒貪吝」四字，在「己有餘」的情況下，人「必
驕必吝」；己不足，就「必妒必貪」，只知一味的「利
己損人」、「尊己卑人」，就會造成「聞人善事，偏要
洗垢索瘢；聞人惡事，偏要喜談樂道；聞人喜事，如奪
己之榮；聞人凶事，如泄己之忿」。如此一來或是「眾
以暴寡」、「強以凌弱」、「巧以取愚」或是「詐以騙
良」。如果人人如此，在鄉里間則「步步荊棘，處處戈
矛」，只是「一團惡氣」了。所以人自反於心，要拔「驕
妒貪吝」之根，不然不只在待人接物上會「惹怨招尤」，
也會讓此心時時「煩惱乖戾」，自己不能快自己意，他
人如何能盡快我意呢！[195]總之韓霖所提倡的是一種忍與
讓的寬恕美德。

　　韓霖所提倡的愛人，不只是可愛之人要愛，不可愛
之人也要愛，這才是寬恕，這樣的人才是仁人。因為在
萬物一體的本原中，人己同是一體，人與人必須相愛，

---

195 同上。

而「可惡可惱之人」，皆是「可憐可憫之人」，所以他
更提出要愛仇敵的觀點。在鄉里間，有人認為「小嫌可
釋，怨讎必報」。但他認為無論是小嫌或是怨讎皆要忘，
因為我有罪，希望天能赦免，但人有罪，我反而不赦，
是沒有這種道理的。而俗語所說的「無毒不丈夫」是大
壞人心術的話，因這句話使多少人下了地獄。他說道：
即使是「量狹之人」，他們「睚眦必報」，都是「血氣
用事」，但到了「病篤垂危」之時，會「良心發見自己
之善惡」，審判必要分明。有人認為孔子叫人「以直報
怨」，[196]他則舉出《說苑》記載的：「轉禍為福，報怨
以德」，[197]也是孔子的話。無論《論語》還是《說苑》
哪一句話才是孔子真正的主張，但對韓霖而言，他認為
人要「報怨以德」，甚至還要「有人掌爾右頰，則以左
頰轉而待之」。[198]以及「有人欲告爾於官，奪爾一物，
則以二物倍與之」。他更舉出西方有聖人為仇敵而向天
祈禱之文：「看顧難為我者，榮福笑侮我者，保存謀害
我者。誤我事者，賜他順利；壞我物者，賜他財物；說
我是非，揚我過失者，賜他高名令聞。」[199]所以他的結

---

196 《論語・憲問》，《論語注疏》，頁 129。

197 孔子曰：「聖人轉禍為福，報怨以德。」《說苑・權謀》，見盧
　　元駿註譯：《說苑今註今譯》（臺北：臺灣商務印書館，1988 年），
　　頁 438。

198 出自《聖經・瑪竇福音》5：39。

199 《聖經》中耶穌教導人要為仇敵向天祈禱。如〈路加福音〉：「應
　　愛你們的仇人，善待惱恨你們的人；應祝福詛咒你們的人，為毀
　　謗你們的人祈禱。」（6：27-28）

論是「報讎者，眾人事也；忘讎者，賢人事也；愛讎者，聖人事也」。[200]雖然忘讎乃至愛讎是賢人聖人之事，象徵寬恕仇敵有一定的難度，但韓霖在此是鼓勵鄉人忘讎乃至愛讎，就是接近聖人的境界了。而他也認為人如果能「忍到至極之處」，仇敵也會「自見其醜」，也有醒悟其非的時候。所以他說「忍有光」、「仁者如火」，使「所投之物」，都「化為火」；忍有大仁，能讓「所值之事，輒益其仁」。[201]韓霖所反覆論說的無非是要人愛仇敵，高舉寬恕的美德，而「愛仇敵」的概念很明顯的是天主教的教義。另外，韓霖很特別的還在「和睦鄉里」中談到天生惡人的目的，他認為天生惡人，有四種目的：一是「罰惡人之罪過」，二是「練善人心性」，三是「廣善人之識見」，四是「顯善人之功德」。從後面三者來看，惡人的目的，在於培養善人之心性、識見及功德，與前面韓霖說到「天為富貴而生貧賤之人」合併來看，韓霖認為貧賤與惡的存在是為使我們得益處，使我們施德立功，即是獲得道德智慧的工具，這種觀點與神學中的「神義論」非常類似，神義論主要探究上帝的全善、全知和全能的性質與罪惡的普遍存在的矛盾關係，也就是上帝既然是全善的，為何允許這世界有貧窮、邪惡等事的存在。[202]例如疾病存在的目的是要告訴我們

200 韓霖：〈和睦鄉里〉，《鐸書校注》，頁80-97。
201 同上。
202 楊牧谷主編：《當代神學辭典》。

健康的重要與人健康時的快樂，而惡的存在則是使我們能追求善，並享受為善時的心靈滿足，如此一來，惡成為獲得道德智慧的工具。當然韓霖並未直接去論述上帝與罪惡存在的關係，他主要的著眼點乃在於藉著賦與貧賤及惡的意義，鼓勵鄉人：「君子要敬人愛人；濟人教人，凡事讓人，成人之美，揚人之善，忍人之憂，拯人之難，息人之爭，俱是自己受用處。」[203]藉著富貴人、君子的為善，以及鄉人間的互敬互愛來維持鄉里的秩序，使鄉里達到一團和氣的人間天堂之境。

四、結　語

　　韓霖的《鐸書》是以宣講明太祖「聖諭六言」的一本鄉約教化書，他大概將六諭分為兩大部分：孝順父母、尊敬長上、和睦鄉里、教訓子孫等四諭是「向人之學」，即是「愛人」；各安生理、毋作非為是「向己之學」，是修身養性，至於敬天這「向天之學」則是以此二者為具體落實之處，而「敬天愛人」是貫穿六諭的中心思想。在敬天方面，他所認為的天不僅生天地萬物、宰制萬物，更具有賞善罰惡之大權，這樣的天即是人之「大父母」，是天主教的至尊無二的「天主」。而天主在創造人時，亦將「敬天愛人」賦性於人，使人皆知敬天愛人，後來人不知敬天愛人，是因世衰道微、三仇侵奪，因此人要

---

203 韓霖：〈和睦鄉里〉，《鐸書校注》，頁 80-97。

克己修身，改過遷善。而在愛人方面，孝順父母、尊敬長上、教訓子孫等三諭是愛有血緣關係或是由此而引申的各類長上，和睦鄉里則是愛沒有血緣關係的鄰舍，他強調要「愛人如己」，甚至是愛仇敵。韓霖雖然未將敬天愛人與天主教的誡命結合在一起，但其中蘊含著濃厚的天主教倫理思想，更不用說敬天愛人的最終目的是要獲得天堂永生這天主教的終極歸向了。

《鐸書》中隨處可見天、帝、主、昊天、上天、上帝、主宰、大主宰、造物主等字詞，但卻絕無一字直接提及「天主」，韓霖巧妙的將天主教的「天主」概念及天主教思想鑲嵌在《鐸書》這本鄉約教化書中，完全不鑿痕跡，而天主的概念又是呼之欲出的，我們不得不佩服韓霖綰合儒耶思想技巧之高超，如就傳揚天主教信仰與思想而言，韓霖此書充分體現由其師徐光啟等明末天主教儒者所提倡的宣教策略：「合儒補儒」、「補儒易佛」或「破迷闢妄」，[204]韓霖堪稱是最佳的典範。不過也因《鐸書》的文本性質和官方色彩，韓霖討論比較多的是人如何敬天、如何愛人的問題。人為何要敬天？因為天主創造人，是人之大父母；為何要愛人？因為人皆天主所生，是萬物一體的，所以人當敬天愛人。因此韓霖在天主的論述中，雖然談到天主的創造、宰治與賞罰，以及天主的特質：無始無終、至公至正與仁愛，但對於

---

204 黃一農：〈《鐸書》：裹上官方色彩的天主教鄉約〉，頁282。

天主的愛，尤其是降生救世的基督論，則付之闕如。這或許是因為《鐸書》作為一本鄉約教化書，所宣講的對象是傳統的中國鄉里，對於這些天主教的「啟示真理」，為避免「太露痕跡」，使傳教的意味太過濃厚，這應當是韓霖有意識的揀擇吧！

第五章　朱宗元的聖愛觀

一、前　言

朱宗元（1616-1660，明萬曆四十四年至清順治十七年[1]），字維城，浙江鄞縣（今寧波市鄞州區）人。約在

---

1 關於朱宗元的生年，方豪認為朱宗元生於萬曆三十七至三十八年間
（1609-1610），而德國漢學家 Dominic Sachsenmaier 則認為是
1615-1617。龔纓晏的看法則與此相近，認為朱宗元「出生於 1617
或稍早」，即是萬曆四十四年左右。至於朱宗元的卒年 Dominic
Sachsenmaier 依據多明我會會士黎玉范（Juan B. de Morales，
1633-1664）寫於浙江的《報告和祈願書》研究得知，「由於朱宗元
認為中國的天主教區沒有得到耶穌會士足夠地重視，他於 1659 年邀
請多明我會的黎玉范到寧波」。同年或因犯病，黎玉范為其行終傅
禮。由此 Dominic Sachsenmaier 考證朱宗元最終卒於 1660 年。方豪：
《四明朱宗元事略》，輯入方豪：《中國天主教史論叢》（重慶：
商務印書館，1944 年）。方豪：《中國天主教史人物傳》（北京：
中華書局，1988 年）。Dominic Sachsenmaier, *Die Aufnahme
europãisher Inhalte in Die chinesische Kultur durch Zhu Zongyuan (ca.
1616-1660)*, Sankt Augustin: Institut Monumenta Serica, Monograph
Series XLVII; Nettetal: Steyler, 2001.龔纓晏：《明清之際的浙東學人
與西學》，《浙江大學學報（人文社會科學版）》36 卷 3 期（2006
年 5 月），頁 60-68。另外王澤穎：〈明末天主教儒士朱宗元生平考〉，
《寧波教育學院學報》12 卷 5 期（2010 年 10 月），頁 96-98、聞黎
琴：《朱宗元思想研究》，浙江大學碩士論文，2007 年、胡金平：
《論朱宗元對原罪的解釋 —— 兼其生平著述考》，首都師範大學比

崇禎十一年（1638）於杭州由意大利耶穌會士利類思
（Lodovico Buglio，1606-1682）受洗，[2]洗名是葛斯默
（Cosme）。後曾受學於耶穌會士陽瑪諾（Emmanuel Diaz,
Junior，1574-1659），[3]參與多位傳教士著作的修訂與撰
寫序文的工作。[4]順治三年（1646）恩貢，五年（1648）
成舉人。[5]著有《破迷論》、[6]《答客問》、《拯世略說》、

較文學系碩士論文，2007 年及王澤穎：《論朱宗元之天儒觀 —— 兼
其生平著述考》，寧波大學碩士論文，2010 年，則是在上述三篇論
文的基礎上論述朱宗元之生卒年。

2　方豪根據葡萄牙傳教士何大化（Antoine de Gouvea，1592-1677）的
著作認為朱宗元是在 1631 年或略早由陽瑪諾受洗。龔纓晏則根據葡
萄牙里斯本阿儒達圖書館所藏耶穌會的年度報告，認定朱宗元受洗
成為天主教徒的時間是在 1638 年，而不是 1631 年，而為朱宗元付
洗的是意大利傳教士利類思。詳細討論見方豪：《四明朱宗元事略》
及龔纓晏：《明清之際的浙東學人與西學》，頁 62。

3　朱宗元在陽瑪諾的著作《天主聖教十誡直詮》的序中曾說：「大矣
哉！吾師久憐予也，小子私幸，受業終歲。」並稱陽瑪諾為「神師」。
相關考證可見胡金平：《論朱宗元對原罪的解釋 —— 兼其生平著述
考》，頁 14-15。

4　朱宗元與陽瑪諾合作校譯《輕世金書》和《天主聖教十誡直詮》，
並為後者寫序。他還校正了孟儒望（Jean Monteiao，1603-1648）的
《天學略義》和《迷四鏡》（又名《天學四鏡》）並為前書寫序文。
也參與了賈宜睦（Jérôme de Gravina，1603-1662）《提正編》的校
訂工作。相關論述可參考王澤穎：〈明末天主教儒士朱宗元著作考
綜述〉，《三峽論壇》2010 年第 3 期，頁 55-59。

5　《康熙鄞縣志》記載朱宗元是朱瑩之孫：「孫宗元，舉國朝順治戊
子，賢書，博學，善文。」（上海：上海書店出版社，1993 年，《中
國地方志集成》），卷十七，頁 30。

6　《破迷論》是朱宗元最早的著作，與同是天主教徒的張能信合著。
根據何大化的《遠東亞洲》一書記載：「會其地有某少年學者，曾
瀏覽教中典籍，並已在省中受洗，回里後，以其事述於親，親始則

⁷《郊社之禮所以事上帝也》⁸及《天主聖教豁疑論》⁹等
護教作品。

責辯，繼以子之譬解甚當，亦心悅誠服，欲延司鐸來甬，……延司
鐸者名葛斯默」。轉引自方豪：《四明朱宗元事略》。而張能信在
朱宗元另一著作《答客問》的序中記載朱宗元將《破迷論》「以示
所親，所親急掩其目曰：『恐見之而迷遂破也』」。因此《破迷論》
應當是朱宗元受洗後不久出示給父母，以回應父母的責難，並勸喻
他們入教的著作。詳細的考辨亦可參考胡金平：《論朱宗元對原罪
的解釋 —— 兼其生平著述考》，頁 11-12。另外，張能信是劉宗周的
學生，關於他的生平及與朱宗元等浙東學人的交遊，可參考龔纓晏：
《明清之際的浙東學人與西學》，頁 63-67。

7 《答客問》與《拯世略說》皆是朱宗元闡發天主教義理的護教論著，
兩者可參照來看，朱宗元曰：「始也好辯，為《答客問》行世。今
標大義數端，曰《拯世略說》，大約詳于彼者則略于此。」〈拯世
略說自敘〉，《拯世略說》，鄭安德編：《明末清初耶穌會思想文
獻滙編》（北京：北京大學宗教研究所，2000 年），第三卷，頁 356。

8 方豪將《郊社之禮所以事上帝也》與朱宗元的中舉聯繫起來，而認
定其創作於 1648 年。所以包括方豪、Dominic Sachsenmaier 及王澤
穎都認為該文是朱宗元參加鄉試首場考試中的四書文的應試之作。
胡金平則根據 Dominic Sachsenmaier 一文後附的法國國家圖書館藏
本的影印本在標題下有「十三科大題文徵　朱宗元」數字，考訂此文
可能是朱宗元為某位要參加考試的醫家子弟所作的一篇捉刀樣作。見
氏著：《論朱宗元對原罪的解釋 —— 兼其生平著述考》，頁 13-14。

9 《天主聖教豁疑論》的母本即是《破迷論》，龔纓晏認定是朱宗元在
清初寫成的（《明清之際的浙東學人與西學》，頁 63），Dominic
Sachsenmaier 則將其刻年判定為 1680 年（*Die Aufnahme europäisher
Inhalte in Die chinesische Kultur durch Zhu Zongyuan (ca. 1616-1660)*,
p44）。至於兩者的內容大致上是一致的，只是《破迷論》顯得對仗
工整，語言華麗，譬喻精妙，意義豐滿；而《天主聖教豁疑論》則
去除了幾乎所有的譬喻，語言簡白素樸，口語化傾向明顯。1680 年
重刻時的情形可能是瞿篤德（Stanislas Torrente，1616-1681）講述朱
宗元《破迷論》，並自己訂正刻板，以滿足向下層百姓傳教的需求。
見胡金平：《論朱宗元對原罪的解釋 —— 兼其生平著述考》，頁 12。

　　關於朱宗元，方豪曾如此評價：「夫朱子之功績，若以視徐、李、楊三傑，則固乎後矣；然亦超乎流俗，有所述造，要不能等閑視之。」[10]朱宗元是地方學者，雖然不如天主教三柱石：徐光啟、李之藻和楊廷筠般影響之大，但他對傳教與護教是不遺餘力的，其貢獻尤其是對寧波一帶的天主教傳播是不容小覷的。至於其思想，由朱宗元現存的護教論著來看，他對天主教教義或說是天主教神學思想的理解與闡釋，在明末天主教儒者中是特出的，即可驗證方豪所說的「超乎流俗，有所述造，要不能等閑視之」。然就目前筆者所見的研究成果來看，許多中外學者就其生平與著作做了初步的考訂工作，對於其思想的深入探究仍屬待開發的領域。[11]

　　聖愛觀是天主教教義很重要的部分，根據孫尚揚的研究指出，最早提出「聖愛」二字的是朱宗元。[12]朱宗

---

10 方豪：《四明朱宗元事略》，頁 72。
11 關於朱宗元的思想研究，聞黎琴的碩士論文《朱宗元思想研究》主要討論朱宗元的世界觀、人生觀及社會文化觀，胡金平的碩士論文《論朱宗元對原罪的解釋 —— 兼其生平著述考》及劉亞斌、王澤穎的〈對宗教性異域事件的接受與敘述 —— 剖析朱宗元對原罪論的闡述〉（《浙江紡織服裝職業技術學院學報》第 3 期，2014 年 9 月，頁 65-70）主要是討論朱宗元對天主教原罪觀的解釋。至於王澤穎的碩士論文《論朱宗元之天儒觀 —— 兼其生平著述考》及劉亞斌、王澤穎的〈明末天主教儒士朱宗元與西學的接受 —— 兼對劉耘華「陽『天』陰儒」觀的回應〉（《濟南職業學院學報》2014 年第 1 期，頁 86-89、104）則從天儒會通、天學補儒及天教超儒等三方面討論朱宗元的天儒觀。
12 孫尚揚認為明末清初時，最早使用「聖愛」概念的是朱宗元，而他

元在其護教作品《拯世略說》中提到：「況人既為罪裔，自分與主棄絕。然呼主而必應，求主而必憐，主之聖愛，於茲益顯。」[13]這裡的「聖愛」指的是天主對人的愛，不過基督宗教所謂的「聖愛」還包括人對天主之愛的回應，而這樣二種面向的聖愛觀在朱宗元的著作中皆有展現。他所謂的「聖愛」是指天主對人的愛，包括天主降生為人並為人受死的救贖之愛，而他也非常強調人回報天主之愛的最好方式是愛天主。[14]因此本文以朱宗元的聖愛觀為研究主題，探討朱宗元聖愛觀的實義及其所牽涉的面向，分為天主愛人、耶穌救贖及欽崇天主三部分，詳細爬梳朱宗元如何理解牽涉到天主教神學及倫理思想的聖愛觀。

二、天主愛人

聖愛觀的第一面向是「天主愛人」，天主對人的愛首先展現在天主創造萬物及人類上，朱宗元在〈天地原始〉一節中言：「若稽主作之序，六日而畢，天主能成萬有於俄頃，而必需之六日者，欲其與後世物以漸成者類，使人知目今之化育，新新不竭，即向者生天生地之

認為討論最深刻與系統的是王徵與韓霖，不過他並未詳細論述朱宗元的聖愛觀。見氏著，〈略論明末士大夫天主教徒對其信仰的本土化詮釋〉，頁 77-81。

13　朱宗元：〈天地原始〉，《拯世略說》，頁 367-369。

14　朱宗元用「聖愛」一詞來指涉天主的愛，而楊廷筠則用「神愛」，詳細的討論見第二章。

主之力也。……六日之後，乃生人類，男女各一」。[15]這
樣的概念基本上是從天主教的創世之說、《聖經》的〈創
世紀〉而來的。對於創世的「天主」，朱宗元這樣理解：

> 萬物不自有，恆受有於天主。天主則自有，而不
> 受有於萬物。萬物不自存，恆賴存於天主。天主
> 則自存，而不賴存於萬物。不始而能始物，不終
> 而能終物，不動而能動物，不變而能變物。其性
> 情之尊貴，為無窮際之大。其品位之峻絕，為無
> 窮際之高。其包涵之富有，為無窮際之廣博。其
> 存駐之無初無末，為無窮際之久遠。其精微之難
> 測難量，為無窮際之幽深。盡天下聖人，盡天上
> 天神，假之無量時，相與形容測究，譬如以掌挹
> 大海之流，安能罄其毫末哉。[16]

　　總之天主是自有永有的，[17]萬物由其創造，而不受
制於萬物，天主的性情、品位、包涵、存駐與精微皆是
極大極廣極遠極深的。而對於天主與物的差別，朱宗元
說得更清楚。物是有「依賴」的，「聲色臭味」是「依
於形」，「識悟慮想」是「依於靈」，而天主則「純神

15　同上。

16　朱宗元：〈天主性情美好〉，《拯世略說》，頁 365-367。

17　思高本《聖經・出谷紀》曰：「天主向梅瑟說：『我是自有者。』」
　　（3：14）和合本《聖經・出埃及記》則翻成：「上帝對摩西說：
　　『我是自有永有的』。」

自立，德即其體，用即其性」，絕無「依賴」。而物皆
有「流時」，一為「已去之流時」，一為「未去之流時」，
是有始有終，而天主則是「都為現在」，是無始無終，
也就是「絕無流時」。「物物之性」、「性性之理」，
皆藏在「天主之意中」，謂之「元則」，即西文的「意
得亞」，與天主是「純體為一」的。天主取此「元則」，
而「因時授造」。所以萬物受造後，與天主就為二，不
是「有始無終」就是「有始有終」，而「元則」，則是
「永在主性」的「純體」，亦是「無始無終」的。另外
天主是有意向的：「欲如是以為之，則如是以為之；欲
不如是以為之，即不如是以為之」，萬物外在的作用都
存乎天主之意。[18]在此我們看到天主是絕對的、有意向
的人格神，而朱宗元所說的「元則」：「意得亞」，即
是拉丁文 idea 的音譯，這樣的概念基本上即是歐洲中世
紀士林哲學吸收古希臘哲學家尤其是柏拉圖的觀念論而
來的，而「意得亞」在明末耶穌會的詮解中都是自立者；
人間萬物係依之而受造，或謂人間萬物為其「仿象」。[19]
而他用「物物之性」、「性性之理」來說明「元則」又

---

18 朱宗元：〈天主性情美好〉，《拯世略說》，頁 365-367。
19 李奭學：《中國晚明與歐洲文學 —— 明末耶穌會古典型證道故事考
　　詮》（北京：生活・讀書・新知三聯書店，2010 年，修訂版），
　　頁 375。關於柏拉圖的觀念論與靈魂的研究，可參考曾仰如：《宗
　　教哲學》（臺北：臺灣商務印書館，1986 年）。張西平：〈明清
　　間西方靈魂論在中國的傳播〉，《文化雜誌》第 50 期（2004 年春）。

與程朱理學家所談的「性即理」、「理一分殊」[20]有相似的地方，其中最大的不同是朱宗元認為性理的來源是天主。

天主既為天地萬物之創造者，亦是「主宰者」。朱宗元認為天主「統制乾坤」，雖可用君王「臨馭邦國」來比擬，但實不盡然。因為君王是有國土才「立君以治」，而天主不是因有天地萬物後才設立的主宰。因此對於天主與萬物的差別，他再次申明「苟無主宰，即無天地萬物矣」。他認為只有「無始」，然後才有「有始」；有「所以然」，然後才有「固然」。天地萬物，是「有始」，是「固然」，而天主則是「無始」，是「所以然」。這是因為萬物「無全能知之」、「非其本然自有」。既不是「本然自有」，必有「所受」，故有「授之者」，此「授之者」，即是天主。[21]所以他認為：「天下之理，有不待教而知者，莫著乎天主之說也」，天主就是天之主宰。他舉例說明天主的存在：「一矢過的」知必有「操弓者」、「一航踰海」知必有「操舟者」、「入富人之室」知必由「名匠」造之、「觀賓筵之盛」知必由「司饔」者。同樣的「縱觀宇宙，青陽肇而發生，朱明謝而

---

20 關於「理一分殊」可參考劉述先：《理一分殊》（上海：上海文藝出版社，2000 年）。劉昌佳：《宋代理學「理一分殊」思想及方法論 —— 以周張二程朱陸為論述中心》，國立彰化師範大學國文學系博士論文，2007 年。

21 朱宗元：《答客問》，鄭安德編：《明末清初耶穌會思想文獻滙編》（北京：北京大學宗教研究所，2000 年），第三卷，頁 276-277。

凋落，屈往信來，不易歲序」，就像「矢之中的」。「雷
電薄蝕，不損清虛之像；深谷高陵，不失厚載之體」，
就像「海舟濟險」。「日月星辰列于上，山川河獄奠于
下」，就像「富人之室」。而「飛潛動植，遞效紛紜，
玉石珠璣，疊呈燦秀」，就像「賓筵之盛」，因此在「仰
觀俯察」中，知道「此中必有一大主宰」，這是不待教
而始明的。[22]

　　天主既是創造萬物與人類的造物者，朱宗元又用「大
父母」的概念來指稱天主。他從天主創世的觀點說：「生
我者父母，生父母者祖宗，生祖宗者天主也。天主非人
之大父母乎？」[23]他在《答客問》中回答有人問「禮惟
天子郊事上帝，今天主，即上帝也，乃人事家奉之，不
僭且褻乎」也這樣說：「一粒、一涓，莫非主恩；呼吸、
動靜，皆資帝佑，實世人之大父母也。」[24]無論從創造
的觀點還是人生在世的動靜存留看，天主都是人之大父
母。另外，對於天主，他亦從各種面向與指稱來論述，
他認為「二儀萬類」不能自造，必有「造之者」，即是
我們常說的「造物」。而天地也是「物之大者」，更有
造天地的。而此造天地萬物的，因其「至尊無匹」稱之
為「上帝」；因其「搏捖萬有」稱之為「造物」；以其

22 朱宗元：《破迷論》，見鐘鳴旦、杜鼎克、黃一農、祝平一等編著：
　　《徐家匯藏書樓明清天主教文獻》（臺北：輔大神學院，1996 年），
　　頁 391-406。
23 朱宗元：〈宇宙之內真教惟一〉，《拯世略說》，頁 358-360。
24 朱宗元：《答客問》，頁 278-279。

「主宰群生」，稱之為「天主」；因其「生成化育，降
衷下民」，稱之為「大父」。因其「歸下有赫，降殃降
祥」，則稱之為「共君」。[25]在此他將天主的特性一一
道出，是造物者，是主宰者，是賞罰者，而這樣的天主
是至尊惟一的。[26]從天主創生萬物人類的特性，朱宗元
稱天主為「大父母」，這是來華傳教的耶穌會士融合了
傳統儒學的「乾父坤母」與天主教「天父」的說法來指
稱天主。[27]另外，朱宗元又用「大父」來稱天主，則更

---

25 朱宗元：〈宇宙之內真教惟一〉，《拯世略說》，頁 358-360。

26 在《郊社之禮所以事上帝也》中，他對於上帝的至一與至尊有更詳
細的解說：「夫上帝者，天之主也，為天之主，則亦為地之主也，……
至一之謂帝，……夫天地惟屬一帝搏捖，故一施一生，莫不順受而
應。……且至尊之謂帝，……夫上帝懸絕乎百神，其視大臣之相去
于人主，尚不啻千萬也。」所以他認為「郊社雖異禮，而統之曰事
上帝云耳。」見鐘鳴旦、杜鼎克、黃一農、祝平一等編著：《徐家
匯藏書樓明清天主教文獻》，頁 385-390。朱宗元認為宇宙的創造
者、主宰者是天主，所以他反對後儒的說法，無論是以蒼蒼之天為
天、以理為天、或說天在心中，還是太極為宇宙本源等等，他認為
都是錯謬的。他也極力批判道教「玉皇」和佛教「世尊」之說，都
不是他所認為的「天」。這樣的論述反覆見於朱宗元的著作，無論
是《破迷論》、《答客問》、《拯世略說》還是《郊社之禮所以事
上帝也》都看得到。

27 《周易‧說卦》曰：「乾，天也，故稱乎父；坤，地也，故稱乎母。」
《周易注疏》，頁 185。張載〈西銘〉曰：「乾稱父，坤稱母。予
茲藐焉，乃混然中處。故天地之塞，吾其體。天地之帥，吾其性。」
收於《張載集》，頁 62-66。來華傳教的耶穌會士用倫理化後的「大
父母」來模擬天主，多數的天主教儒者也接受這個傳統儒學原指
「天」與「地」的合稱，例如前面所論述的楊廷筠、王徵和韓霖。
李奭學認為耶穌會最早使用「大父母」指「天主」的文本，應推龐
迪我的《七克》：「天主，萬物之大父母。」見氏著：《中國晚明
與歐洲文學 —— 明末耶穌會古典型證道故事考詮》，頁 292。

符合天主教稱「天主」為「天父」的稱呼。[28]

　　天主創造了萬物，是萬有的主宰，自然就有生殺賞罰之大權，對人亦是，無論是人的「吉凶禍福」、「壽夭富貴貧賤」，都是「造物主所默定」、都是「造物所握，屢變不常」。[29]但是天主既生世人，世人皆「天主所愛」，為何有「富貴通塞，迥然不齊」，甚至有「君子蒙禍，小人獲福」的現象。[30]天主的愛與賞罰又是如何解釋，這即是天主教教義中神的愛與神的義的問題。朱宗元對這個問題的論述相當完整，亦是他的天主論的一部分。他認為天主「禍福人」，沒有「不符其實」的。不但人之「善善惡惡，人自不得而知」，即使是人的「被禍福」，也不能用「世法」來衡量。因為天主是至公的，所以「無微不賞，無細不懲」。有人「善多惡少」，就先「報之以禍」，使他能永享「天堂之樂」。有人「惡多而善少」，則先「報之以福」，使他永受「地獄之苦」。而且世上的事，一半「任人自為」，一半「由天主默限」。所以無論是有人「謀之而竟得」的，這看來雖是「任人自為」的，但亦是「天主所許」。也有人「謀雖善而竟不得」的，這也是「由主默限」的，然而亦是「天主所愛」的。也有人「經營而得富貴」的，亦是「天主之所

---

28 利瑪竇在《畸人十篇》中亦用「大父」來指稱「天主」，見李之藻編：《天學初函》，頁 236。

29 朱宗元：《答客問》，頁 312-314。

30 朱宗元：〈禍福皆繫上主〉，《拯世略說》，頁 378-380。

許」，不然，即使人的聰明才智是不能「強邀利達」的。
如果有人說某人不應處貴富，然而天主一定有「篤厚此
人」的原因。總之會在「審判之日」悉露根由，才知道
天主的處置是「最當最巧」的。而且世上報應可以類推
即是「積善之家，恆有餘慶；積不善之家，恆有餘殃」、
[31]「敦實厚重者，為凝承福履之器；輕薄儇佻者，且以
殺其身而有餘」。所以世俗是以「利順為大慶」，以「坎
坷為至辱」。然而天主所重視的不在「世福世禍」上，
「卑窘而善」之人，反而是天主重視的，更甚於「崇高
之士」；而「亨利而惡」之人是「上主惡之」的，更甚
於「藍縷之子」。[32]由此看出，首先，朱宗元認為天主
擁有絕對的賞罰大權，而這賞罰大權絕不能用世福和世
禍來看待。再者，人的命運是掌握在天主手中，即使人
可自為，但亦是天主默限。其三，世人遭遇的禍福，皆
是天主審判的手段，為要鑑別人的善惡，使人承受天堂
之樂或地獄之苦，更進一步說是要使人為善去惡，永享
天堂之樂。

　　對於天主的賞罰，朱宗元反覆強調與世法的不同，
是至公至當的，更有死後之賞罰。他認為「世之操賞罰」
的是國君。而「一國之內」為君所賞罰的只是「千百之
一二」，而「一人之身」為君所賞罰之事又只是「千百
之一二」。所以想「以世賞遍善」，即使在「有道之時」，

---

31 出自《周易·坤卦·文言》，《周易注疏》，頁 19。
32 朱宗元：〈禍福皆繫上主〉，《拯世略說》，頁 378-380。

「祿爵」是不足以報答「有德」的；相同的，想要「以世罰遍惡」，在「無道之時」，「囹圄」是不足以容納「多奸」的。只有天主能夠，如同《尚書》所說的：「惟上帝不常，作善降之百祥，作不善降之百殃。」[33]而這樣的殃祥是兼生前與死後的賞罰，現世國君的賞罰是不足以盡之的。[34]另外，天主的賞罰不只在身，亦在心。朱宗元認為人的作善作惡是身為之，心亦為之的，即使是「明王」只能賞罰人之身，不能賞罰人之心。而且善惡之見於行事的，賞罰能加之，但是「冥冥之善」和「隱微之惡」，則無法施之。他認為帝王賞罰之術有窮時，例如「帝王賞人」至「三公」是極至，萬一有數千百「上善之士」，安得有數千百「三公之位」以報之？只有天主「審判之日」，身與心都報償，而且天主的賞罰是「至公而至善」，是「至愜而至永」。所以人可以「爵祿可辭」、「白刃可蹈」，都在「死後一節」，足以令人自慰。如果無死後一節，那麼世上的事理「皆不置喙」，而人們的「別是非、辨邪正」，亦是「徒然」罷了。[35]

　　天主身操賞罰大權，不只有現世之賞罰，更有死後之賞罰，而這是面對世上總總不公不義之事，天主教給予的解釋。世人認為「富貴福澤」是為「善徵」，必是善人之所好，但是「達人志士」是「棄之而不居」的。

33　《尚書·伊訓》，《尚書注疏》，頁115。
34　朱宗元：〈死後必有賞罰〉，《拯世略說》，頁380-381。
35　朱宗元：《答客問》，頁284-285。

世人又認為「剖肝碎首」是「惡報」，必是善人之所畏，
但是「忠臣義士」有「殺身成仁」以「致命遂志」的。
他接連用幾個例子說明天主不以「肉軀之禍福」，去消
解「神靈之善惡」，是因為「死後必有賞罰」。[36]也就
是世上許多善不一定有善報，惡不一定有惡報，都在說
明死後必有賞罰的道理。而且「世上之予奪」，重在「形
跡」，而天主之禍福賞罰，則注在「心神」。天主賞罰
與世法來比較，人犯刑辟，即使是「悔恨願改」，帝王
仍不赦之，而天主則無不赦。人雖然沒有惡行，但心中
卻具有「無數惡想」，即使有「措諸行為」，但「人不
及覺」，帝王仍未罪之，而天主則無不罪之。所以朱宗
元認為「仁義忠信，先澤其性，後澤其形；貪詐淫虐，
先污其心，後污其體」。世苦與世樂，只有「身受之」，
心性卻「不與」，「心性能與賞罰」只有天主在人死後
才能做到。[37]而死後的賞罰，不只為庸下之人設，也為
上知之人設。因為虞廷的二十二人都是聖賢，但也要「三
載考績，黜陟幽明」，意即對於上智者的賞罰是更嚴格
的，所以死後之賞罰是遍及所有人的。[38]

---

36 朱宗元〈死後必有賞罰〉曰：「絕德酬以公孤，以後之德，更何以
　　報？殺人者死，而劇盜巨憝，殺百千萬命者，一身之死，曷足以償？
　　是知死後之必有賞罰矣。曹馬之奸，刃未推胸，而子孫有為帝者；
　　逢干之忠，腦已塗地，而其後亦竟泯泯，天道寧或非耶？是知死後
　　之必有賞罰矣。」《拯世略說》，頁380-381。

37 朱宗元：〈死後必有賞罰〉，《拯世略說》，頁380-381。

38 同上。

　　既然死後有賞罰，那麼必然導出人魂不滅的定理。朱宗元循著耶穌會士的看法將萬物分為三等：「草木有生長，而無知覺運動」、「鳥獸有知覺運動，而無靈明理義」，這些都「資形氣以扶存」，「形斷氣散」而「魂隨殄滅」。另外就是「人魂」：「一點靈性得于上帝賦與」。其來「不特聚」，其去「不能散」，「合則身生，離則身死」。[39]所以對於「人死而魂即滅」的說法，他以為是「禽獸我也」、「草木我也」。而且「禽獸無靈」、「草木無覺」，一經摧殺而生意皆盡。人為萬物之靈，則是「形者壞，靈者不壞」的。[40]朱宗元又認為無論是上智或下愚皆靈魂不滅，無有差別。他指出天命所賜「本無二體」。雖為庸愚，而「上哲之分量具存」；雖為睿聖，而「本來之受畀無異」。如果人知道「奮勉」，可以使人有「盛德至善」，但不是「自全其初」的，所以他認為「靈魂不滅，乃天命之本體」，是原自如此，非從「修為」而來。因此無論是「大聖」還是「凡夫」，只在「修為有殊」，但「本體未嘗稍別」，靈魂不散則是一也。[41]朱宗元又從靈魂不滅的觀點來論證死後必有賞罰。就像孔子說的「朝聞道，夕死可矣」，[42]如果人死後靈魂即消亡，那麼「聖、賢、庸、愚，同歸一盡」，

---

39 朱宗元：《答客問》，頁 281-282。
40 朱宗元：《破迷論》，頁 391-406。
41 朱宗元：《答客問》，頁 290-291。
42 《論語・里仁》，《論語注疏》，頁 37。

又有「盜跖之壽、孔顏之厄」，就會使「奸雄愈可縱恣」，而「忠良罔所控訴」。就會使君子的「憂、勤、惕、勵，徒自苦厥生」；使小人的「狃、悔、放、逸，誠為得計」。這違背了「造物主至公至平之義」。而且上帝無所不知無所不能，難道不能讓世上所有的「正者顯榮」，而「邪者迸棄」嗎？這正表示身後別有「真賞真罰」，人生在世一時的「壽夭窮通」，都不能成為「定據」。[43]而且人生就像「逆旅」一樣，死必「有所歸」，生時的功罪，必會在歸時分明。如果「盜跖、顏淵、伯夷、殷紂」這些善人惡人都「同歸一域」，是沒有這樣的道理的。由此亦可證死後之必有賞罰。[44]

因為靈魂不滅，天主在人死後根據「人功罪之大小」而予以賞罰，「一賞而高下殊」、「一罰而輕重異」，而賞罰即在天福和永禍。這樣的賞罰與世間的禍福相比，天福之「最微者」，即使是「盡世間之榮華」，仍不足以「擬其萬一」；同樣的，永禍之「最微者」，即使是「盡世間之憂患」，亦不足以「擬其萬一」。[45]而這天福永禍即在天堂與地獄。朱宗元認為天堂之福有二，一是「外慶」，一是「內慶」。內慶是「神靈之慶」；外慶是「肉身復活之慶」。總歸有四端，一是「堅好」：「四體百骸，諸苦不侵，火不灼，水不濡，刀兵不害」。

---

43 朱宗元：《答客問》，頁 281-282。
44 朱宗元：〈死後必有賞罰〉，《拯世略說》，頁 380-381。
45 朱宗元：《答客問》，頁 291。

二是「身光」：「七倍於旭日」，三是「神快」：「不疾而速，不行而至」。四是「無礙」：「凡金石之物，皆能直越之」。而這樣的天國之福，雖然有大小，但是「各備其量，無冀於外」，就像「人穿衣」，雖然有長短，但能「各稱其體而俱適」，而這樣的天堂之樂是「目之所未睹，耳之所未聞，口之所不能形容」的。至於地獄之苦亦有二，一是「覺苦」，一是「失苦」。「覺苦」是指「所被之焚灼，所觸之臭穢，所嘗種種之痛楚」。「失苦」則是「永失見天主之望，此念所注，摧肝裂肺，過於千百矛盾之交」。而在地獄又有「暴火」會「烹煉其形神」，而此火則「烈厲無儔」，以世上之火比較，就像「畫火」和「真火」一樣。在地獄中受同苦之人雖多，但沒有「相寬慰者」，即使是「父子兄弟」，到此亦是「如仇敵而相賊害」。所以在此處「度一刻如度萬年」，又「無他冀望」，只希望「天主速銷滅已」卻又無法。而地獄所在之地是「昏冥無光，極為迫窄」的，只見「厲鬼妖威」和各種「苦態惡狀」。總之地獄之苦是「無終之殃」。[46]朱宗元還指出天主教的天堂地獄與佛教的是不同的，這是他沿襲傳教士的說法，而有「佛氏竊天說」之論。[47]

---

46 朱宗元：〈賞罰迥別人也〉，《拯世略說》，頁 382-383。

47 朱宗元曰：「釋迦產于周季，淨飯國王之子，摩耶夫人所生，初行教國中，專以清淨、明心為務，彼國之民皆至愚，莫有從者。天竺西近大秦國，國有天主古教，釋氏素聞，乃取古教中天堂、地獄，

　　朱宗元認為無論是天主創造天地萬物人類、天主為萬物的主宰，擁有生殺賞罰之大權以及設天堂地獄作為賞罰之所，這些都在中國古籍有記載。像「維皇降衷，厥有恆性」[48]之語，即可推「天地人物之生所從出」。「妖壽不貳，修身以俟之」[49]之文，則可知「聖人兢兢業業，惟恐道之未聞，死期忽至，而未及備」，即死候當備。「齋戒沐浴可事上帝」[50]之語即是「誨正之義」。而「獲罪於天無所禱」，[51]則指「一切淫祀之皆虛」。

又取閉他臥辣輪迴六道之說，雜揉成教，而國中遂服焉。今觀藏典攸稱，最上一乘工夫，專事明心見性，且欲不起善惡之意，不立禍福之相。則天堂地獄，非佛氏本旨，而姑借之者矣。先儒所謂寶玉大弓之竊也，豈因盜竊，我反置不講乎？總之，佛氏竊天說者頗多。原其故，蓋因唐時天學已入中土，厥名曰景，所譯經典，竄入佛藏，以訛沿訛，反令偽教興真教廢。……雖然，究而言之，我所謂天堂、地獄，原與佛說迥異。佛氏之天堂，仍有欲界、色界，此不離塵俗之境。又言福盡復降，是雖得之，不足為我有也。我所謂天堂，有內祉、有外祉。內則以本性明睹造物主無窮之至美好；外則明灼倍日，透堅破礙萬福、萬榮，享之者咸無終焉。豈不名同而實異矣乎？佛氏之地獄，不出刀山、劍樹、切頂、摩踵。詎知靈魂神物，非可分剖；肉身復生，亦不殞壞，此種種世刑，豈能被之？又言苦盡仍出，是下此者，尚有異也。若有所謂地獄，有內痛，有外痛。內則永失真主至美之望，常懷怨妒；外則忿罣顛狂，暴火灼其神軀，萬苦迸集，墮者永不出焉。又豈不名同而實異矣乎？」《答客問》，頁 286-287。

48　《尚書・湯誥》曰：「惟皇上帝，降衷于下民，若有恒性，克綏厥猷惟后。」《尚書注疏》，頁 112。

49　《孟子・盡心上》，《孟子注疏》，頁 228。

50　《孟子・離婁下》曰：「雖有惡人，齋戒沐浴，則可以祀上帝。」《孟子注疏》，頁 228。

51　《論語・八佾》，《論語注疏》，頁 28。

另外「作善降之百祥，作不善降之百殃」，即在說明「天主有至公賞罰」。至於天堂地獄之說，詩書所載皆明徵「人魂之不滅」，亦明徵「天堂之必有」。例如「文王在上，於昭于天」、「文王陟降，在帝左右，世有哲王，三后在天」[52]等皆斑斑可考。而且《中庸》首言「天命謂性」，終以「上天之載，無聲無臭」，[53]則明謂「人本乎天主而來，所以必歸天主，為復命之全功」。[54]朱宗元認為從這些儒家典籍都可證明天主的存在、天主的主宰性以及天堂地獄賞罰之必有。從客觀的角度來看，這當然是強加比附，但由此可看出晚明耶穌會士及天主教儒者試圖結合儒學與天學的差異，並試圖找到其中的共同之處及理論之依據，亦可見他們在中西文化交流中儒耶融合上的努力。

　　對於天主教的賞罰之說，有人問朱宗元：「希福而為善，畏禍而不敢為不善者，中材也。賢者雖使為善蒙禍、積惡受福，猶不肯以彼易此。故自昔名儒，有未嘗聞賞罰之說，而懋勉無斁者」，又有：「天命之性本善，自當為善，豈緣後來禍福之報乎？」[55]也就是君子是由

52　《詩經・大雅・文王之什》曰：「文王在上，於昭于天。周雖舊邦，其命維新。有周不顯，帝命不時。文王陟降，在帝左右。」又曰：「下武維周，世有哲王。三后在天，王配于京。」《詩經注疏》，頁 533、581。

53　《禮記・中庸》，《禮記注疏》，頁 879、902。

54　朱宗元：《破迷論》，頁 391-406。

55　朱宗元：《答客問》，頁 283-284。

道德主體之展現而為善去惡，而不是因有天主的賞罰才
行善，因此有人認為這樣自律的道德比他律的道德價值
更高。朱宗元則回答君子所「不希不畏」的是「世福世
禍」。這是因為「世上禍福，倏時以去」。而且「公道
陵夷」，有君子「冒刑戮」而小人卻「膺軒冕」的現象，
志士是不以此為榮辱的。而「真禍真福」，是出自「上
主」，這是「纖毫不背，永定不移」的。他認為「冒世
禍而為善」，是「達士之心」，而「冒永禍而為善」則
是愚的。「為善冒世禍」的人會說「有永福在後，必欣
為之」，如果說「我欲為善，雖永禍不顧」，世間就沒
有為善者了。朱宗元認為「儒門之訓」是要使「人人為
賢聖」，但是放眼望去「道學真傳，間世罕遇」，正是
因為「衣冠偽儒」，不達「性命之理」、不論「身後之
事」，則「無所畏忌」，只在「暗修之功蹟」，只想「現
世享受一刻」，即使「欺君罔民」、「縱欲敗度」，無
所不為。另外「才智傑然」的儒者，必「異心于世上之
功名利祿，求之不獲，篡弒兼并，禍亂紛紛，不可止矣」。
如果人們知道「人魂之不滅」和「死後之永賞可慕永罰
可懼」，則會視一切世物，如「水流花謝」，不會繫戀。
更惟恐「一念之非禮」，以獲罪於上帝，而「自失真福」。
所以他認為「勸激不必禮樂，禁止不必刑威」，世上還
有「敗常亂紀」的人嗎！這正是「修身克己之良圖」、
「齊治均平之上範」。所以「欽崇天主」是儒門之「真
本領真血脈」，「死後賞罰」是儒門之「真究竟真歸著」。

[56]由此，我們可知君子所不在意的是世福世禍，但如果能欽崇天主並明白永賞永罰的存在，則道德修養的根基會更穩固。另一方面，我們由朱宗元的回答，亦可知天主審判及設天堂永福及地獄永禍的用心是「袛警」，是「進修之一助」，就像「整勵三軍」一樣，有「重賞啖于前，嚴誅懸于後」，那麼「士斯用命」。而吾人處世，如居戰場，「嗜欲誘惑，八面攻我」，而人的性情大多「脆戀」，如果沒有操持「永賞之利以自啖」、「永罰之嚴以自惕」，就會「隨俗牽引，與波上下」。所以他認為「克己之勇，難于克敵」。君子為善固然不是要得報償，但如果能修善，天主的永賞必及之，不然的話天主之永罰也必及之。更何況以此為訓，仍多有「狎大人、侮聖言」的人。如果說「無所為而為善」，那麼為善還有幾人呢！[57]由此可見，朱宗元認為雖然儒家講自律道德有其崇高的價值，但人性是脆弱的，容易受到外物牽引，如能明白天主的永賞與永罰，將有助於克己修善。

　　總之，對於天主的創造、賞罰等一切的作為，朱宗元認為皆是天主聖愛的展現：

> 天主者，固天地萬物之源本也。造成形軀，賦我靈性，俾明睿尊鉅，超絕萬物。而又預備天堂真福，期人受享。迨至悲憫人世，罪惡深重，甘自

---

56 同上。
57 同上，頁 282-283。

隱屈，降生為人，受難至死，以辟萬民升天之牖，
以贖萬世無窮之債。此則上主之全能、全智、全
善。殫盡其慈，而慈恩洵莫尚已。夫惟天主愛人
之心，至真至篤，不可復加。[58]

無論就天主創造人之形軀靈性，或是為人預備天堂
永福，或是下節所要談的天主降世為人、受難而死、贖
人之罪，這不僅顯示出天主是「全能、全智、全善」的，
也是天主愛人之心的展現，而且天主的慈愛是無法比
擬，是至真至篤的。

三、耶穌救贖

聖愛觀的第二面向是「耶穌救贖」，也就是天主教
教義的核心思想 —— 基督論，基督論包括原罪觀，天主
降世為人，以及透過耶穌的受難、復活，救贖人的罪惡
等，這在朱宗元的聖愛觀中是很重要的一部分，也是天
主愛人最極致的彰顯。對於這樣的聖愛，朱宗元說：

況人既為罪裔，自分與主棄絕。然呼主而必應，
求主而必憐，主之聖愛，於茲亦顯。又使人還自
念曰，既負此無疆之怨矣，夫誰為救拔余者，則
必望真主之我拯而贖也。彼叛逆者，罪其子孫，

---

58 朱宗元：〈物必返所本〉，《拯世略說》，頁 360。

原不為過，而天主由特微罰而已。但奪性外之諸
潤飾，而本性之美好自在。且元祖惟超性智量，
迥過後人，故一犯訓，立施降罰，若天主不使原
罪相承，仍以初賜原祖之恩賜後人，則後人有犯，
罪惡益重，當即施滅絕而人類或幾不可存矣。夫
今人竭志學問，猶有不通達之理；殫力經營，猶
有不能生全之計；微蟲卑畜，力可殺我；水旱病
疴，毫不自由；尚且有傲誕自滿，矜我性為無始
如佛氏者。使若元祖之時，肆妄當何如耶？[59]

在這段話中，朱宗元談到幾點：一是聖愛是天主愛
人的愛，即使人為「罪裔」，人呼主而必應、求主而必
憐，天主仍然愛人。二是對於元祖之罪，天主只是「微
罰」，只奪性外之諸潤飾，而本性之美好仍在。三是天
主為何要在元祖犯罪時立施降罰，而且使原罪相承，延
及子孫，因為如果不如此，人將罪惡滿盈，到時天主要
滅絕人類，人類就不復存在。四是因有原罪，即使人竭
盡努力，仍有不通達之理、不能生全之計，甚至於有微
蟲卑畜可殺人、水旱病疴使人不自由。五是面對這無疆
之愆的原罪，只有天主能贖而救之。

對於原罪，[60]要說到天主教的創世理論，朱宗元這

---

59 朱宗元：〈天地原始〉，《拯世略說》，頁 367-369。

60 胡金平提出耶穌會對原罪的解釋開始於 1610 年左右，在 1620 年前
　後逐漸成為耶穌會教義解釋的焦點之一而凸顯出來，解釋的脈絡在

樣理解：天主「化成天地，六日而畢」，又「取土造人軀」，並「賦以靈性」，即是「亞當」。後來又取亞當一肋骨「造為女軀」，並「賦以靈性」，名叫「厄袜」，亞當厄袜即是「人類元祖」。天主將二人置之於「地堂」（伊甸園），並且「許以不死，期至升天」。天主指示「一果禁勿食」。但是元祖「違禁信魔」，以致於「超性美好，倏爾墮失」。這就是原罪，即是「人類咸厥子孫，自出母腹便染厥污」。所以世上的人往往「愚者多于智者」、「惡者多于善者」、「憂患者多于安樂者」，

1640 年前後真正形成。龐迪我的《人類原始》對天主七日造世、原祖違禁犯罪等進行了詳盡解釋，這是目前可見的耶穌會士在中國第一次全面解釋原罪的著作。龐迪我開其始，而被譽為「西來孔子」的艾儒略則可謂繼其後。由「福唐李九標其香筆記」之艾儒略與盧安德福建傳教語錄《口鐸日抄》，一方面部分沿用龐迪我之解釋，另一方面亦將龐迪我對原罪論的解釋進一步地本土化。而與朱宗元關係最為緊密的陽瑪諾，在 1644 年刊刻的《景教流行中國碑頌正詮》中，亦曾在龐迪我的基礎上對原祖犯罪與耶穌救贖加以「正詮」。此外還有許多著作也曾論及原罪，如《天主聖教約言》與《天主聖教入門問答》等等。上述著作大致都出現於 1620-1640 年前後，所以在此期間，耶穌會解釋原罪的著作，匯合成了一個耶穌會士在中國語境下對原罪的解釋脈絡。1620 年之後，原罪這一思想逐漸成為耶穌會士們針對教義討論的焦點之一，而在此後入教的士大夫們，都或隱或顯或強或弱地對耶穌會士的解釋作出了他們自己的回應，而對此教義反應最激烈的是一批具有宗教關懷而尋求生命的永久安頓的入教士大夫。這批士大夫包括要「尋永久安頓」的朱宗元，「等功名於浮雲，視舉子業如弁髦」的李九標、李九功兄弟，以及多有異跡的張彌格之父張賡等。見氏著：《論朱宗元對原罪的解釋 —— 兼其生平著述考》，頁 19-21。

都是原罪的影響，也是世上諸般罪惡的來源。[61]在《拯世略說》他也談到天主許元祖二人如果「能守主命」，則「永生不死」，在世之期已盡時，可以「升之天域」，並以此福「傳之子孫」。只有一「樹果」，主禁勿食，食之則「世福遂墜」、「殃起身死」，靈魂亦不能「陟本鄉」，而且所有人類之子孫，皆「傳其罪污」。結果元祖「方命信魔，冀匹天主，遂食此果」。於是天主將之「驅出地堂」、「美麗之域」，不許更入。而且天主使「土生荊棘，耕乃得食，四時不齊，疾病始起」。而且「人既犯主命」，「物亦犯人命」：「猛獸毒蛇，皆能施害」。雖然人類的「本性之美好不失」，但是「性外所加之美好潤澤」，則「悉奪滅而無存」。[62]另外在《破迷論》中也談到天主「肇生人類」，男女各一，男名「亞當」，女名「厄襪」，即是人類元祖，天主賜給他們內則「聰明聖智」，外則「康甯強固，無有疾疴」，而且天主讓他們「動植繁昌，猛毒馴命」。但是他們犯了「主戒」，於是失去「主眷」，所有一切天主的「攸錫」皆「墜失」，而且「罪愆災患」從此而起。[63]朱宗元的理解完全符合天主教創世之說，人類始祖原本居於美麗之域──地堂，但因違背天主之命，吃了善惡樹上的果子，乃至被天主趕出地堂，而所有原本天主給予的性外恩賜

61　朱宗元：《答客問》，頁 321-322。

62　朱宗元：〈物必返所本〉，《拯世略說》，頁 360。

63　朱宗元：《破迷論》，頁 391-406。

皆失，只保留人類美好之本性，而這樣的罪性也會一代傳一代的殃及子孫，而且世上的災禍也因之而起。

　　對於原罪，朱宗元還深一層討論了元祖食一果背後所代表的罪的意義。當時有人提出質疑：元祖只食一果，此罪甚小，為何天主的懲罰如此之大，而且還罪及子孫。朱宗元的回答是「罪迹雖輕，罪情則至重」。原祖的「聰明聖智」，「迥絕後人」，明知「上主之不可拂」，而「違命信魔」，這是「有背主之意，有匹主之心」。就像「臣子」的「謀叛逆謀篡弒」一樣，這樣的罪是非常嚴重的。[64]朱宗元將「罪行」與「罪情」分開，[65]易言之，即是犯罪行為與犯罪動機，元祖食一果的「罪情」乃在於「背主之意、匹主之心」，也就是叛逆天主，要與天主同尊，所以他才會用臣子對君王的叛逆篡弒來比喻，而這樣的君權譬喻在中國是非常有說服力的。而在《拯世略說》中他則補充說明「一果之違，罪迹甚輕，情則至重」。對於這樣的罪情朱宗元又分四方面來說明：一是「信魔言而背主命，是棄親而崇仇」。二是「食果覬覦比天主，是僭恣而無忌」。三是「明告以嚴刑而不顧，是不愛其身，且不愛其子若孫」。四是「萬類之供其者甚多，而不禁一果之嗜，是以神靈聽口腹之命」。他再

---

64 朱宗元：《答客問》，頁 322-323。

65 最早將元祖食一果之罪作這樣區分的是龐迪我《人類原始》，他說：「亞當罪迹似輕，罪情則至重矣。」見《龐子遺詮》，收入在鐘鳴旦、杜鼎克編：《耶穌會羅馬檔案館明清天主教文獻》，頁 243。

次強調天主是「何等恩德」，不但賜「元祖聰明，超絕後人」，又從無中「造此世界，使二人安享」，並成為「生人鼻祖」。但是元祖才「受恩時」，便「爾悖逆」，罪如何「可逭」。[66]總之，一果之罪的嚴重在於元祖棄親崇仇、僭恣無忌、不愛己身與子孫及不禁口腹之欲，其中最嚴重的莫過於前兩者，而朱宗元又屢屢的以這罪的發生與天主創造元祖給予的無限恩德相比，則更顯其嚴重性了。

另外，關於原罪，當時有人問：「帝王之道，罰不及嗣，況于天主？元祖違命，元祖受罰可也，而因以傳于後人可乎」，也就是一果之罪罰元祖即可，天主為何還罰及後人。對此問題，朱宗元採取龐迪我的解釋[67]來回答：

　　吾輩分此分彼，自上主視之，萬古生民，皆同一

---

66 朱宗元：〈物必返所本〉，《拯世略說》，頁360。

67 龐迪我曰：「當是時也，人類之體，悉在二人。……故一人犯而罪已徧於諸人。」又曰：「譬由大臣叛國，削其秩，刑其身，未已也，竄及子孫焉。又譬之栽樹者，若毒納于根，則結發果葉皆體是根之毒也。」《龐子遺詮·人類原始》，頁245-246。不過艾儒略的解釋明顯與龐迪我不同：「賞罰于其身者，此賞罰之正也。間有及其子孫者，此賞罰之餘也。故夫原祖一犯命，天主即奪其格外之恩，逐出安樂之境矣。若萬世傳染原罪，此特罰之餘耳。」《口鐸日抄》，見鐘鳴旦、杜鼎克編：《耶穌會羅馬檔案館明清天主教文獻》，頁229-230。關於明清之際耶穌會士對此問題的看法，可參考胡金平：《論朱宗元對原罪的解釋 —— 兼其生平著述考》，頁37-39。

類。辟如大木，元祖二人，則其根也。納毒于根，
則開花結枝，皆體是根之毒，理之自然，無足怪
者。況原罪流傳，但奪超性之美，未失因性之好，
人能奮勵，卒致升天。且人染原罪，稟性雖少弱
劣，然弱劣而能為善，則功德愈大。而天主愛人
無己之心，亦於此大顯也。蓋使原罪不傳染，則
上主未必降生，即降生未必受難死。惟定義不容
已之罰，而又願自屈自苦以代贖之，則其愛我人
類為何如乎？[68]

在此朱宗元認為從天主的角度來看，所有的人類都
是一個整體，就像一棵樹木，根納毒後，結枝開花遍體
都是毒。元祖是人類的本源，元祖犯罪，自然罪性會傳
染至後代子孫，本是自然的道理。除此之外，人類的原
罪，指向天主的「愛人無己」，因為天主只奪人類性外
一切的美好恩賜，但未奪本性之善，如果能奮發向善，
仍能升天，而且人性中雜染原罪，稟性已劣弱，以劣弱
之性而能為善，其功德更大。更重要的是如果沒有原罪，
天主不需要降生，即使降生亦不必受難而死，天主甘願
自屈自苦，只為贖人之罪，由此更顯出天主愛人的恩典，
也就是原罪最重要的意義乃在於耶穌的救贖，即基督宗
教的核心教義 ── 基督論。

---

68 朱宗元：《答客問》，頁 322-323。

　　另外有人問朱宗元：「人犯罪，人自贖之可也，上
主何必代為償責？」他則回答：「人類至卑，天主至貴」。
以「人類之至卑」，而獲罪於「至貴之天主」，就算用
「極至卑者之功德」，仍不足以贖「違背至貴之罪」。
但是天主又「甚愛吾人」，又不忍「聽其沉淪」，所以
「自降為人以代贖之」。[69]在《拯世略說》中，他更深
入的說明。「天主造萬有」，為人使用、為人治理，使
人「不背主恩」。而元祖的犯罪是「人反認物為主」，
而且是「用所造之物，為叛主之具」，而將天主所賜的
一切視為「當然固然」，而不知「恩所自出」。雖然「民
愆」之重，以天主的公義而言是「不可苟赦」的，但是
天主仍「憫之」，又「不忍盡罰」，甚至「不惜現身以
代負其債」，承受「萬苦萬刑」，而「甘受不辭」，由
此一事亦可見「天主愛人到至極處」。[70]在這裡，我們
看到朱宗元從原罪的角度討論了天主教教義中「神的義」
與「神的愛」之間的張力與協調的問題。所以對於耶穌
降生的意義其中一項就是「贖罪」——救贖人類的原罪。
他認為「原罪」就是「性根原有之罪」。「元祖」是「以
一人而開萬世無窮之愆」，而「耶穌」則是「以一人而
贖萬世無窮之債」。以天主的公義而言，元祖以「至賤」
之身，卻悖逆「至貴」的天主，即使「盡罰人類」，仍
不足以「究其罪」；而耶穌以「至貴」之身，卻「代贖

69　朱宗元：《答客問》，頁 323-324。
70　朱宗元：〈天主必須降生〉，《拯世略說》，頁 370-373。

至賤」，即使「盡赦人罪」，仍不足以「竟其功」。因此在「首魔據果樹木」，而「誘陷元祖」的情況下，耶穌必以「十字木」，來「戰勝仇魔」。這是因為「人力雖大功雖多」，仍然不足以補「獲罪天主之惡」，而天主是「純神聖性」，又無法「代人受愆」。於是耶穌降生，祂具有人和天主的雙重之性：論其為「人」，可以「代苦受償」；論其為「天主」，則是「力大又功多」的。因此，天主不直接赦免人的原罪，必待「耶穌救贖」，一則示其「愛人無己之心」，在「無可肆赦之中」，仍「曲行其挽回矜拔之事」；一則示其「至公極嚴之義」，如果沒有耶穌「代救」一事，則「人類萬無從望宥」。[71]由此，我們看到神的義與神的愛即天主的恩與義的矛盾與張力皆消解在天主的降生耶穌受難的救贖之中了。

　　對於耶穌的降生受難復活，或者說是「基督論」，朱宗元的理解是全面性的。首先在《答客問》中，他說：

> 蓋天主一性而含三位：一曰父、二曰子、三曰聖神。子以己之願，奉父之命，繇聖神之功，于漢哀元壽二年，擇如德亞國貞童聖女曰瑪利亞者，取其潔血，造為人軀，畀以人性，而合于主之第二位。孕九月而生，名曰耶穌，譯言救世，時冬至後四日也。居世三十三載，固守困窮。卒受萬

---

71 同上。

刑萬辱，釘十字架而死。死三日復活，居世復四
十日，乃登天云。[72]

　　這裡談到耶穌是三位一體中的第二位，耶穌的出
生，以及復活、升天。而在《拯世略說・天主必須降生》
一節中，他則更深入談到「降生之事」歸於「六端」，
一是「降生之地」、二是「降生之母」，三是「降生之
祥」，四是「降生受難之事」，五是「升天之後奇蹟」，
六是「十字架之神威」，來詳細論述耶穌的一生。[73]不
僅如此，他還討論了耶穌是天主，[74]是兼具人性與神性，
[75]是三位一體中之第二位[76]等等天主教神學的問題。

---

72 朱宗元：《答客問》，頁 323-324。

73 朱宗元：〈天主必須降生〉，《拯世略說》，頁 370-373。

74 朱宗元曰：「耶穌之為天主，非特自言之，亦非徒侶誇奉之。其未
　　降生也，有先知聖人，以預紀其事。如梅瑟、達味所載之類是也。
　　其將降生也有徵，如天神來報、牧童致敬、三王來朝、景宿告祥之
　　類是也。其在世也有異，如命死者生、瞽者視、聾者聞、跛者走、
　　驅魔拯疾之類是也。……故耶穌即無他奇蹟以為徵驗，即此甘心受
　　難一節，已足表其為天主矣。」《答客問》，頁 324-325。

75 朱宗元〈天主必須降生〉曰：「天主無所不在，當其未降，原在於
　　世；及其既降，亦不離天。特天主第二位，則稱之曰子。取人之性，
　　與己之性，相締結而為人。……且非天主化其性為人之性而成人，
　　亦非耶穌化其人之性為天主之性，而成天主。乃耶穌一位，兼有天
　　主與人之兩性，故曰天主降世為人。蓋無始之天主，一體而涵三位；
　　降生之耶穌，三體中特著一位。凡孕而生，幼而壯，被釘而死。死
　　而復活升天者，皆耶穌人性之肉身事也，其天主性，則絕不易不動
　　焉。」《拯世略說》，頁 370-373。

76 朱宗元〈天主性情美好〉曰：「第一位曰父，第二位曰子，第三位
　　曰聖神。……位雖三而體則一，同能、同知、同善焉。如體也、光

　　另外，對於耶穌降生的意義，除了贖原罪外，朱宗元還認為耶穌降生是為人贖「本罪」。所謂「本罪」是指「自作之罪」，即是後天所犯的罪。他又以帝王與天主比較：人「犯大辟」，心雖「哀悔」，口雖「求免」，但是「帝王未有赦之者」。天主就不一樣了，人「得罪於主」，只要「一痛悔」就能「克取宥」，雖然這是人「本此心悛改之功」，但也是「吾主功德」，是天主的「償過彼債」。而「不知痛悔之人」，則是「無緣取償於吾主」。[77]因此，耶穌的降生，是為人類贖罪，而此罪，一為原罪，一為本罪。原罪的來源是因元祖犯罪而來的，至於本罪，亦是因原罪，他在《破迷論》中說：「天主初賦人性皆善，何以聖一狂千，則知必有壞性之由。人為物靈，何以方寸之虫，即能戕害，則知必有招災之故。」[78]此「壞性之由」、「招災之故」即是原罪。由這樣的說法，我們可以看到朱宗元完全接受了天主教對惡的來源的看法，[79]而這與中國傳統儒家思想及宋明

也、照也，而止成一日。然天主非物可擬也，子雖由父，聖神由父子，但其生其發，不待俄頃，同為一無始之真主焉。」《拯世略說》，頁 365-367。

77 朱宗元：〈天主必須降生〉，《拯世略說》，頁 370-373。

78 朱宗元：《破迷論》，頁 391-406。

79 利瑪竇在《天主實義》即說：「天主始制創天地，化生人物，汝想當初乃即如是亂苦者歟？殊不然也。天主之才最靈，其心至仁，亭育人群，以迨天地萬物，豈忍置之於不治、不祥者乎哉？開闢初生，人無病夭，常是陽和，常甚快樂，令鳥獸萬彙順聽其命，毋敢侵害。惟令人循奉上帝，如是而已。夫亂、夫災，皆由人以背理犯天主命。

理學的說法是很不同的。[80]

　　除了贖罪之外，天主降生的意義還有「敷教」。即是天主「付畀時」，命人以「種種之善」，如果能「克全其性」，則是「率性而行，自然合道」，「原不須教」的。但「人有不盡性」的，天主就「命聖人立教以訓之」，就像中國之「堯、舜、周、孔」，及他邦的「一切先哲」。而在人又「侮蔑聖言」、「不知遵守」的情況下，天主則不得不「躬自降生喻世」，明示：「為善之樂」、「不

　　人既反背天主，萬物亦反背于人，以此自為自致，萬禍生焉。世人之祖已敗人類性根，則為其子孫者沿其遺累，不得承性之全，生而帶疵；又多相率而習醜行，則有疑其性本不善，非關天主所出，亦不足為異也。人所已習，可謂第二性，故其所為，難分由性由習。雖然，性體自善，不能因惡而滅，所以凡有發奮遷善，轉念可成，天主亦必知之。但民善性既減，又習乎醜，所以易溺于惡，難建于善耳。天主以父慈恤之，自古以來，代使聖神繼起，為之立極。逮夫淳樸漸漓，聖賢化去，從欲者日眾，循理者日稀。於是大發慈悲，親來捄世，普覺群品。於一千六百有三年前，歲次庚申，當漢朝哀帝元壽二年冬至後三日，擇貞女為母，無所交感，託胎降生，名號為耶穌 —— 耶穌即謂捄世也。躬自立訓，弘化于西土三十三年，復昇歸天。此天主實蹟云。」〔意〕利瑪竇著，〔法〕梅謙立注，譚傑校勘：《天主實義今注》，頁 216-217。

80 在宋明理學中，有所謂的「氣質之性」，而在理學家的語脈中，氣質與氣質之性通常可以視為一事，集宋明理學之大成的朱熹曾說：「二氣相軋相取，相合相乖，有平易處，有傾側處，自然有善有惡。故稟氣形者有惡有善，何足怪！」、「人之性皆善。然而有生下來善底，有生下來便惡底，此是氣稟不同。」宋・朱熹：〈性理一・人物之性氣質之性〉，宋・黎靖德編：《朱子語類》（北京：中華書局，1994 年），卷 4，頁 68、69。在此我們可看到朱子將氣質視為惡。有關理學中「氣質之性」的討論可參考楊儒賓：〈氣質之性的問題〉，《臺大中文學報》8（1996 年 4 月），頁 41-103。

善之殃」、「人物之原始」、「宇宙之究竟」、「悔改之門」及「補救之法」。命令「宗徒遍曉萬方」，然後使「向之魔鬼者，化而事真主」、「向之淫者，化而貞」、「向之貪者，化而廉」、「向之暴者，化而仁」。使「六合之內」，盡沾「聖風」。這就是敷教。[81]這即是天主教的「性教」、「書教」、「身教」三階段歷史觀。「性教」是指人在「賦畀之時」，是「不學而知，不慮而能」，即是有所謂的「良知良能」。但因人多「不能盡性」，所以大概在「商祖乙時」，「遣天神付一大聖曰梅瑟」（即摩西），以十誡「令普世遵守」遵守的「上陟」，違反的「下墮」，這是「書教」。而書教又不能使人遵守，於是天主「降生為人，躬為表指，萬方丕變」，這即是「身教」。而他也談到中國雖千百年來未聞身教，但是「性教」是「與生偕具」的，仍「能盡其性」，也就是無負於「賦畀之意」，就能「升天」。他認為天主「身教」的「種種妙義」，亦不過是「多方補救」，使人「完其性分之本然」。如果吾人能「幸聆身教」，那麼「盡性更當易易」了。[82]

另外，天主降生的意義還有「立表」。所謂立表是指天主對人類來說是「崇卑懸絕」的，人類「何從仰法」，但是天主既「降生」，那麼「其言行俱得學焉」。所以天主「隱其神靈赫奕之威」，而獨顯「貞孝謙忍之德」，

81 朱宗元：〈天主必須降生〉，《拯世略說》，頁 370-373。
82 朱宗元：《答客問》，頁 330-331。

使「中材皆可仿視」。而耶穌一生的行止，「聖史四人，各紀其事訓，謂之福音」，後來的「聖人聖女」又「洋溢萬國」，都是「學習耶穌而成德」。這就是「立表」。[83]即是耶穌以「天主之至尊」，而「托體民家」，是在「砭我傲」；擅「天地萬物之富有」，反而「居窮」，是在「藥我貪」；以「全能全智之赫奕」，而備嘗「險阻艱難」，是在「刺我淫饕偷惰」。[84]也就是耶穌一生的言行皆是人類的表率。無論是贖罪、敷教還是立表，更重要的是：「天主何不從空降世，乃必生於人者，正欲示其愛人之心，與吾人類相關。」[85]所以「論愛人之至者，孰如天主。」[86]也就是天主降生的意義，正彰顯天主愛人無己之心。

四、欽崇天主

聖愛觀的第三個面向是「欽崇天主」，是人對天主創造與救贖之愛的回應。雖然朱宗元對於「聖愛」的看法主要是指天主對人的愛，但人對天主之愛的回應 ── 愛天主，則是他撰寫所有著作的主要目的。[87]首先，他從天主創造萬物的觀點提出人當愛天主，因為天主「自

83　朱宗元：〈天主必須降生〉，《拯世略說》，頁 370-373。

84　朱宗元：《答客問》，頁 324-325。

85　朱宗元：〈天主必須降生〉，《拯世略說》，頁 370-373。

86　朱宗元：《答客問》，頁 324-325。

87　林文英在為《答客問》所撰寫的序曾說：「取而閱之，知其指在尊天，實見夫天有主，敬而事之，務在盡誠。」同上，頁 271-272。

無中生天地萬物」，時時「存佑之」、「監臨之」。即使是「大聖」，亦不能「使空中增一山」、「海中出一島」、及「無中生一種草木禽獸」。即使大聖「具大智」，仍「不克益身以寸」；即使「負異勇」，仍「不能使身自舉」。人的「財成輔相」，都在天主「既成既備之後」，為之「經綸調理」而已。所以他引《尚書》說的：「上帝引逸，有夏不適逸。」及「不克終日，勸于帝之迪。」[88]也就是「吾性能為善事，全賴真主啟翌」。因此天子有善，「讓善于天」。而且自古先民，即使「功被海內，澤潤群生」，仍然「益自謙下」，「明旦游衍」之中，仍然「凜凜欽若而不敢忽」。由此證明「聰明才智，不自我有，不自我具」，而對於「授予者」的天主應當「感信」、應當「愛敬」。[89]而且從天主「不生天地於無窮之年」，而生於「數千載前者」，正是要人知道「乾坤民物」，皆屬「有始」，皆是「真主製造」，而人應當「謙事主」。[90]也就是人「既為天主所生之人，便當小心昭事，認其本原。」[91]

　　另外，朱宗元又從天主生萬物為人使用的觀點來說人當愛天主，甚至應當奉教。也就是天主「生天以覆人」、「生地以載人」、「生萬物以養人」，也「立教以訓人」。

---

88 出自《尚書・多士》、《尚書・多方》，《尚書注疏》，頁 237、255。
89 朱宗元：《答客問》，頁 294-295。
90 同上。
91 同上，頁 292-294。

我們既然「載上主所生之天」、「履上主所生之地」、「用上主所生之萬物」，就應「奉上主所立之教」。再加上「人性皆受病」，只有「畀性之主」，能知人性「受病之故」，所以天主「立教以藥之」，人當奉此「救性之藥」，也只有天主之教為「真教」。朱宗元又以傳統忠孝觀點來比附不事天就是不忠不孝。「不事君親」，世人「未有不罪之者」，然而「大父共君之恩」，相對於君親是「百倍其功」的，而人在天主的「煦養鑒觀之下」，竟然「棄置不事」，即是「不忠罔上，悖理不孝之極者」。[92]反過來說，天主是大父、共君，人就應當孝、應當忠，應當事奉天主。而且他認為試取「孔子之書讀之」，書中所言的「凜凜昭事者」、「小心欽若者」，即是指天主，因此「尊奉天主」，正是實踐「孔子之言」，遵守「孔子之訓」[93]。總之，對於尊奉天主，朱宗元在《拯世略說》總結說：

> 吾人受恩于主，至大至普，不可限量。吾儕即致身致命，猶不足以仰答鴻恩萬一。故一生精力，當全注于此。而此處昧昧，雖他行俱全，未免為大闕陷。然則他行可不修乎？蓋思他行如枝，得此一枝，或失彼一枝。故貞于色者，未必廉于財；足于仁者，未必全乎義。欽崇天主，若綱之有網，

92　朱宗元：〈宇宙之內真教惟一〉，《拯世略說》，頁358-360。
93　朱宗元：《答客問》，頁279。

> 衣之有領，一挈而統體俱振，萬目畢舉矣。未有
> 真心愛天主之人，而行不可法，言不可信者。未有
> 有真心愛天主之人，而臨財苟取，臨難苟免者。
> 蓋種種善事，皆天主命我為之，一有不全，則逆
> 天主之命，而不得為愛主之至矣。故萬善萬德，
> 不過成就昭事功夫耳。[94]

在這段引文中，朱完元提出幾點：首先，天主之恩
至大至普，人當用一生精力來尊奉天主。其次，「欽崇
天主」為萬德之源，為行善之綱領，亦即只有真心愛天
主才能成就種種善行。從另一方面來說，人行萬善萬德
皆在成就昭事天主之功。

朱宗元是從天主對人的愛－無論是創造還是救贖－
來談人應當欽崇天主，另一方面，從人的角度來看，最
主要是他對生死的看重。首先，我們來看他自述入教的
經過：

> 余生平伏念人壽，最遠不過百歲。百歲在身，豈
> 非有盡？雖聲名籍籍，功業蓋世，總一時事，要
> 當尋永久安頓處。又念一點靈明，迥超萬物，斷
> 無與物同生同盡之理。自然暫謝，神魂永存。更
> 念世間萬事，不由人算意者，鬼神司之。然鬼神

---

94 朱宗元：〈物必返所本〉，《拯世略說》，頁 360。

眾矣，亦自有所從命者。三教百家，參悟有年，
頗悉梗概，顧終無真實、確當、了徹、完全之義，
使此心可泰然自安者。及睹天學諸書，始不禁躍
然起曰：「道在是！道在是！向吾意以為然者，
而今果然也。向吾求之不得其故者，而今乃得其
故也。」[95]

很明顯的，朱宗元生命思考的起點在於終極關懷，
由人的壽命有限而引發一系列的問題：聲名功業有時，
要尋一永久安頓之所、人的靈明與萬物不同，不會與物
同生同滅、世間之事不如人算，而由鬼神司之，但鬼神
眾多，應有所從命者等等。因此他出入三教百家多年，
卻無「真實確當了徹完全」之義，始終無法安頓身心。
直到他看到天學諸書，才有「道在是！道在是」的領悟，
後來就到杭州領洗。因著這樣的「宗教宿根」，[96]對生
命的終極關懷，他特別關注生死的問題，他認為人生不
過是一場旅程，所謂「家」是「入其居，視其所置，前
有宗廟，後有寢室，倉庫在左，車廐在右」，而「旅」
則是「入其居，視其所置，外無廩積，內無寢廟，日用
之具，聊且略陳」。而此「茫茫世界」是「家耶」還是

---

95 朱宗元：〈拯世略說自敘〉，《拯世略說》，頁356。
96 此語是劉耘華所言，他認為楊廷筠、朱宗元等人是從宗教信仰的進
　　路而入天主教，與徐光啟、李之藻和王徵等人的科學信仰的進路是
　　不同的。見氏著：《詮釋的圓環 —— 明末清初傳教士對儒家經典的
　　解釋及其本土回應》，頁332-334。

「旅耶」？佳景物、美田宅、好妻子，皆是人所繫戀的，但誰能久處。而且「死期既至」，即使是「大智極勇」之人能「緩之須臾」嗎？一切的世物，不過是「借而用之」，最後要「還主人」，所以「數畝之宮」，在百年之內「更迭而處且數姓」，因此「乾坤之內」皆謂之「旅」。[97]他又從傳統思想「存順歿寧」的角度來談生死。一般世俗以為「美衣食、華居處」，是「身生以順」；而「多子孫、營墳墓」，則是「身死以寧」。人皆「愛己」，但這些不是「愛己」，只是愛「藏己之器」，因為「身生非生、身死非死」，人的身與靈是分開的，身只是器，「人靈」之處於「身」就像「主人」之處於「室」，就像有人終日「丹楹刻桷」而不恤其饑寒，就如同「勤其身」而「忘其神」。又像將「缶器」置之危險而不求所以安之。「神靈」即「缶器」卻不思所以置之。又如「涉大海」，知有「險阻」，必預計「舟楫資糧，趨避之事」。而「生死之海」，其「險阻」也多，卻欲任「一葦之所如」。這些都是「極愚鈍」的，殊不知「身後事大」，「貧富貴賤」與「生死」相較，孰為輕重。[98]人生為客旅，身死神靈必有所歸，因此他認為生死之事大。

　　既然生死事大，就不可不詳加參悟，「生死一事」是「重大切要」的，不可「漠不尋討」。對於「生死一事」，朱宗元認為俗儒是「存而不論」、二氏是「論而

97 朱宗元：〈死後必有賞罰〉，《拯世略說》，頁 380-381。
98 朱宗元：〈學以明確生死為要〉，《拯世略說》，頁 357-358。

不確」。「存而不論」，則「理何由明」；「論而不確」，
則「益以滋惑」。「求之《六經》」，大旨雖有包蓄，
但是儒者卻不知講明。求之佛道兩《藏》，又是「渺茫
無據」、「拂理悖情」。又有說人死之後，不僅「無知
無覺」，更是「渙散而無所歸」，如果是這樣，將使吾
性靈「游移而無定」，「喪陷而不顧」。因此，他認為
更應把握「隙駒之歲月」，詳加討論生死一事。[99]既然
三教的生死之說皆誤，那麼「真實確當了徹完全」之說
何在？他認為應從幾個問題入手：「吾生也，誰為賦畀；
吾死也，誰為收取」、「當其生，非吾欲生也，有授之
生者也；當其死，非吾欲死也，有命之死者也」。也就
是欲知「器之久近」，必詢「制器之人」；欲知「途之
遐邇」，必問「已經之士」；欲知「死生之正道」，必
決之「生死之主」。總之，就是要問「生死之主」，如
果歸之「佛」，佛且「有生」，歸之「仙」，仙亦何嘗
「不死」，又歸之於「世俗之鬼神」，鬼神自生而死皆
「不能自主」且「無智無愚」。因此知道「天之生此民」，
非「蒼蒼之天」生此民，而是「蒼蒼之天之主宰」生此
民。既然以「天之主宰」生我，必由「天之主宰」死我，
而且「處置黜陟」我，我又向何處問「生死的確之道」？
只有「天主命人生死」之說為定論。[100]所以他認為人為
「萬物之靈」，生為逆旅，必有所歸，則「旅時功罪」，

99　同上。
100　同上。

在歸時必分明，即知「死後之必有賞罰」。[101]因此他又有「備死」之說，也就是造物主使人知「身之必死」，但不使人知其期，正欲人日日備死。「有備無患」，凡事皆然，更何況是生死之事？[102]他又強調死候痛悔，即天主教的終傅禮之重要。他認為善始不如善終，也就是「蓋棺始定」，在末路「見人品」。所以人的「吃緊處」專在「死候」，要朝夕「祈求上主」，希望天主能在「此處提攜」。這是因為在此時「聰明昏眊」、「神情竦烈」，未免誤淪「魔誘」。生平日習於善之士，猶懷此懼，更何況是「一生作惡」的人，在歸死之時能「克悔」，如果能如此「最為難得」。而天學要人在「歸死一刻，尚可悔改」，是要「廣惡人遷善之路」，使其「毋自棄」。[103]

朱宗元強調人要尊奉天主，而「事天之功」在於：一者「以行事仰合天主」，一者則「以心神默與天主晤契」。行事合天主，即是「存心養性」，其中最重要的是「為善去惡」，而他認為即使是為善去惡仍要靠「上帝寵綏」，如果人只「自恃厥力」，就會「行而多蹶」。[104]這是因為人有「自主之明」，這是人與其他萬物不同的地方。他強調「不靈之物，無自遂之權」。就像「天恆運、地恆靜、水恆潤、火恆燥、馬恆走、犬恆吠」等

---

101 朱宗元：〈死後必有賞罰〉，《拯世略說》，頁 380-381。
102 朱宗元：《答客問》，頁 285-286。
103 朱宗元：〈聞教與不聞教者功罪有辨〉，《拯世略說》，頁 376-378。
104 朱宗元：〈神功萬不可已〉，《拯世略說》，頁 393-395。

等皆是「率其性之自然」，而且「一定不易」，所以「無功罪、無賞罰可加」。但是在人，天主則賦與人「自主之明」：「善惡邪正，任其擇決」，而且是「受命而生」。[105]在此，所謂的「自主之明」即是「自由意志」，這是天主賦與人的，為善去惡皆是人所自主決定的。雖然人因為「原罪」，而「氣稟劣弱，易於趨惡」，但是「天命本體，正不受蔽」，人的「為善為惡」，仍屬「自主」，更不得「委罪於元祖」。[106]有人就問朱宗元：「人性既為天主攸賦，而天主具全能全善，曷不盡予人以善性乎？若云不克皆善，是能不全也，若云能皆善，而顧不予，是善不全也」，以此來反駁天主的全能全善。朱宗元則以「維皇降衷，本無纖惡。凡作不善，人自為之」來回答。他認為「含靈之物」，亦必聽其有「為惡之勢」，而後乃有「為善之功」。就像「水潤不頌其德，火熱不賞其美」一樣，又像「嬰兒愛親，不稱厥孝，寺人絕婚，不貴其貞」，這些都是「發于自然」，而「非其志」。如果天主使人「一定于善，不復可惡」，那麼善就是「天主自為之」了。就像天主說：「非必善而遂為善，能為惡而終不為，故其吉祥定於無窮也。」就像利瑪竇將人性比喻於「兼金」：「質本粹美」，但有些是用來「造溺器」，有些是「造祀器」，[107]就是「為善為惡」的意

105　朱宗元：《答客問》，頁281-282。

106　朱宗元：〈天地原始〉，《拯世略說》，頁367-369。

107　利瑪竇在《天主實義》說：「吾稟本性，如得兼金，吾或以之造

思。[108]當然對天主來說「默變人心，俾惺悟前非，立時證道」，是「反掌」之事。但如果這樣，善就是「天主自為」，人之為善者，就無功可言。所以「上帝佑人」，只「引之而不強之」，其間的「從違主持」，多在「人心自為擇決」。而人心擇決的能力，天主早在「無始時」獨獨賦與人類了。[109]很明顯的，自由意志之說是朱宗元吸收耶穌會士的說法，與中國傳統的人性觀點大不相同。

除了人有自由意志，為善為惡由人所自決外，朱宗元還有「氣質」之說。有人問他「人生智愚強弱，良暴壽夭，判然不齊，其性有善惡乎？天主有厚薄其間乎？抑氣化之自然？雖造物者亦無如之何耶？」他認為「天命之性，本來皆善」，堯舜與桀跖是「無以異」的。所以他所謂的善是指「質善」而非「德善」。也就是性固然「可以為仁」，但不能因「性中有仁」，就說是「仁人」，只有「行仁」才是「仁人」，行不仁則是不仁之人。同樣的性固然「可以為義」，但不能因「性中有義」，就說是「義人」，只有「行義」才是「義人」，行不義則為不義之人。就像「一幅良楮」可繪佳像，但是「拙工」就繪醜像，「楮不任罪」；又像「一秉好筆」可寫

祭神之爵，或以之造藏穢之盤，皆我自為之。然其藏穢盤，獨非兼金乎？增光于心，則卒騰天上之大光；增瞑於心，則卒降地下之大瞑，誰能排此理之大端哉？」〔意〕利瑪竇著，〔法〕梅謙立注，譚傑校勘：《天主實義今注》，頁119。

108 朱宗元：《答客問》，頁295-296。
109 同上，頁331-332。

美字，但「拙手」就寫惡字，「筆不任罪」一樣。他再次強調「人性自可為善」，凡為惡的，皆是人「悖性而行」，而非性之罪。[110]但是面對人世間的智愚強弱、良暴壽夭等千差萬別的現象，他則用氣質來解釋。他認為氣質之說有三：一是「父母之血氣」：「血氣少而清者，其子弱以智；血氣盛而強者，其子濁以愚」。二是「此方山川之秀，而仁智之樂因之」，就像「江南之人，概多文秀；北土之人，概多質直」。三是「教育之遲速，父師之賢不肖，境地之觀摩，習染之深淺」。他認為這些是因「稟受不齊」，而產生「明愚勇怯」的差異，但是「為善去惡之權」仍在人心，不是「氣質」所能遮蔽的。他又引用孔子的話，人不能「生而知之」，還可以「學而知之」、「困而知之」，不能「安而行之」，還可以「利而行之」、「勉強而行之」。[111]他更認為「生質貞潔者固美」，但是如果「生質好淫」，而能「反之於貞」，「為力雖難，為功更大」；「生質溫和者固美」，但「生質易怒」，而「克之歸於和」，「其事更苦，其功倍盛」。而這就是天主所以任「氣化之不齊」，而「不

---

110 朱宗元：〈氣質所以不齊〉，《拯世略說》，頁 389-391。
111 《禮記・中庸》曰：「天下之達道五，所以行之者三。曰君臣也、父子也、夫婦也、昆弟也、朋友之交也，五者天下之達道也。知、仁、勇三者，天下之達德也，所以行之者一也。或生而知之，或學而知之，或困而知之，及其知之一也；或安而行之，或利而行之，或勉強而行之，及其成功一也。」《禮記注疏》，頁 887-888。

強之使齊」的原因。[112]即使人的氣質有所差異，但他仍強調人的自主之權不會受氣質影響，為善為惡仍是人可以自決的。朱宗元的氣質之說與中國傳統儒學的說法相同，所不同的是他認為氣化的來源是一人格化的天主，中國傳統思想則是自然的天或是道德的天。

　　朱宗元除了用中國傳統思想來解釋氣質不齊不會影響人的為善為惡外，他還用天學的「三仇」之說來解釋。三仇即是「肉身、世俗、邪魔」，「肉身」就是「氣質」，世俗是「所習之頹風」，如果人未「卓立」，難免受到「污染」，不然就是害怕「違眾受譏」而「苟且相和」。「邪魔」則是以非義之念投入我念。邪魔雖然能引誘我，但不能強迫我。因為「誘惑在彼，主持在己」，也就是「初發一念，機不繫我，隨時遏除」，這樣「不惟無罪」，而且有「克己之功」。所以聖人之「御肉身」是不使「血氣過盛」，用「寧靜淡泊」養肉身，使「神靈能制嗜欲」。「御世俗」則是「天下非之不顧，一國非之不顧」、「眾濁我清，眾醉我醒」。「御邪魔」除了「念吾主之五傷、畫十字、呼聖號」等天主教儀式外，又要「時加省察，隨起隨禁」，不讓非義之念成形甚至發而為行為。他更引述古代西方有一聖人默禱，天主呼之曰：「爾欲我去爾惡念，使不自起乎？」聖人回答：「不欲也，但祈加我戰勝之力耳。」也就是「將不遇敵」，就沒有「成功

112　朱宗元：〈氣質所以不齊〉，《拯世略說》，頁 389-391。

受賞」。所以天主允許魔鬼在世，是在「試煉人心」，玉成人類的德行。[113]所以當有人問他：「天主有制魔之權，曷俾此等誑誘生民乎」的問題時，他回答「人有靈明」，能「別是非、辨邪正、察真偽」。邪魔能誘人、能嚇人，但不能使人必信、必畏。人之信與畏與否都在於「人自主之」。而且人能「修仁果義」是「上帝寵綏」，才能使邪魔「無緣得至」，使「貪淫詐暴自絕于天」。因為邪魔「力甚大、計甚狡」。如果天主「不為遏抑」，而使邪魔「逞其謀、縱其力」，那麼舉世無一人「得免厥網」。他又再次重申「魔鬼本所雖在地獄」，但天主允許邪魔處世，正在「刑戮惡人，試煉善人」。[114]所以對於「智愚強弱良暴」等稟受之不齊，如果針對「開物成務之哲」和「訓世設教之聖」來看，天主似乎使其稟受稍美於他人，但如果將人當成一整體來看總無厚薄之別。至於「壽夭」的不齊，則是「有命自天」，但如果人「寡欲善養」或許可以「消愆卻病」，如果「泄越暴殄」則是加速「致病夭亡」。他再次強調人為善：「壽固增其德業，夭亦速邀其天賞」；人為惡「壽則日積愆尤，夭則早受地獄」。天主不以「壽夭」為輕重，也不以「貴賤貧富」為輕重。[115]

　　朱宗元強調人愛天主要表現在修身養性上，而最重

113　同上。

114　朱宗元：《答客問》，頁 309-310。

115　朱宗元：〈氣質所以不齊〉，《拯世略說》，頁 389-391。

要的則是「為善去惡」。關於「為善」，他認為為善不僅不可以無所為，反而更要有所為。「無所為而為善」之說，雖是「高妙而可喜」，但卻是「求之而實不可行」的謬論。因為「無所為則滅意」，《大學》教人要「誠意」，[116]要「禁其偽者」，並未要人滅意。而且孔子說：「視其所以，觀其所由」[117]正是說明看見「其外之善行」，更要看「其起念之若何」，也就是要問「為善之心，果何所為」。因此為善非但「不可以無所為」，更是「不能以無所為」。但是要在「所為之中」，「辨其公私」。就像做學問的，如果「志在干祿」，「其志則鄙」。如果是想使「聰明德性」日進高明，則是「美意」。又如孝親，如果是要「沽名釣譽」，以期「有利於身」，這是「私願」，如果是「欲得父母之歡心」以及「期盡人子之職」，這樣的「發願」才是「正大」。而「得歡」與「盡職」這二念，正是所謂的「為」。所以他認為「行一事」必有「所以行此事之故」；「制一器」必有「所以制此器之意」。就像「制釜者」，將以「爨」；「制戈者」，將以「御」，而農夫「力田稼穡」，則是「期於有秋」；商賈「蒙霜犯露」，則是「期於幾倍」。因此他將「為善之志」－為善的動機－分為「五等」：一是「動於利而為善」，二是「動於名而為善」，這是「醜

116　《禮記‧大學》曰：「所謂誠其意者，毋自欺也，如惡惡臭，如好好色，此之謂自謙。」《禮記注疏》，頁983。
117　《論語‧為政》，《論語注疏》，頁17。

意污其善行」。三是「從德美起見者」，也就是「好仁之美而為仁」、「好義之美而為義」。四是「從心性起見者」，也就是「為善則加妍於吾性」、「不善則加媸於吾性」。五是「最上最美之念」在「為天主而為善」。這是因為凡吾蒸民「秉彝之良」，都由生時的「帝天攸命」，我們「順守」則「合上帝生我之心」、「拂逆」則「失上帝生我之意」，所以「一切修為」都要從「惟恐獲罪於天一念起」。無論「愛親」、「愛君」、「博施濟眾」或是「克己忍欲」皆要「徵其愛天主」，都要從「愛天主」出發，使我們的「心心息息」，與上帝「相關通」，而真正能被上帝所報。如果不是「於此起見」，則是「泛泛漠漠為善」，亦與天主何干，天主何以報之。[118]在此朱宗元強調為善的動機，為名、為利之為善固然是醜意，為德、為心性之為善亦不是上善，惟有為天主的為善才是上善。

　　朱宗元又將這樣的為善與天主之賞罰、耶穌的救贖合在一起說，他引述天主教經典：「由此愛主之情而作者，雖微易事，必得天上無窮之報；非由愛主之情而作者，雖艱大事，必不可望天上之報。」[119]而認為「吾人升天」，不恃「自己善狀」，而恃「耶穌救贖之蹟」，但以「吾善」為「往取之價」。「救贖之功」，譬如「食」，而「善」則譬如「金銀」，千金之子可以不死，不是因

118　朱宗元：〈為善不可以無所為〉，《拯世略說》，頁364-365。
119　朱宗元：〈罪人之功無功〉，《拯世略說》，頁374-375。

為「金銀足以療饑」，而是可「貿易」，可以買到食物使人不死。就像有「種種善業」，而不為天主所用，就像「擁貲巨萬不以之貿食」一樣。所以「善雖小」，但「由愛主之心而起」，就像擁「百金」者，專用以「易粟」而「得食以生」；擁「巨萬」者，反而「必饑而死」。因此「善績雖微」，而「獲天樂」者，是「托於主」，而「不知所托者」，是「雖勞亦奚益哉」。[120]所以他勸告：

> 故我等教士，但當以愛天主之心，行愛天主之事，一念一言一行，惟期仰禽上帝之旨，而美報特其自至。此心從愛天主而發，則其所為也正矣。若曰我善，則天主且賞我以天堂，否則天主且罰我以地獄，此心從畏天主而發也，畏與愛，高下殊等已。[121]

　　在這段話中，我們很清楚看到朱宗元非常強調人的一念一言一行皆要從愛天主而發，以期符合上帝的旨意，這就是為善，為善天主會賞以天堂之樂，否則罰以地獄之苦。前面說到人的一切修為都要從「惟恐獲罪於天一念起」，也就是這裡說的「畏天主」。不過朱宗元強調「畏」與「愛」是「高下殊等」的，人要從「畏天主」起，畏懼於地獄之罰、惟恐獲罪於天主，但要止於

---

120 同上。
121 朱宗元：〈為善不可以無所為〉，《拯世略說》，頁364-365。

「愛天主」，心思意念、言行舉止皆能符合天主之意，不期美報而美報自至。

　　朱宗元又談到事天主與世福的問題，有人問他既然禍福予奪，出於天主，為何不使事天主者，皆蒙富貴福澤，朱宗元亦從事天主的動機來說，世福即是「富貴利達」，善人處之，惡人亦處之，並不是天主之報。人在世時，事天主與不事天主者是無以辨的，只有到「既死」之時，一者「登化光之天」，一者「付冥阱之爨」，才能見其差別。然而為善要先「正其志」，志在富貴利達之世福，則是「立念已差」，所為的善皆是自私自利之情。而「奉事真主」如果是為「得位」、「多財」、「吉祥如意」、「聲名騰達」則與「世俗之人」無以大異。而且他認為世福之念「最壞人心」亦「阻喪善德」，因為人在「必富而後可」、「必貴而後可」及「必得名而後可」的情形下，就會「掊克攘奪」、「悻進僭竊」、「欺世誣民」，而不足以「饜其心」、「激其恥」、「竟其術」。因為「未得之」而有「羨心」；「既得之」而有「傲心」；「得之而恐其復失」而有「畏心」；又「不幸而一旦喪之」而起「悲心」。終其身為四心所奪，就無法有「清虛之哀以趨道」了。而且世人還會追求被朱宗元視為迷信的行為：「冀蔭於五行風水」、「占終身於星相夢卜」、「乞福佑於野廟天堂」，都是世福一念肇之。所以君子要以輕棄世福為先，「身處巍峨之勢，何如神靈不屈於物欲之足貴也；家藏陶頓之饒，何如中

心克足乎道義之為富也？外有赫赦之譽，何如隱微為上帝鑒歆之可悅也？」所以古之君子，恆恐「以權勢在己生其驕態」，其履高位如登危梯；恆恐「以積貯過多府蓄辜怨」，其處富厚如居叢刺；恆恐「以諛聞動眾喪我真德」，其避虛譽如避盜賊。所以有「辭爵棄位，遯世潔修者；有散巨資於人，以儉約澹泊終其身者；有埋名鑱迹，暗然不章不露者」。君子視一切「美利榮華、威聲勢耀」，皆如「草上露，日出遂晞」、「枝上花，朝榮夕隕」、「鏡中像，一掩不見」又「夢中境，一醒輒空」。得與不得，皆不足以繫其心，也就是獲不獲富貴吉祥與事天主無關。[122]

既然事天主者不求世福，那麼對於世禍又是如何看待的？朱宗元順著天主教的觀點，有「窘難益德」、「受苦為大吉祥」之說。[123]「窘難」是「益德之資」、「為義而被窘難」乃「真福」、又「市天國之價，艱難而已」皆在說明「苦患勵德」，就像「金入于火，雖有焚灼之形，然經鍛煉而益精」又如「水過於峽，雖有束縛之勢，然經抑遏而益迅」，所以人生中的「頓挫險阻」，亦是「融性之火」、「騰德之峽」。因此他認為世上「萬端罪惡，皆自厭苦始；萬端德行，皆自茹苦始」。如果能「茹苦」，就能「唯火白刃，可前蹈也；驚濤絕澗，可履冒也；監門臣虜，可安作也；凍餓勞頓，可寧耐也」。

---

122 朱宗元：〈輕棄世福為先〉，《拯世略說》，頁 399-401。
123 楊廷筠亦有「窘難益德」、「茹苦」之說，詳見第二章。

亦能「臨難不避，見利不動；立朝則宜，臨陣則勇；財
不苟取，名不苟得；富而不淫，貧而不諂；上不怨天，
下不尤人」。他又舉出孟子之言：「天將降大任於是人，
必先苦其心志」等等是要「增益其所不能」，[124]來說明
「升九天之上，侍元尊之側，友神聖之群，享無窮之福」，
這就是所謂的「大任」，必經「苦練」才能「泰然安受」。
他又舉出西學歷代聖徒的例子來說明「自古迄今，成大
德者，俱不辭苦」。像是「委命證道，或剝膚鑿眼，或
火炙鼎烹；其或倒懸橫截，或碎體分肢。其次亦被撻被
貶，被辱被訕。又其次奔走疲勞，冒犯寒暑，甘受飢渴，
衝歷風波」，甚至「有一生慶譽，不逢拂意之遭，則遂
懼天主棄我也乃自取苦者」，像是「或避家野處，或辭
世卻華，或露宿仰吁，或赤日跪禱，或披棕束棘，或揮
鞭繩撻」，對於「一切苦患」，不僅「不去之且受之」，
更是「受之且索之」。這是因為「疾病坎坷，貧賤困頓，
饑悔勞役」種種不順之境，都是上主在「玉成我德」，
皆要「欣然忍納」。況且遇到人以「非道加我」，亦不
生「報復心」，而是「益勵我德」。[125]學道之士，不求

---

124 《孟子‧告子下》，《孟子注疏》，頁 223。
125 對於以「非道加我」之人，基督宗教有所謂的「愛仇敵」之說，
　　朱宗元亦曰：「犯而不校，橫逆自返，洵成德之粹語也。且天主
　　垂訓，寧人負我，毋我負人；寧有不計之怨，毋有或遺之德。而
　　甘受屈抑於世者，必大蒙振拔於天也。或見《七克》中，有子被
　　殺，母反縱其仇者，遂疑天學同異端之冤親平等，不知史冊載及
　　此事，以見如此大仇，尚且忍得，彼小怨而終日介介者，何慘刻

世福而求「勝世禍」，求賜「愛貧之德」、「忍受患難」、「輕忽世界」、「不戀在世虛妄之福」。而能「為主而死者，乃是常生；為主而貧者，乃是常裕；為主而失位者，乃是常貴；為主而流竄者，乃是得其本鄉；為主而勞苦者，乃是常安樂」。[126]總之，「美麗福澤」，是天主要「人忻謝」、「感激以報主」；而「實禍險阻」，是要人「忍受而磨勵其德性」。這「兩途」是天主用之以「玉成人類」之具。但人有「善承」與「不善承」的，善承的「當其得意，則以為造物之煉我，而安意忍受，不忮不求」。不善承的則是「當其得意，則驕奢淫佚，日積惡緣；當其失意，則怨天尤人，無所不至」。所以世上「參差不齊之事」，正是天主「區別人品之衡鑒」。[127]

至於「去惡」，即是「改過」，朱宗元不從中國傳

之甚也。且人之被殺，未有無因，如有罪而被殺，似不必圖報；使無罪而被殺，不特國法有三章之約，更難逃天主之刑威也，何必為私自復仇之舉哉。或曰春秋大復仇，獨不曰春秋嘉釋怨乎？且不事復仇，總由愛天主之情而發。彼人終日獲罪於主，主猶愛之而不加滅，彼獲罪於我之事，較之獲罪於主者，不啻萬之一，奈何欲必反乎？雖我之所仇，尚為主之所愛。經曰：如我亦免負我債者。吾時時負罪債於主，猶求主之矜宥，他人偶一負我，遂至不能釋乎？故吾主有言，我於人，非一一而較不置者；天主於我，亦非一一鞠治而不赦也。大約居上者貴盡法，平等者貴含忍。有忍乃有濟，有容德乃大。以德報怨，雖曰無以報德，而寬深之仁則，亦不失為君子，宣尼豈無所取而言之歟。」〈愛仇復仇說〉，《拯世略說》，頁 383-384。

126 朱宗元：〈受苦為大吉祥〉，《拯世略說》，頁 401-404。
127 朱宗元：〈禍福皆繫上主〉，《拯世略說》，頁 378-380。

統儒家有悠久的「改過」工夫入手，而直接從天主教的
「悔改」思想及宗教儀式的「告解」與「洗禮」談起。
他從義人與惡人來談「悔罪」。所謂「義人」是指「信
愛天主，被服其教，時省時悔，時解時補，不使罪積於
躬」的人。此等之人「兢兢自持，大過恆鮮」。但是仍
會偶然「陷落」：「一念之疵、一言之失、一行之尤」，
他們則「有愆即悔，力求去之」。就像鏡子一樣，雖然
「同受塵障」，但一者「時時刮垢而磨瑩之」，一者「任
其昏而不顧」，然而「後之明暗」則有分別。又如「器
之貯油者」，雖然「積垢四面」，但「投之於火則旋焉
光潔」。如同義人「愛主熱心」，「若火熾烈」，即使
有「小疵」，如「微塵入熾鼎」，旋即「消滅」。所謂
「告解」，即是「滌罪之澄淵」，有罪即當「朝夕嘆息，
涕泣於主前以祈宥」，[128]更要在司教面前「悉吐所犯」
之罪，司教「化主釋之」，並命之以「補贖之事」。為
何要告解，一者「欲人羞告，則必羞犯」，二者「見其
無護過之心」。告解必先有「痛悔誓改之心」、「望赦
之願」，如果有「真悔之心」，才能有「獲罪之赦」。[129]
至於洗禮，他仍強調「人不痛悔，雖洗無益」。需要洗
禮是因「罪惡去留，無形可見」。如果不遵此禮，則「心
雖痛悔」，未知「罪之果去」與否。也因為「前罪盈積」，
作善未必有功，會使人「向往之心怠矣」。所以只有遵守

---

128 朱宗元：〈義人之罪非罪〉，《拯世略說》，頁 375-376。
129 朱宗元：〈聖事寓奧於續〉，《拯世略說》，頁 391-393。

此法，才知自今一日「宿愆頓除」，可以「自新為善」。[130]

　　有人問朱宗元告解會使人「隨犯隨解而復隨犯」。他認為「告解去罪」，如同「以藥去疾」，有病才需要藥醫，無病則佳。但人不可能無病，所以才有「為治之方」，正如人心不可能「無過」，所以立「告解之禮」。如果說告解為「易陷之招」，不正說「藥為得疾之媒」！再者，有罪在身，天主雖免其永罰，但亦要入「煉罪之獄」，以鍛其渣滓：「過大與多者，其煉久；過小與寡者，其煉速」。天主報人「纖忽必究」，「怙終則永罰，悔改則暫刑」，只有「無過純善之人」，才能「直升天域」。所以「告解」之法，是「既落之後」的「斡旋之法」，並不是「未陷之前」的「苟且之門」，亦是為「百密一疏者補其隙」。連孔子之聖僅敢言「無大過」，[131]而下此者則「小過時時不免」，小過不除，亦為「上達之累」，必解而去之，才能「誕登天國」。而對於「元惡巨憝」是否悔改即「得救」以及「數犯數悔」是否可以「數赦」的問題，他認為罪既大，「一悔即宥」、「即升天堂」決無此理，亦非「天主一定之律」。更何況「惡極罪大者」，心志迷惑必不知悔；即使有悔，其悔也必「追恨無極」、「猛勵前進」，反勝於平常之人。至於「數悔數犯」，他認為「斷不其然」，所慮「時解而時

130　朱宗元：《答客問》，頁340。
131　《論語・述而》曰：「子曰：『加我數年，五十以學易，可以無大過矣。』」《論語注疏》，頁62。

不能絕者」，在「日用言念」之間，則稍「差違」。然而人奉教以後，「視過」反多於奉教以前，而且「考核甚嚴」、「細微畢現」。這是因為奉教以前「冥冥昧昧」、「不省不察」，而「有非莫覺」。總之，他認為「知過」正是「聖功」，亦要從「為天主」出發。不然就像「世俗之士」作一不善，亦會「心生懊悔」，如果此情不為天主而發，又有何益，更不要說世人有「絕大重罪」，「習俗相仍」，不僅「不以為非」亦「不知悔」，斷然是「不克蒙於主」的。[132]

　　事天之功除了行事仰合天主，即存心養性、為善去惡外，另外就是「以心神默與天主暗契」。朱宗元認為「心神默契」，不只是「對越」而已，因為「人之心必有所寄」，心「不寄於善，即寄於惡」，置其心於「聲色貨利」，則日進於「邪慝」；寄其心於「道德仁義」，則日立於「高明」。況且天主是「道德之源」、「仁義之海」。我以「此心日洽」，那麼就能「日入於善之機」。所以他認為在與上帝的「誦祈」之中，可以使人心神與天主暗契。為「君父」祈禱，則能動我「忠君愛親之心」；為「天下萬民」祈禱，則能生我「民胞物與之思」；為「我仇」祈禱，則能廓我「情恕理遣之量」；為「已死」祈禱，則使我有「存順沒寧之想」。「難而祈忍」則是益固「堅貞之力」；「得意而祈佑」，則是絕我「驕溢

---

132 朱宗元：〈義人之罪非罪〉，《拯世略說》，頁 375-376。

之端」；「有過而祈赦」，則是進我「遷善之志」。而
且祈忍、祈勇、祈謙、祈勤、祈畏、祈愛、祈信、祈望，
當此「請禱之時」，即是「力行之始」。對於誦經，有
「恭敬天主之文、惜慕天主之文、畏懼天主之文、瞻怙
天主之文、稱羨天主之文、感謝天主之文」，在「稽首
誦經」之際，可以彌全「昭事之功」。人心所欲為，但
「力或不副」；上帝所知，則「無事不得」。所以「真
心吁主」，不只是「見之空言」，而是實能「邀主福疪」。
他甚至說即使「不出戶庭」，仍然能「德日成於己」、
「功日加於人」。[133]不僅強調祈禱誦經的力量，亦是成
德之方。另外，他也談到天主教的聚會儀式：「天下之
善，莫大於和，而不善莫大乎不和」，人「合則情密，
和則相愛」，相愛就會「視人如己」，就能「己所不欲，
勿施於人」。相反的「不合則疏，疏則不和」，不和就
會「相惡」，就會「專己自私」，而且使「忮妒殘貪」
無所不起。所以接下來他舉出教中有各種聚會能使人相
愛相和。有「瞻禮之日以致眾」及「聖會之期以相萃」，
使人與人間「互相講解」、「勸勉效法」，以合致和，
因和而致愛，愛就能致種種之善。而且在「會遇」時，
司教會「闡經談道」，半語隻言皆是補助「身心之藥石」。
遇到「主日」，則思想天主「化育生成之恩」、思想「我
即竭力致命不足仰答毫末」，更何況是「一切誠命善事」

---

133 朱宗元：〈神功萬不可已〉，《拯世略說》，頁 393-395。

可不守。遇到「聖人諸瞻禮日」，則思想聖人亦人，他們「能自克修，成此巨績，萬世而下，敬事若茲」。我獨不可「猛厲前進，使盛德至善，法彼攸行」。因此教中之規無論：「瞻禮有單」、「修會有所」；「早有課」，「夕有禱」；「誦念有珠」、「總牘有經」。無論是用「默想」或是「神領」，皆是使人「息息念念，期與上帝通洽，以成就德行」。[134]所以無論是個人的自修或是在聚會中的合修，皆是要達到與天主晤契的境界，其最終的目的是要成就人之德行，以臻聖域。

五、結　語

在明末清初，朱宗元是最早提出「聖愛」二字的天主教儒者，他在護教作品中所呈現的聖愛觀，與基督宗教教義中的「聖愛」── 天主通過其創造與救贖計劃向人顯明的愛和人對這種愛的響應 ── 是相符的。他不只談到天主論：天主創造人，也談到天主降生為人，並為人的罪受死的基督論。其理論之完整在明末清初的天主教儒者中是非常特別的。有學者認為對「聖愛」討論的最深刻的是王徵和韓霖，但就筆者的研究所見，王徵和韓霖談的較多的是天主論，對於基督論，或許因為文本性質，比較少談到，甚至完全未談到。所以這也符合柯毅霖所說的，天主教剛傳入中國時，耶穌會的傳教士只

---

134 同上。

傳講了片面的基督論，而要一直到 17 世紀 20 年代後，才開始宣講更整全的基督論。[135]

　　朱宗元的聖愛觀主要論述的是天主對人的聖愛，談論天主的愛人和天主降生救世的愛，而對於基督宗教聖愛觀中的另一面向：人愛天主，朱宗元的著作亦花了大篇幅談到人要尊崇天主、事奉天主，也就是天主教的第一誡：欽崇一天主於萬物之上。對於事天之功，無論是以行事仰合天主或是以心神與天主晤契，朱宗元比較多的是針對天主教的宗教禮儀規範來說，較少針對一般性的說法，或是從傳統儒學思想來取法，如前所述，去惡改過他談天主教的悔改。而在愛人方面，他只談到「視人如己」、「己所不欲，勿施於人」等片語支言而已。其原因或許就在於他對儒耶的差異有其根本性的看法所影響，因此他在著作中有所側重吧。

　　作為一個儒者，又成為天主教徒，這雙重的身分使他對於儒耶的差別了然於心，並在著作的多處談到這個問題。他認為儒耶在「知天事天」大較不殊，但是在「乾坤開闢之時日」、「萬類窮盡之究竟」、「上主無窮之妙性」，「身後罔極之苦樂」，「悔過還誠之入門」及「遷善㤛惡之補救」等方面必待西學而始備。因此「三代而降」，雖然言「知天」但實未盡「知之之道」。雖言「事天」，亦未盡「事之之禮」。[136]換言之，儒者知

---

135 柯毅霖著，王志成等譯：《晚明基督論》。
136 朱宗元：《破迷論》，頁 391-406。

「宰制乾坤之天主」，而不知「降世代救之天主」；知
「皇矣蕩蕩之真宰」，而不知「三位體一之妙性」；知
「燔柴升中之牲享」，而不知「面體酒血之大祭」；又
知「悔過遷善之心功」，但不知「領洗告解之定禮」，
這是「天學所備」要佐「吾儒之不及」，以備他日「上
升之階梯」。[137] 由此我們或許可以回答上述問題，為何
在他的著作中「愛人如己」談之甚少，對於儒耶相同的
部分，他是略講的，而對於徐光啟等天主教儒者所提倡
的「闢佛補儒」，[138] 儒者所缺的部分，他則是詳言的。[139]
所以他在「何幸而獲聞茲理」、「既受造物主多恩」的

---

137 朱宗元：〈儒者獨見大原〉，《拯世略說》，頁 361-362。

138 關於徐光啟的「闢佛補儒」之說，可參考李天綱：〈"補儒易佛"：
徐光啟的比較宗教觀〉，《上海社會科學院學術季刊》1990 年第
3 期，頁 128-133。張西平：〈論明清間天學的 "合儒" 與 "補
儒"〉，《傳統文化與現代化》1998 年第 5 期，頁 80-86。

139 另外在《答客問》中，朱宗元亦曰：「盡倫之事、治世之略，大
較相同。而生死、鬼神之故，實有吾儒未及明言者。其實孔子罕
言命，非不言也。蓋當時所言性與天道，雖穎悟如子貢，尚不得
聞之。唯得此天教，而修身養性之法，復命根歸之業，始益備。
且學問之道，必曉然明見萬有之元始。日後之究竟，乃可絕歧路
而定一尊。此在儒書多未顯融，獨天學詳之。況今人讀書，往往
渾帳過去。一領天教，而後知我六經、四書中，句句皆有著落，
句句皆有把柄，淺儒誠未得其解也。」又曰：「人所懼莫過于死；
則所重，亦莫過于死。豈有極重之事，而可置之不講者？孔子教
人，即生以知死，正是深于言死也。且天學亦豈善生之外，別有
一善死法乎？生前之七克、十誡，即死後之萬福無疆。特孔子使
人縣之而不明其報。天學俾人念死，而愈思善厥生耳。」《答客
問》，頁 280-281。

情況下,不忍「有眾之沉淪」,亦「不顧世俗拂耳」,[140]
「願人人同認大父,得返本鄉」,以盡他的「昆弟之職」,
[141]亦是他回應天主之恩德的事天之功。

140 朱宗元:〈拯世略說自敍〉,《拯世略說》,頁 356。
141 朱宗元:〈受苦為大吉祥〉,《拯世略說》,頁 401-404。

第六章 結 論

　　「敬天愛人」思想在中國悠久的儒學傳統中有其脈絡，而在明末中西文化交流的過程中，耶穌會士引進天主教神學及西方哲學思想，在耶穌會士及天主教儒者之間形成特殊而不同於儒學型態的「敬天愛人」觀。他們認為敬天愛人就是天主教的十誡，而十誡的總綱就是「欽崇一天主萬物之上」和「愛人如己」。首先，在敬天方面，本文所討論的四位天主教儒者：楊廷筠、王徵、韓霖和朱宗元皆認為人要敬天，不過此天的性質，並非中國傳統所指的蒼蒼之天、氣化之天、自然之天或是道德之天，亦非佛教道教的諸天神佛，而是天主教的至尊無二的「陡斯」、上帝、天主。因此他們談到敬天的第一要義就是要知天：知生天地萬物人類的造物主，生命的本源就是天主，他們稱之為「大父母」。而這位「天主」是無始無終、至公至正、至仁至義的。天主既創造萬物，必能宰制萬物，具有生殺賞罰之大權，對於人類的善惡會給予適當的審判，即是死後的天堂與地獄。這即是天主論。

　　天主在創造人類時，賦與人類靈性（靈魂），靈性

有三司，有「自專」（自由意志）的能力，而靈性是不會隨著肉體的死亡而消散的。天主創造了人類的始祖，而後始祖犯罪，罪性就入了人心，沿及子孫，人類的罪惡滿盈。以天主的公義而言，不滅絕人類無法顯其義，但因天主之愛，則無法行滅絕之事，所以就有天主降生、受難、死在十字架上，而後復活升天的救贖之事。而耶穌的降生、受難、復活，所為何事？為贖人之罪：原罪與本罪，也為人類後世立下教化及完美人格的典範。而耶穌具人性與天主性，是三位一體中的第二位，這即是基督論。敬天的首要要知天，即知天主創造人並為人類降生受死，彰顯其愛。其次要信天、愛天，不過在信天、愛天中，他們還談到畏天，只是要「由畏起敬，由敬起愛」，[1]因為畏與愛，「高下殊等」，[2]畏是「小人之心」，愛是「君子之德」，當以愛天主為佳。[3]

　　愛天主的具體行為展現在「愛己」與「愛人」上。在愛己部分，則是修身養性，為善去惡，而其動機是為愛天主而發，因此為善是不求世福，不避世禍的，甚至要在「窘難」與「逆境」中鍛鍊身心，而去惡則是改過向善、毋作非為，他們除了取資於中國傳統儒學的遷善改過思想，甚至引進了民間的勸善書、功過格之外，還將天主教對罪、悔改的看法及洗禮、告解、臨終告解等

---

1 王徵：〈畏天愛人極論〉，《王徵全集》卷八，頁117-138。
2 朱宗元：〈為善不可以無所為〉，《拯世略說》，頁364-365。
3 韓霖：〈尊敬長上〉，《鐸書校注》，頁66-79。

天主教儀式結合在一起來談改過。另外還要透過各樣祈禱、念誦的聖事，日日對越上帝，與天主心神默契。[4]在愛人方面，即要「愛人如己」，愛人是愛天主的具體落實之處，不僅愛人要從愛天主出發，也要愛人「如己」才完全，也就是消除人我之差別，是一體之愛、無差別之愛，甚至也要愛仇敵。他們除了詳加解釋天主教「愛人如己」的意義外，也引進了《哀矜行詮》的十四哀矜慈善思想，並試圖在中國社會組織「仁會」或在儒家教化的「鄉約」中行哀矜之善功。

由此看來，我們可以以下圖來表示楊廷筠、王徵、韓霖和朱宗元等人的敬天愛人思想，即是基督宗教的「聖愛觀」：

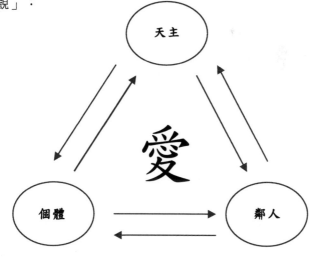

圖一：基督宗教聖愛觀簡圖

---

4 朱宗元：〈神功萬不可已〉，《拯世略說》，頁 393-395。

　　從圖中我們可以看到，聖愛觀包含天主和人兩大層
面，人又有個體和鄰人之分。在天主部分，天主是萬物
的本源，不僅創造萬物、宰制萬物，人間的禍福賞罰亦
由天主操之，而當人類的罪惡滿盈，無法消解其罪時，
天主又以其救贖計畫：降生、受難、復活，來為人類贖
罪，天主的慈愛即通過創造和救贖來完成與彰顯。在人
的層面，天主愛人，人回應天主之愛的最好方式就是基
督宗教十誡的總綱：欽崇天主和愛人如己。個體要愛天
主、欽崇天主，從愛天主的動機出發克己修德，並日日
對越天主，與天主心神默契。而個體和鄰人皆是天主所
生，因此人要愛鄰人如己，彼此相愛，行哀矜之十四端。
因此圖中的箭頭是雙向的，天主愛人，人愛天主，個體
愛鄰人、鄰人也愛個體，而鄰人與天主的關係，亦如同
個體與天主的關係，彼此之間是「愛與愛交相浹」，[5]是
「感通無隔」的。[6]

　　我們由此來考察四人的敬天愛人之學是否符合基督
宗教的聖愛觀，以我們根據目前現存的史料所作的研究
來看，可以發現最完整的是楊廷筠，愛己、愛人、愛天

5　楊廷筠：《代疑續篇・區愛》，頁 245-247。

6　唐君毅認為儒家的「仁」就是「感通」，他說：「一己之生命之內
　　在的感通，見一內在之深度；己與人之生命之通達，則見一橫面的
　　感通之廣度；而己之生命之上達於天，則見一縱面的感通之高度。」
　　筆者則以此來形容天主教的聖愛。見氏者：《中國哲學原論・原道篇》
　　（臺北：臺灣學生書局，1990 年，《唐君毅全集》）卷一，頁 78。

主三面向皆有談到，在天主論的部分，不僅談到天主的創造論，也談到基督論 —— 耶穌的救贖。其次是朱宗元，「聖愛」一詞首先出現在他的著作中，對於「聖愛」，他的理解是天主對人的愛，因此他將較多的篇幅放在天主愛人和人愛天主兩部分，與楊廷筠相較，他的天主論、基督論是更完整而深入的，甚至對於天主為何降生，即是為人類的原罪、本罪贖罪的原因論述得相當全面，另外像三位一體、耶穌是天主兼具神性與人性等等神學思想皆有討論，而在人愛天主方面，與其他三人相較，特別的是他談了許多天主教的聖禮。王徵和韓霖的重點則在「畏天愛人」和「敬天愛人」，雖有談到天主愛人，但並不像楊、朱二人那麼強調，甚至只談創造論，而無基督救贖論，不過他們在克己修德及愛人如己兩方面的討論是非常詳細，甚至是具體而微的。這或許是因《畏天愛人極論》、《仁會約》和《鐸書》的文本性質，尤其是《鐸書》是儒家教化的鄉約書，而使王徵和韓霖在論述重點上有意識的揀擇吧。

四人在論述敬天愛人思想中，我們看到其中的詮釋路徑，也就是耶穌會士的傳教策略 ——「補儒易佛」，而從「以耶補儒」中，我們看到濃濃的「耶儒融合」的痕跡，包括他們認為天主之說是符合先秦《尚書》、《詩經》乃至孔孟等古儒的「帝」、「天」之說，甚至天堂之說古已有之。而儒學所沒有的關於生死的終極關懷，則是天學超越儒學、而需要由天學來補充的地方。不過，

我們也發現，在四人的著作中天主教的啟示真理（基督論）談得愈多、愈完整，耶儒融合的成分就愈少，相反的，啟示真理談得愈少，耶儒融合的痕跡則愈明顯、成分愈多，這在朱宗元的著作最清楚。而在「易佛」的部分，四人皆在著作中傾其全力批判佛教，不過，我們發現除了韓霖目前的史料未提及他對佛道二教的涉獵程度，其他三人皆多年習道學佛、出入三教，對佛道二教的理解應是相當深入的，但他們的批判只在表面上，亦步亦趨耶穌會士的說法，「述而不作」，並未從深層的理論上去動搖佛道二教的根基。[7]

　　無論是耶穌會士或是天主教儒者談到敬天愛人，會用儒家的仁來解釋，無論是天主的慈愛，還是欽崇天主和愛人如己，皆是仁。他們會強調天主教的仁愛是無人己之隔，與儒家的「次第差等」的愛是不同的。不過，無論是楊廷筠、王徵還是韓霖在談到愛人的實踐入手處仍強調次第等差，由自己的親人家族開始，而至所居的鄉里，而後才到一般人。所以雖然他們在一定的程度上接受了天主教的平等博愛觀，對仁會救濟的對象也沒有什麼限制，但是中國傳統文化中的家族血緣關係的等差觀念對他們的影響還是很大的。費孝通稱這是中國社會的基本特徵：「差序格局」。以自己為中心，就像丟石子一般投進水，和別人所聯繫成的社會關係，像水的波

---

7 關於明末天主教與佛教的論辯研究，可參考鄭安德：《明末天主教和佛教的護教辯論》（高雄；佛光文教基金會，2001 年）。

紋一樣，一圈圈推出去，愈推愈遠，也愈推愈薄。也就是從自己推出去和自己發生社會關係的那一群人裡所發生的一輪輪波紋的差序。[8]或許正因這種差序的影響，使得他們在實踐上不可能完全做到天主教的博愛思想。另外，我們可以說他們的敬天愛人思想，亦是一種型態的「天人合一」，只是在這樣的架構中沒有萬物的位置，因為在天主教的思想中，萬物雖與人一樣同是天主的創造，但是其創造的目的是為人所用、被人治理，是附屬在人之下的。這是與儒家「民吾同胞，物吾與也」、道家的「天地與我並生，而萬物與我為一」及佛家的「無緣大慈，同體大悲」[9]很不相同的地方。

談到這裡，我們發現無論是楊廷筠、王徵、韓霖或是朱宗元的思想，很明顯是由耶穌會士而來的，而他們的文本依據為何，除了王徵和韓霖，已有學者做了文本來源的考證工作外，[10]楊廷筠與朱宗元思想的文本來源的考證是日後可以研究的課題。而耶穌會士所傳的思想為何，其敬天愛人觀是否如這些天主教儒者一樣，這也是可以考察的重點。除此之外其他天主教儒者像三柱石

---

8 費孝通：《鄉土中國》（南京：鳳凰出版社，2007 年），頁 29。

9 唐・三藏般若譯：《大乘本生心地觀經》（東京：大正一切經刊行會，1929-1934 年，《大正新脩大藏經》）。

10 王徵的部分，毛瑞方在編注《畏天愛人極論：王徵天主教文獻集》時，在註釋中已將文本來源清楚的標明，作了初步的考訂，但並不完整。韓霖的部分，李凌翰的博士論文《韓霖《鐸書》與中西證道：明末天主教徒參與的地方教化活動》將《鐸書》的文本來源作了詳細的考訂工作。

的徐光啟、李之藻，其他的像李九標、李九功以及張星曜等人的敬天愛人思想是否也如此四人一般，亦是可研究的部分。而除了本文敬天愛人思想的研究之外，其他像人的本質、信德、望德及人與社會的關係、義務與責任等等相關的天主教倫理思想範疇，以及創造論、基督論等神學思想的研究，以建構明末清初由耶穌會士及天主教儒者，在漢語語境下的基督宗教神學思想及倫理學，這亦是日後可以進深的課題。[11]另外，敬天愛人在中國儒學傳統中有其脈絡，尤其是在明末清初時期，似有一股「事天」之學、「告天」之學的暗潮正在湧動，[12]而這兩股分別在天主教和儒學的「事天之學」有何關係，是否相互影響，亦是可以深入考察的課題。

---

11 張曉林試圖依循漢學家許理和「儒家一神論」的概念，指出中國天主教對中國文化的影響，除了科學及其思維方式以外，神學和哲學方面的影響，已經得到學界的普遍承認，因此，應該建立新的思想端緒，甚至在中國哲學史上立專門的一章來處理明末清初的儒家一神論。見氏著：〈儒家 ── 神論及其定位問題〉，頁 151-158。

12 這是吳震在《明末清初勸善運動思想研究》一書中說的，頁 370。王汎森研究許三禮，吳震研究陳瑚、陸世儀、文翔鳳、王啟元、謝文洊和魏裔介等人的「告天之學」，認為他們受民間宗教的啟發來改造儒學，而使儒學宗教化。呂妙芬研究謝文洊，透過他曾與友人辯論西學的經歷，提出謝文洊有類似天主教的思想。王汎森：〈明末清初儒學的宗教化 ── 以許三禮的告天之學為例〉，《新史學》9 卷 2 期（1998 年 6 月），頁 89-123。吳震：《明末清初勸善運動思想研究》，第八、九章，頁 341-506。呂妙芬：〈從儒釋耶三教會遇的背景閱讀謝文洊〉，《新史學》23 卷 1 期（2012 年 3 月），頁 105-158。

參考資料

一、古籍類

《周易注疏》（臺北：藝文印書館，1997 年，《十三經
　　注疏》）。

《尚書注疏》（臺北：藝文印書館，1997 年，《十三經
　　注疏》）。

《詩經注疏》（臺北：藝文印書館，1997 年，《十三經
　　注疏》）。

《周禮注疏》（臺北：藝文印書館，1997 年，《十三經
　　注疏》）。

《禮記注疏》（臺北：藝文印書館，1997 年，《十三經
　　注疏》）。

《左傳注疏》（臺北：藝文印書館，1997 年，《十三經
　　注疏》）。

《論語注疏》（臺北：藝文印書館，1997 年，《十三經
　　注疏》）。

《孝經注疏》（臺北：藝文印書館，1997 年，《十三經
　　注疏》）。

《孟子注疏》（臺北：藝文印書館，1997年，《十三經注疏》）。

漢·司馬遷著、劉宋·裴駰集解、唐·司馬貞索隱、唐·張守節正義、楊家駱主編：《史記》（臺北：鼎文書局，1981年，《中國學術類編》）。

晉·陳壽著、南朝宋·裴松之注、楊家駱主編：《三國志》（臺北：鼎文書局，1980年，《中國學術類編》）。

元·脫脫等著、楊家駱主編：《宋史》（臺北：鼎文書局，1980年，《中國學術類編》）。

清·張廷玉著、楊家駱主編：《明史》（臺北：鼎文書局，1980年，《中國學術類編》）。

清·汪源澤修、聞性道撰：《康熙鄞縣志》（上海：上海書店出版社，1993年，《中國地方志集成》）。

清·郭慶藩編、王孝魚整理：《莊子集釋》（臺北：木鐸出版社，1982年）。

陳奇猷校注、中華書局上海編輯所編輯：《韓非子》（北京：中華書局，1958年）。

晉·陶淵明著，龔斌校箋：《陶淵明集》（上海：上海古籍出版社，1996年）。

唐·韓愈：《韓愈文》（臺北：臺灣商務印書館，1975年）。

宋·朱熹：《四書集註》（臺北：藝文印書館，1980年）。

宋·朱熹著，黎靖德編：《朱子語類》（北京：中華書局，1994年）。

宋・周敦頤：《周子全書》（臺北：財團法人臺北市廣
　　學社印書館，1975 年）。

宋・張載：《張載集》（北京：中華書局，1985 年）。

宋・陸九淵著，鍾哲點校：《陸九淵集》（北京：中華
　　書局，1980 年）。

宋・程顥、程頤：《二程集》（臺北：漢京文化事業有
　　限公司，1983 年）。

〔西〕龐迪我：《龐子遺詮》，見鐘鳴旦、杜鼎克編：
　　《耶穌會羅馬檔案館明清天主教文獻》（臺北：臺
　　北利氏學社，2002 年）。

〔意〕艾儒略：《口鐸日抄》，見鐘鳴旦、杜鼎克編：
　　《耶穌會羅馬檔案館明清天主教文獻》（臺北：臺
　　北利氏學社，2002 年）。

〔意〕利瑪竇：《畸人十篇》，見明・李之藻編：《天
　　學初函》（臺北：臺灣學生書局，1965 年）。

〔意〕利瑪竇著，〔法〕梅謙立注，譚傑校勘：《天主
　　實義今注》（北京：商務印書館，2014 年）。

〔意〕高一志：《修身西學》，見鐘鳴旦、杜鼎克、黃
　　一農、祝平一等編：《法國國家圖書館明清天主教
　　文獻》（臺北：臺北利氏學社，2009 年），第一冊。

〔意〕高一志：《童幼教育》，見鍾鳴旦、杜鼎克、黃
　　一農、祝平一等編：《徐家匯藏書樓明清天主教文
　　獻》（臺北：輔大神學院，1996 年），第一冊。

〔意〕高一志：《齊家西學》，見鍾鳴旦、杜鼎克、黃

一農、祝平一等編：《徐家匯藏書樓明清天主教文獻》（臺北：輔大神學院，1996 年），第二冊。

〔意〕羅雅谷：《哀矜行詮》，見張西平等主編：《梵蒂岡圖書館藏明清中西文化交流史文獻叢刊》（鄭州：大象出版社，2014 年）。

明・丁志麟：《楊淇園先生超性事蹟》，見鐘鳴旦、杜鼎克、黃一農、祝平一等編著：《徐家匯藏書樓明清天主教文獻》（臺北：輔大神學院，1996 年）。

明・王守仁著，吳光等編校：《王陽明全集》（上海：上海古籍出版社，1995 年）。

明・王徵著，毛瑞方編注：《畏天愛人極論：王徵天主教文獻集》（新北市：橄欖出版有限公司，2014 年）。

明・王徵著，林樂昌編校：《王徵全集》（西安：三秦出版社，2011 年）。

明・沈德符：《萬曆野獲編》（北京：中華書局，1997 年）。

明・徐光啟著，王重民編：《徐光啟集》（北京：中華書局，1963 年）。

明・袁了凡：《了凡四訓》（合肥：黃山書社，2011 年）。

明・楊廷筠：《天釋明辨》，鄭安德編：《明末清初耶穌會思想文獻滙編》（北京：北京大學宗教研究所，2000 年），第三卷。

明・楊廷筠：《代疑篇》，鄭安德編：《明末清初耶穌會思想文獻滙編》（北京：北京大學宗教研究所，

2000 年），第三卷。

明・楊廷筠：《代疑續篇》，鄭安德編：《明末清初耶
　　穌會思想文獻滙編》（北京：北京大學宗教研究所，
　　2000 年），第三卷。

明・楊廷筠：《鴞鸞不并鳴說》，鄭安德編：《明末清
　　初耶穌會思想文獻滙編》（北京：北京大學宗教研
　　究所，2000 年），第三卷。

明・劉宗周著，戴璉璋、吳光主編：《劉宗周全集》（臺
　　北：中國文哲研究所籌備處，1997 年）。

明・韓霖、張賡述：《聖教信證》，見鐘鳴旦、杜鼎克、
　　黃一農、祝平一等編：《法國國家圖書館明清天主
　　教文獻》（臺北：臺北利氏學社，2002 年）。

明・韓霖著，孫尚揚、肖清和等校注：《鐸書校注》（北
　　京：華夏出版社，2008 年）。

明・韓霖編：《二老清風》（臺北：文海出版社，1970
　　年，《明人文集叢刊》）。

清・王爾緝編：《關學續編》（北京：中華書局，1987
　　年）。

清・朱宗元：《拯世略說》，鄭安德編：《明末清初耶
　　穌會思想文獻滙編》（北京：北京大學宗教研究所，
　　2000 年），第三卷。

清・朱宗元：《郊社之禮所以事上帝也》，見鐘鳴旦、
　　杜鼎克、黃一農、祝平一等編著：《徐家匯藏書樓
　　明清天主教文獻》（臺北：輔大神學院，1996 年）。

清‧朱宗元:《破迷論》,見鐘鳴旦、杜鼎克、黃一農、祝平一等編著:《徐家匯藏書樓明清天主教文獻》(臺北:輔大神學院,1996 年)。

清‧朱宗元:《答客問》,鄭安德編:《明末清初耶穌會思想文獻滙編》(北京:北京大學宗教研究所,2000 年),第三卷。

清‧黃宗羲著,沈善洪主編:《南雷詩文集》(杭州:浙江古籍出版社,1993 年,《黃宗羲全集》)。

二、近人專著類

David E. Mungello, *the Forgotten Christians of Hangzhou*, University of Hawii Press, Honolulu, 1994.

Standaert, Nicolas, ed., *Handbook of Christianity in China, vol.one:635-1800.* Leiden, Boston, Koln: Brill, 2001.

夫馬進:《中國善會善堂史研究》(北京:商務印書館,2005 年)。

方豪:《中國天主教史人物傳》(北京:中華書局,1988 年)。

方豪:《中國天主教史論叢》(重慶:商務印書館,1944 年)。

方豪:《方豪六十自定稿》(臺北:臺灣學生書局,1969 年)。

毛瑞方:《王徵與晚明西學東漸》(上海:華東師範大學出版社,2011 年)。

王治心：《中國基督教史綱》（上海：上海古籍出版社，
　　2007 年）。

王曉朝：《基督教與帝國文化》（北京：東方出版社，
　　1997 年）。

包筠雅著，杜正貞、張林譯：《功過格：明清社會的道
　　德秩序》（杭州：浙江人民出版社，1999 年）。

史景遷著，陳恒、梅義徵譯：《利瑪竇的記憶之宮》（上
　　海：上海遠東出版社，2005 年）。

白舍客著，靜也、常宏等譯，雷立柏校；《基督宗教倫
　　理學》（上海：華東師範大學出版社，2010 年）。

朱謙之：《中國哲學對歐洲的影響》（河北：河北人民
　　出版社，1999 年）。

江文漢：《明清間在華的天主教耶穌會士》（上海：知
　　識出版社，1987 年）。

何俊：《西學與晚明思想的裂變》（上海：上海人民出
　　版社，1998 年）。

利瑪竇著，文錚譯，梅歐金校：《耶穌會與天主教進入
　　中國史》（北京：商務印書館，2014 年）。

吳震：《明末清初勸善運動思想研究》（臺北：國立臺
　　灣大學出版中心，2009 年）。

呂妙芬：《陽明學士人社群 —— 歷史、思想與實踐》（臺
　　北：中央研究院近代史研究所，2003 年）。

宋伯胤編著：《明涇陽王徵先生年譜》（西安：陝西師
　　範大學出版社，2004 年）。

李天綱：《中國禮儀之爭：歷史、文獻和意義》（上海：上海古籍出版社，1998 年）。

李天綱：《跨文化的詮釋 —— 經學神學的相遇》（北京：新星出版社，2007 年）。

李奭學：《中國晚明與歐洲文學 —— 明末耶穌會古典型證道故事考詮》（北京：生活‧讀書‧新知三聯書店，2010 年，修訂版）。

李熾昌編：《文本實踐與身份辨識 —— 中國基督徒知識份子的中文著述（1583-1949）》（上海：上海古籍出版社，2005 年）。

沈定平：《明清之際中西文化交流史 —— 明代：調適與會通》（北京：商務印書館，2007 年，增訂本）。

沈定平：《明清之際中西文化交流史 —— 明季：趨同與辨異》（北京：商務印書館，2012 年）。

沈福偉：《中西文化交流史》（上海：上海人民出版社，2014 年）。

沃克爾著，孫善玲、段琦、朱代強譯：《基督教會史》（北京：中國社會科學出版社，1992 年）。

周秋光、曾桂林：《中國慈善簡史》（北京：人民出版社，2006 年）。

周萍萍：《十七、十八世紀天主教在江南的傳播》（北京：社會科學文獻出版社，2007 年）。

孟德衛著，陳怡譯：《奇異的國度：耶穌會適應政策及漢學的起源》（鄭州：大象出版社，2010 年）。

林子淳：《多元性漢語神學詮釋》（北京：宗教文化出版社，2008 年）。

林仁川、徐曉望：《明末清初中西文化衝突》（上海：華東師範大學出版社，1999 年）。

姚新中著，趙豔霞譯：《儒教與基督教 —— 仁與愛的比較研究》（北京：中國社會科學出版社，2002 年）。

柯毅霖著，王志成等譯：《晚明基督論》（成都：四川人民出版社，1999 年）。

唐君毅：《中國哲學原論》（臺北：臺灣學生書局，1990年，《唐君毅全集》）。

夏伯嘉著，向紅艷、李春園譯，董少新校：《利瑪竇：紫禁城裡的耶穌會士》（上海：上海古籍出版社，2012 年）。

孫尚揚：《明末天主教與儒學的互動 —— 一種思想史的視角》（北京：宗教文化出版社，2013 年）。

孫尚揚：《基督教與明末儒學》（北京：東方出版社，1994 年）。

徐宗澤：《中國天主教傳教史概論》（上海：上海書店出版社，2010 年）。

徐宗澤編著：《明清間耶穌會士譯著提要》（上海：上海書店出版社，2006 年）。

袁光儀：《晚明之儒家道德哲學與世俗道德範例研究 —— 劉蕺山《人譜》與《了凡四訓》《菜根譚》之比較》（新北市：花木蘭出版社，2009 年）。

酒井忠夫著，劉岳兵等譯：《中國善書研究》（南京：
　　江蘇人民出版社，2010 年）。

張西平：《中國與歐洲早期宗教和哲學交流史》（北京：
　　東方出版社，2001 年）。

張鎧：《龐迪我與中國：耶穌會「適應」策略研究》（北
　　京：大象出版社，2009 年）。

梁其姿：《施善與教化：明清的慈善組織》（臺北：聯
　　經出版事業公司，1997 年）。

梁啟超：《中國近三百年學術史》（臺北：里仁書局，
　　1995 年）。

許志偉主編：《基督教思想評論》2（上海：上海人民出
　　版社，2005 年）。

陳占山：《撞擊與交融：中外文化交流史論》（汕頭：
　　汕頭大學出版社，2006 年）。

陳立勝：《王陽明「萬物一體」論 —— 從「身-體」的立
　　場看》（上海：華東師範大學出版社，2008 年）。

陳來：《有無之境 —— 王陽明哲學的精神》（北京：人
　　民出版社，1991 年）。

陳受頤：《中歐文化交流史事論叢》（臺北：臺灣商務
　　印書館，1971 年）。

陳東風：《耶穌會士墓碑人物志考》（北京：中國文聯
　　出版社，1999 年）。

陳衛平：《第一頁與胚胎 —— 明清之際的中西文化比較》
　　（上海：上海人民出版社，1992 年）。

嵇文甫：《左派王學》（臺北：國文天地雜誌社，1990年）。

嵇文甫：《晚明思想史論》（北京：東方出版社，1996年）。

曾仰如：《宗教哲學》（臺北：臺灣商務印書館，1986年）。

程小娟：《God 的漢譯史 ── 爭論、接受與啟示》（北京：社會科學文獻出版社，2013年）。

費賴之著，馮承鈞譯：《在華耶穌會士列傳及書目》（北京：中華書局，1995年）。

黃一農：《兩頭蛇 ── 明末清初的第一代天主教徒》（新竹：國立清華大學出版社，2014年，修訂三版）。

楊牧谷主編：《當代神學辭典》（臺北：校園書房出版社，1997年）。

溫保祿：《原罪新論》（臺北：光啟出版社，1993年）。

葛榮晉：《中國實學思想史》（北京：首都師範大學出版社，1994年）。

賈慶軍：《衝突抑或融合 ── 明清之際西學東漸與浙東學人》（北京：海洋出版社，2009年）。

榮振華：《在華耶穌會士列傳及書目補編》（北京：中華書局，1995年）。

褚瀟白：《聖像的修辭 ── 耶穌基督形象在明清民間社會的變遷》（北京：中國社會科學出版社，2011年）。

赫德著，劉陽、陳呂百佳譯：《人的三分本質 ── 靈、

魂、體》（香港：真理書房，2008 年）。

趙暉：《耶儒柱石 —— 李之藻楊廷筠傳》（杭州：浙江人民出版社，2007 年）。

劉述先：《理一分殊》（上海：上海文藝出版社，2000年）。

劉耘華：《依天立義：清代前中期江南文人應對天主教文化研究》（上海：上海古籍出版社，2014 年）。

劉耘華：《詮釋的圓環 —— 明末清初傳教士對儒家經典的解釋及其本土回應》（北京：北京大學出版社，2005 年）。

潘鳳娟：《西來孔子艾儒略：更新變化的宗教會遇》（臺北：聖經資源中心，2002 年）。

蔡淑閔：《王陽明四句教之開展與衍化》（新北市：花木蘭出版社，2012 年）。

蔡淑閔：《聖學的追尋與傳播：陽明學派游學活動研究》（新北市：花木蘭文化出版社，2010 年）。

謝和耐、戴密微等著，耿昇譯：《明清間耶穌會士入華與中西滙通》（北京：東方出版社，2011 年）。

謝和耐著，耿昇譯：《中國與基督教 —— 中西文化的首次撞擊》（北京：商務印書館，2013 年）。

謝國楨：《明清之際黨社運動考》（臺北：臺灣商印務印書館，1978 年）。

鍾鳴旦、孫尚揚：《一八四〇年前的中國基督教》（北京：學苑出版社，2004 年）。

鍾鳴旦：《楊廷筠 —— 明末天主教儒者》（香港：聖神研究中心，1987 年）。

龔鵬程：《晚明思潮》（臺北：里仁書局，1994 年）。

三、期刊論文類

Dominic Sachsenmaier, *Die Aufnahme europãisher Inhalte in Die chinesische Kultur durch Zhu Zongyuan (ca. 1616-1660)*, Sankt Augustin: Institut Monumenta Serica, Monograph Series XLⅦ; Nettetal: Steyler, 2001.

Standaert, Nicolas, "Wang Zheng's Ultimate Discussion of the Awe of Heaven and the Care of Human Beings", *Orientalia Lovaniensia Periodica* *29*(1998), pp.163-188.

Zürcher, Erik, "Christian Social Action in Late Ming Times: Wang Zheng and his 'Humanitarian Society'", in Jan A. M. De Meyer & Peter M. Engelfriet (eds,), Linked Faiths: *Essays on Chinese Religions and Traditional Culture in honor of Kristofer Schipper* (Sinica Leidensia, 46), Leiden: Brill, 1999, pp.269-286.

丁銳中、李繼武：〈王徵研究綜述（1979-2009）〉，《唐都學刊》26 卷 6 期（2010 年 11 月），頁 63-66。

丁銳中：〈明末清初儒教與天主教的沖撞與調適 —— 王

徵的「納妾」與「殉明」〉，《蘭州大學學報（社
　　會科學版）》40 卷 1 期（2012 年 1 月），頁 25-30。

丁銳中：〈張炳璿《王徵墓志銘》點校及初步探析〉，
　　《世界宗教研究》2012 年第 1 期，頁 118-125。

毛瑞方：〈王徵研究學術史回顧與展望〉，《中國史研
　　究動態》2006 年第 8 期，頁 12-19。

毛瑞方：〈王徵歷史形象的演變〉，《廊坊師範學院學
　　報（社會科學版）》28 卷 2 期（2012 年 4 月），頁
　　66-69。

毛瑞方：〈王徵歷史形象演變的史學史考察〉，《史學
　　史研究》2012 年第 2 期，頁 117-120。

王汎森：〈明末清初儒學的宗教化 ── 以許三禮的告天
　　之學為例〉，《新史學》9 卷 2 期（1998 年 6 月），
　　頁 89-123。

王定安：〈明末清初中西文化同異之辨 ── 以楊廷筠的
　　《代疑篇》、《代疑續篇》為例〉，《宗教學研究》，
　　2011 年第 1 期，頁 140-144。

王澤穎：〈明末天主教儒士朱宗元生平考〉，《寧波教
　　育學院學報》12 卷 5 期（2010 年 10 月），頁 96-98。

王澤穎：〈明末天主教儒士朱宗元著作考綜述〉，《三
　　峽論壇》2010 年第 3 期，頁 55-59。

古偉瀛：〈明末清初耶穌會士對中國經典的詮釋及其演
　　變〉，《臺大歷史學報》25 期（2000 年 6 月），頁
　　85-117。

古偉瀛：〈談「儒耶交流」的詮譯〉，《臺灣東亞文明研究學刊》1 卷 2 期（2004 年 12 月），頁 289-304。

田海華：〈身份的重構：儒生天主教徒對「十誡」的詮釋〉，《宗教學研究》2006 年第 2 期，頁 90-95。

田海華：〈明末天主教對中國傳統道德觀念的文化滲入：以反對納妾為例〉，《宗教學研究》，2007 年第 4 期，頁 172-178。

田淼、張柏春：〈王徵 — 歐洲科學技術與文化的傳播者〉，《哈爾濱工業大學學報（社會科學版）》2007 年第 6 期，頁 1-10。

白謙慎：〈傅山的友人韓霖史跡補遺〉，《山西大學學報（哲學社會科學版）》1995 年第 2 期，頁 38-43。

安倫：〈禪修冥想通向天人合一的宗教共性〉，《宗教哲學》64 期（2013 年 6 月），頁 61-69。

朱幼文：〈「道德戰」與文化匯通 — 析龐迪我的《七克》〉，《華東師範大學學報（哲學社會科學版）》2001 年第 2 期，頁 31-37。

朱鴻林：〈二十世紀的明清鄉約研究〉，《歷史人類學刊》2 卷 1 期（2004 年 4 月），頁 175-196。

朱鴻林：〈明代中期地方社區治安重建理想之展現 — 山西河南地區所行鄉約之例〉，《中國學報》（韓國）32（1992 年），頁 87-100。

朱鴻林：〈明代嘉靖年間的增城沙堤鄉約〉，《燕京學報》8（2000 年），頁 107-159。

何光滬：〈關於基督教神學哲學在中國的翻譯和吸納問題〉，《世界宗教研究》2003 年第 1 期，頁 55-63。

何淑宜：〈以禮化俗 —— 晚明士紳的喪俗改革思想及其實踐〉，《新史學》11 卷 3 期（2000 年 9 月），頁 49-100。

吳疆：〈儒家中的天人合一的神秘體驗〉，《宗教哲學》12 期（1997 年 10 月），頁 26-33。

呂妙芬：〈從儒釋耶三教會遇的背景閱讀謝文洊〉，《新史學》23 卷 1 期（2012 年 3 月），頁 105-158。

巫仁恕：〈明代平民服飾的流行風尚與士大夫的反應〉，《新史學》10 卷 3 期（1999 年 9 月），頁 55-100。

李天綱：〈"補儒易佛"：徐光啟的比較宗教觀〉，《上海社會科學院學術季刊》1990 年第 3 期，頁 128-133。

李天綱：〈天儒同異：明末清初中西文化學說述評〉，《復旦學報（社會科學版）》1997 年第 3 期，頁 29-34、109-110。

李天綱：〈簡論明清"西學"中的神學和哲學〉，《復旦學報（社會科學版）》1999 年第 3 期，頁 81-88。

李弘祺：〈朱熹、書院與私人講學的傳統〉，《國立編譯館館刊》19 卷 2 期（1990 年 12 月），頁 1-13。

李向平：〈儒教「天命」觀念及其信仰方式 —— 兼論儒教信仰的當代轉型〉，《宗教哲學》72 期（2015 年 6 月），頁 57-77。

李柏毅：〈陝西首位天主教徒、機械發明家王徵〉，《中

國天主教》2003 年第 6 期，頁 40-42。

杜正勝：〈形體、精氣與魂魄 —— 中國傳統對「人」認
　　識的形成〉，《新史學》2 卷 3 期（1991 年 9 月），
　　頁 1-65。

杜偉：〈美國漢學界有關明末清初天主教入華史的研
　　究〉，《世界宗教文化》2011 年第 4 期，頁 79-84。

肖清和：〈詮釋與歧變：耶穌形象在明清社會裏的傳播
　　及其反應〉，《廣東社會科學》2011 年第 4 期，頁
　　137-147。

阮煒：〈十七世紀的士大夫基督教徒〉，《廣東社會科
　　學》1993 年第 2 期，頁 74-79、85。

卓新平：〈中西文化交流中的基督教原罪觀〉，《世界
　　宗教研究》1995 年第 2 期，頁 74-78。

周志斌：〈晚明「南京教案」探因〉，《學海》2004 年
　　第 2 期，頁 102-106。

周振鶴：〈〈聖諭〉、〈聖諭廣訓〉及其相關的文化現
　　象〉，《中華文史論叢》第 2 輯，（上海：上海古
　　籍出版社，2001 年）。

周益忠：〈從子產不毀鄉校到尋孔顏樂處－兼談孔門對
　　話精神對後世教改的啟示〉，《國文學誌》第 6 期
　　（2002 年 12 月），頁 29-52。

林惠勝：〈試論王陽明的萬物一體〉，《中國學術年刊》
　　16 期（1995 年 3 月），頁 53-77。

林樂昌：〈王徵死因訂正〉，《唐都學刊》1998 年第 2

期，頁 39-40。

林樂昌：〈明末儒家基督徒的天觀重構及其意義〉，《人文雜志》2010 年第 2 期，頁 32-40。

林樂昌：〈關學大儒王徵「畏天愛人」之學研究〉，《地方文化研究》2013 年第 6 期，頁 21-32。

林麗月：〈衣裳與風教 —— 晚明的服飾風尚與「服妖」議論〉，《新史學》10 卷 3 期（1999 年 9 月），頁 111-157。

林麗月：〈明代禁奢令初探〉，《歷史學報》22 期（1994 年 6 月），頁 57-84。

林麗月：〈晚明「崇奢」思想隅論〉，《歷史學報》19 期（1991 年 6 月），頁 215-234。

侯瀟瀟：〈王徵的天主教義理思想發微〉，《寧夏大學學報（人文社會科學版）》36 卷 4 期（2014 年 7 月），頁 61-66。

孫尚揚：〈王徵聖愛觀中的儒耶融合〉，《道風：基督教文化評論》第 19 期（2003 年秋），頁 191-210。

孫尚揚：〈從《口鐸日抄》看明末福建天主教徒的宗教委身〉，《杭州師範大學學報（社會科學版）》2013 年第 6 期，頁 17-24、45。

孫尚揚：〈略論明末士大夫天主教徒對其信仰的本土化詮釋〉，《北京行政學院學報》2006 年第 4 期，頁 77-81。

孫彩霞：〈明末清初天主教傳華史研究的回顧與反思〉，

《中州大學學報》2014 年第 2 期，頁 88-96。

徐光台：〈明末西方四元素說的傳入〉，《清華學報》27 卷 3 期（1997 年 9 月），頁 347-380。

徐光台：〈明末清初中國士人對四行說的反應 —— 以熊明遇「格致草」為例〉，《漢學研究》17 卷 2 期（1999 年 12 月），頁 1-30。

徐泓：〈明代社會風氣的變遷：以江浙地區為例〉，中央研究院第二屆國際漢學會議論文集編輯委員會編，《中央研究院第二屆國際漢學會議論文集》，（臺北：中央研究院，1989 年），頁 137-159。

徐曉鴻：〈儒化信仰的王徵與明末詩歌（一）〉，《天風》2010 年第 3 期，頁 52-54。

徐曉鴻：〈儒化信仰的王徵與明末詩歌（二）〉，《天風》2010 第 4 期，頁 54-56。

祝平次：〈自我、文本與傳統：陸九淵與南宋道學的發展〉，《成大中文學報》8 期（2000 年 6 月），頁 139-160。

馬衡：〈晚明福音書漢語譯介的若干特點〉，見梁工主編：《聖經文學研究》第 4 輯（北京：人民文學出版社，2010 年），頁 287-304。

張羽：〈以耶補儒，以儒化耶 —— 楊廷筠耶儒思想研究〉，《原道》2012 年第 2 期，頁 73-84。

張西平：〈西來孔子：明清之際的文人與傳教士〉，《人文叢刊》2007 年，頁 335-345。

張西平：〈明末清初中國天主教史研究的新進展 —— 兼評余三樂《中西文化交流的歷史見證》〉，《肇慶學院學報》2007 年第 6 期，頁 51-53。

張西平：〈明清間入華傳教士對亞里士多德哲學的介紹〉，《江海學刊》2001 年第 6 期，頁 96-101。

張西平：〈明清間西方靈魂論在中國的傳播〉，《文化雜誌》第 50 期（2004 年春）。

張西平：〈論明清間天學的 "合儒" 與 "補儒"〉，《傳統文化與現代化》1998 年第 5 期，頁 80-86。

張奉箴：〈神秘經驗與天主教〉，《神學論集》101 期（1994 年 10 月），頁 429-456。

張俊：〈宗教為德行許諾幸福 —— 道教、佛教、基督教三模式〉，《世界宗教學刊》4 期（2004 年 12 月），頁 135-153。

張惠民：〈明末王徵的翻譯出版活動及其歷史影響〉，《西安交通大學學報（社會科學版）》2001 年第 2 期，頁 88-91。

張慶熊：〈試析基督教和儒家的罪惡觀〉，《復旦學報（社會科學版）》2002 年第 5 期，頁 53-58。

張曉林：〈仁者愛人與愛人如己 —— 楊廷筠論儒耶之 "愛"〉，《中國天主教》2007 年第 6 期，頁 12-13。

張曉林：〈四大耶？五行耶？四行耶？ —— 楊廷筠辨儒釋耶元素論〉，《蘭州大學學報（社會科學版）》2009 年第 6 期，頁 26-31。

張曉林：〈晚明佛耶對話的個案研究：楊廷筠〉，《普陀學刊》第一輯（2014年），頁267-278。

張曉林：〈楊廷筠與儒家道統〉，《華東師範大學學報（哲學社會科學版）》2003年第2期，頁9-16、118。

張曉林：〈儒家一神論及其定位問題〉，《宗教學研究》2006年第4期，頁151-158。

許蘇民：〈明清之際倫理學三問題的儒耶對話 —— 兼論對話對中國倫理學的影響〉，《學術月刊》2011年第4期，頁34-45。

許蘇民：〈明清之際儒學與基督教的人生哲學對話〉，《河北學刊》2011年第4期，頁22-30。

許蘇民：〈論晚明基督教哲學家楊廷筠〉，《中國文化》2012年第2期，頁186-195。

許蘇民；〈明清之際儒學與基督教的"第一哲學"對話〉，《哲學研究》2011年第1期，頁45-53。

郭熹微：〈王徵散論〉，《世界宗教研究》1994年第2期，頁135-156。

陳戎女：〈耶儒之間的文化轉換 —— 利瑪竇《天主實義》分析〉，《中國文化研究》2001年第2期，頁138-142。

陳欣雨：〈尊主畏天，克傲修德 —— 龐迪我對王徵天主教思想之影響〉，《西南民族大學學報（人文社會科學版）》2013年第5期，頁79-82。

陳俊民：〈「理學」、「天學」之間 —— 論晚明士大夫與傳教士「會通中西」之哲學深意〉，《中國哲學

史》2004 年第 1 期、第 4 期，頁 16-26、121-128。

陳衛平：〈明清之際西方傳教士的天主教儒學化〉，《文史哲》1992 年第 2 期，頁 3-10。

傅永聚、孔德立：〈先秦儒家憂患意識探源 —— 兼論憂患意識與民族精神之關係〉，《孔子研究》2007 年第 5 期，頁 52-58。

傅衣凌：〈明末南方的「佃變」、「奴變」〉，《歷史研究》1975 年第 5 期，頁 61-67。

湯開建、吳寧；〈明末天主教徒韓霖與《守圉全書》〉，《晉陽學刊》2005 年第 2 期，頁 77-83。

湯開建、張中鵬：〈晚明仁會考〉，《世界宗教研究》2010 年第 6 期，頁 106-118。

湯開建：〈《守圉全書》：明季晉絳天主教徒韓霖之西學傳播〉，《中國史研究》2015 年第 2 期，頁 97-126。

程繼紅：〈「生于憂患而死于安樂」—— 論孟子的憂患意識〉，《江蘇工業學院學報（社會科學版）》7 卷 3 期（2006 年 9 月），頁 4-8。

黃一農：〈天主教徒孫元化與明末傳華的西洋火砲〉，《中央研究院歷史語言研究所集刊》第 67 本第 4 分（1996 年 12 月），頁 911-966。

黃一農：〈天主教徒韓霖投降李自成考辨〉，《大陸雜誌》93 卷 3 期（1996 年 9 月），頁 37-42。

黃一農：〈吳橋兵變：明清鼎革的一條重要導火線〉，《清華學報》新 42 卷 1 期（2012 年 3 月），頁 79-133。

黃一農：〈明末清初天主教傳華史研究的回顧與展望〉，
　　《新史學》7 卷 1 期（1996 年 3 月），頁 137-169。

黃一農：〈明末韓霖《鐸書》闕名前序小考 —— 兼論歷
　　史考據與人際網絡〉，《文化雜誌》第 40-41 期（2000
　　年春-夏），頁 115-126。

黃一農：〈明清天主教在山西絳州的發展及其反彈〉，
　　《中央研究院近代史研究所集刊》26（1996 年 12
　　月），頁 3-39。

黃勇：〈Why You Ought Not to Turn the Other Cheek:
　　Confucius on How to Deal with Wrongdoers（為什麼
　　不該轉過你的左臉：孔子論如何對待作惡者）〉，
　　《中央大學人文學報》55（2013 年 7 月），頁 1-40。

楊玉華：〈語錄體與中國古代白話學術〉，《四川大學
　　學報（哲學社會科學版）》1999 年第 3 期（1999
　　年），頁 108-112。

楊秀：〈明末儒家基督徒楊廷筠之耶儒融合思想探析〉，
　　《基督教文化學刊》2010 年第 2 期，頁 187-196。

楊儒賓：〈主敬與主靜〉，《臺灣宗教研究》9 卷 1 期
　　（2010 年 6 月），頁 1-27。

楊儒賓：〈氣質之性的問題〉，《臺大中文學報》8（1996
　　年 4 月），頁 41-103。

賈未舟：〈明末清初儒家天主教徒對“天”的重構〉，
　　《現代哲學》2014 年第 5 期，頁 101-106。

賈未舟：〈晚明儒家天主教徒孝觀重構〉，《蘭州學刊》

2014 年第 8 期，頁 88-94。

賈慶軍：〈楊廷筠入教的原因和過程〉，《宜賓學院學報》2009 年第 5 期，頁 54-56。

賈慶軍：〈楊廷筠矛盾思想的成因及其評價〉，《天中學刊》2009 年第 6 期，頁 58-61。

賈慶軍：〈論楊廷筠思想之矛盾性〉《北方論叢》2009 年第 2 期，頁 74-77。

裴德生、朱鴻林：〈徐光啟李之藻楊廷筠成為天主教徒試釋〉，《明史研究論叢》第 5 輯（南京：江蘇古籍出版社，1991 年），頁 477-497。

趙中偉：〈涵養須用敬，進學在致知 —— 程頤工夫論探析〉，《輔仁國文學報》第 12 期（1996 年 8 月），頁 167-200。

趙曉陽：〈建國以來中國天主教史研究綜述〉，《中國史研究動態》2015 年第 5 期，頁 74-81。

趙驥：〈明季奴變原因新探〉，《齊魯學刊》1994 第 2 期，頁 96-100。

劉志琴：〈晚明城市風尚初探〉，《中國文化研究集刊》1，（上海：復旦大學出版社，1984 年），頁 190-208。

劉亞斌、王澤穎：〈明末天主教儒士朱宗元與西學的接受 —— 兼對劉耘華「陽『天』陰儒」觀的回應〉，《濟南職業學院學報》2014 年第 1 期，頁 86-89、104。

劉亞斌、王澤穎：〈對宗教性異域事件的接受與敘述

—— 剖析朱宗元對原罪論的闡述〉，《浙江紡織服
裝職業技術學院學報》第 3 期，2014 年 9 月，頁
65-70。

劉振維：〈孔顏樂處辯〉，《哲學與文化》22 卷 5、6
期（1995 年 5-6 月），頁 457-466、550-557。

劉耘華：〈明末清初入教儒士的「新人」意識及其文化
意義〉，《天津社會科學》2005 年第 2 期，頁 137-143。

蔡淑閔：〈從〈識仁篇〉論程明道之仁學〉，《孔孟月
刊》53 卷 9、10 期（2015 年 6 月），頁 22-32。

鄭安德：〈基督徒的上帝與中國人的上帝 ——「陡斯」
的中國名稱：明末基督教神名之爭〉，程恭讓主編：
《天問：丙戌卷》，（南京：江蘇人民出版社，2006
年）。

鮑霖：〈The Meditating Body--The Affinities Within Taoist
and Christian Methods of Meditation〉，《新世紀宗
教研究》6 卷 2 期（2007 年 12 月），頁 81-114。

戴璉璋：〈儒家慎獨說的解讀〉，《中國文哲研究集刊》
第 23 期（2003 年 9 月），頁 211-234。

謝國楨：〈明季奴變考〉，《清華大學學報（自然科學
版）》8 卷 1 期（1932 年 12 月），頁 1-27。

鍾鳴旦著，尚揚譯：〈聖經在十七世紀的中國〉，《神
學論集》126 期（2000 年冬），頁 537-565。

韓旭：〈明季徽州奴變述略〉，《黃河科技大學學報》
15 卷 2 期（2013 年 3 月），頁 85-87。

韓秉芳：〈探究"因果報應觀"形成、演化到周延的全
　　　過程 —— 它就是中國人宗教信仰的軸心觀念〉，《成
　　　大宗教與文化學報》16 期（2011 年 6 月），頁
　　　183-195。

韓思藝：〈明末清初耶儒慈善思想和實踐的會通與轉
　　　化〉，《暨南學報（哲學社會科學版）》2013 年第
　　　9 期，頁 58-65、162。

簡毅銘：〈純粹的道德與世俗的功利 —— 以《了凡四訓》、
　　　《人譜》為例〉，《世新中文研究集刊》第 2 期（2006
　　　年 6 月），頁 159-187。

譚德貴：〈中國傳統命運觀的宗教維度 —— 在中西文化
　　　比較的視野下〉，《宗教哲學》67 期（2014 年 3
　　　月），頁 93-106。

關永中：〈神秘經驗知識論及其三大型態〉，《國立臺
　　　灣大學哲學論評》17 期（1994 年 1 月），頁 31-56。

關明啟：〈利瑪竇的《交友論》及其對晚明社會的影響〉，
　　　《廣東教育學院學報》25 卷 4 期（2005 年 8 月），
　　　頁 90-94。

龔纓晏：《明清之際的浙東學人與西學》，《浙江大學
　　　學報（人文社會科學版）》36 卷 3 期（2006 年 5
　　　月），頁 60-68。

四、學位論文類

王澤穎：《論朱宗元之天儒觀 —— 兼其生平著述考》，

寧波大學碩士論文，2010 年。

李月嬌：《士大夫或基督徒 ── 楊廷筠的基督教儒學》，
　　首都師範大學碩士論文，2013 年。

李凌翰：《韓霖《鐸書》與中西證道：明末天主教徒參
　　與的地方教化活動》，香港中文大學宗教及神學學
　　部哲學博士論文，2005 年。

胡金平：《論朱宗元對原罪的解釋 ── 兼其生平著述
　　考》，首都師範大學比較文學系碩士論文，2007 年。

陳義海：《對明清之際中西異質文化碰撞的文化思考》，
　　蘇州大學博士論文，2002 年。

聞黎琴：《朱宗元思想研究》，浙江大學碩士論文，2007
　　年。

劉昌佳：《宋代理學「理一分殊」思想及方法論 ── 以
　　周張二程朱陸為論述中心》，國立彰化師範大學國
　　文學系博士論文，2007 年。

劉晨瑜：《天主教思想在山西的傳播與接受》，山西大
　　學文學院碩士論文，2011 年。

韓玲玲：《楊廷筠與中國天主教會》，輔仁大學宗教學
　　研究所碩士論文，1993 年。